Elisabetta
Degl'Innocenti

LE PROVE DEL NUOVO ESAME DI STATO

Coordinamento editoriale: Chiara Guerrini, Franca Crosetto
Consulenza redazionale: Chiara Mantegazza
Redazione: Chiara Pastore
Progetto grafico: Marina Bardini con la collaborazione di Massimo Alessio
Copertina: Marina Bardini (978 88 6910 6545B),
Luca Zanini Design e Comunicazione (978 88 395 36259)
Impaginazione elettronica: Essegi, Torino
Controllo qualità: Silvia Manetta, Andrea Mensio
Segreteria di redazione: Enza Menel

Le prove di tipologia C *La tutela del patrimonio artistico*, *Il dovere della memoria*, *Il lavoro e la felicità*, *I beni comuni*, *Il valore delle regole*, *Il consumo responsabile* sono a cura di Donata Dalla Riva; *Giovani e mercato del lavoro* è a cura di Gabriele Masi; *Nuovi mezzi di comunicazione di massa*, *Le* fake news sono a cura di Lorenzo Montanari.

In copertina (978 88 6910 6545B): Mikhail Grachikov/Shutterstock

978 88 395 36259
978 88 6910 6545 B

Stampato per conto della casa editrice presso
La Tipografica Varese, Varese, Italia

Ristampa	Anno
0 1 2 3 4 5 6 7 8	19 20 21 22 23 24 25

Premessa

:::: Un nuovo esame di Stato

Dall'anno scolastico 2018-2019 **nuove norme** regolano l'esame di Stato conclusivo della scuola superiore.

Dalla **legge** di riforma del 2015 (la cosiddetta "Buona scuola"), al **decreto legislativo** del 2017, frutto del lavoro delle Commissioni Istruzione dei due rami del Parlamento, si è giunti ai **decreti** e alle **circolari ministeriali** del 2018 e 2019, che, ispirati anche al lavoro di una **commissione di esperti** (nominata nel 2017), forniscono indicazioni dettagliate sulle prove scritte, sul colloquio, sulla valutazione, oltre che su tutti gli altri aspetti dell'esame (requisiti di ammissione, crediti, formazione delle commissioni, assegnazione del punteggio ecc.).

Venti anni esatti sono passati dalla riforma che aveva trasformato la vecchia "maturità" in esami di Stato: le **innovazioni** allora introdotte in parte restano, in parte sono adeguate alle trasformazioni sociali e culturali intervenute nel frattempo, in parte sono sostituite da altre.

Soprattutto in questa sede ci interessa evidenziare la configurazione assunta dalla **prima prova scritta** di Italiano che è stata oggetto di una revisione, seppur in parziale continuità con la precedente normativa e con le pratiche didattiche in uso nelle scuole italiane, e dal **colloquio**.

:::: La prima prova scritta e il colloquio

Per la **prima prova scritta**, che «ha la finalità di accertare la padronanza della lingua italiana o della diversa lingua in cui si svolge l'insegnamento, nonché le capacità espressive, logico-linguistiche e critiche del candidato», è proposta al candidato l'opzione tra **tre tipologie** di prova:

- analisi e interpretazione di un testo letterario italiano (tipologia A);
- analisi e produzione di un testo argomentativo (tipologia B);
- riflessione critica di carattere espositivo-argomentativo su tematiche di attualità (tipologia C).

Lo studente ha la possibilità di ulteriori scelte all'interno di ciascuna tipologia, per un totale di sette proposte, attinenti agli ambiti artistico, letterario, storico, filosofico, scientifico, tecnologico, economico, sociale.

Quanto al **colloquio**, esso «ha la finalità di accertare il conseguimento del profilo culturale, educativo e professionale del candidato», «per verificare l'acquisizione dei contenuti e dei metodi propri delle singole discipline, la capacità di utilizzare le conoscenze acquisite e di collegarle per argomentare in maniera critica e personale», anche attraverso l'analisi di «testi, documenti, esperienze, progetti, problemi».

:::: La centralità del testo: dalla ricezione alla produzione

Resta dunque la **centralità del testo**, conquista della critica testuale e della didattica degli ultimi decenni, applicata sia ai testi letterari, sia a testi non letterari.

Alla conferma (attraverso la tipologia A) del valore della **tradizione letteraria** nel nostro Paese, con la proposta di testi che spaziano dal secondo Ottocento ai giorni nostri, si accompagna infatti la messa in primo piano del testo argomentativo (tipologia B), che allarga ai generi saggistico e giornalistico la varietà dei modelli di scrittura e, soprattutto, evidenzia la rilevanza culturale ed educativa dei procedimenti dell'**argomentazione**. Un breve **testo di appoggio** può essere fornito pure per la tipologia C; e anche nel colloquio è richiesto ai candidati di analizzare **testi di varia natura**.

Accanto alla ricezione, è richiesta allo studente la produzione di un proprio testo, che richiama all'esigenza di un'adeguata **educazione alla scrittura**, quale in questi anni si è affermata nelle scuole italiane e che resta un obiettivo da perseguire con impegno; così come è richiesta, in fase di colloquio, la **capacità di comunicare** propri contenuti e di relazionarsi con i membri della commissione.

:::: Consegne e griglie di valutazione

Ogni prova scritta è formulata attraverso una **"consegna"** che indica le modalità – più o meno guidate, più o meno stringenti – che lo studente deve seguire nel suo svolgimento e che la commissione d'esame valuterà sulla base di **griglie** appositamente predisposte dal Ministero allo scopo di garantire una uniformità di valutazione a livello nazionale.

:::: Allo studente protagonista dell'esame

Caro studente, sei giunto a un passaggio importanza della tua vita e della tua maturazione personale; questo esame è per te l'occasione di manifestare le **conoscenze e competenze** acquisite sia nel percorso di studi, sia nelle esperienze di vita individuale e di relazione, e di esprimere con libertà le tue **idee e riflessioni**.

Questo manuale è finalizzato a sostenerti nella fase di **preparazione all'esame**. A tale scopo, oltre a fornirti una nutrita serie di **esempi di prove scritte**, secondo le tre tipologie previste dalla legge – in parte svolte, in parte con guida allo svolgimento, in parte da svolgere –, esso illustra le procedure generali per la **scrittura** di testi, per la **riscrittura** (riassunto e parafrasi) e focalizza l'attenzione in particolare sulla scrittura **argomentativa**. Quanto al **colloquio**, ti sono proposti consigli per la sua preparazione e gestione.

Elisabetta Degl'Innocenti

INDICE GENERALE

SEZIONE 2 La prima prova scritta

CAPITOLO 5 La tipologia A

CAPITOLO 7 La tipologia C 164

Riflessione critica di carattere espositivo-argomentativo su tematiche di attualità

SEZIONE 3 Il colloquio d'esame 179

METODI E TECNICHE DI COMUNICAZIONE

Capitolo 1
Saper scrivere

Capitolo 2
Comprendere e riscrivere

Capitolo 3
La scrittura argomentativa a scuola

Capitolo 4
Saper parlare

CAPITOLO 1

Saper scrivere

Tecniche e procedure di scrittura

Al giorno d'oggi siamo abituati a scrivere molto, in molte occasioni della giornata, per molti destinatari, per molti scopi. Si tratta prevalentemente di **testi brevi**, dai contenuti personali e della quotidianità, scritti per comunicazioni veloci, i quali non richiedono grandi capacità di progettazione e produzione.
Diverso è il discorso per i **testi di maggiore ampiezza e dai contenuti più impegnativi**, che si situano in contesti non solo privati ma anche istituzionali e ufficiali e che rispondono a regole formali più stringenti.
Scrivere questi testi – e **scriverli bene**, cioè con **proprietà linguistica** ed **efficacia comunicativa** – non è facile neppure per chi ha buone attitudini ed esperienza; è un'**operazione complessa**, che richiede non solo conoscenze culturali e correttezza grammaticale, ma anche padronanza di **tecniche compositive** che, pur applicandosi a modelli di scrittura e tipi di testo diversi, presentano caratteristiche simili e richiedono procedure costanti.
Esserne consapevoli – ed esercitarsi in esse con metodo – consente di padroneggiare **competenze di scrittura e comunicative** sempre più evolute e al tempo stesso di liberare il potenziale di **capacità personali** – di riflessione, di partecipazione emotiva e anche di creatività – insito in ciascuno di noi.
In questo capitolo l'illustrazione di tali tecniche e procedure è suddivisa nelle **tre fasi** in cui è solita articolarsi l'attività di **produzione di testi di media lunghezza**, che sono quelli più frequentemente praticati a scuola e in ambienti di lavoro:

1. **progettazione del testo** e operazioni preliminari alla stesura;
2. **stesura del testo**;
3. **revisione** e presentazione finale del testo.

1 Prima di scrivere: la progettazione del testo

La prima operazione da fare quando si deve scrivere un testo di un certo impegno è... non scrivere! O meglio: non cominciare a scrivere direttamente il testo, ma eseguire una serie di **operazioni preliminari**, attraverso le quali esso viene **progettato** e che sono fondamentali per la sua riuscita.
Le elenchiamo:

a. **pianificazione** del lavoro;
b. raccolta della **documentazione** e **ideazione**;
c. **riorganizzazione** delle idee ed elaborazione della **scaletta**.

a. La pianificazione del lavoro: riflettere e decidere

Per l'elaborazione di un **piano di lavoro** sono da considerare sia gli elementi intrinseci al testo, come il suo contenuto, il modello di scrittura, il destinatario, sia quelli estrinseci, come il tempo a disposizione e le dimensioni del testo. Su ciascuno di essi è necessaria una riflessione in base alla quale prendere rapide **decisioni**.

CONSIGLI OPERATIVI

Pianificare l'argomento del testo

- In ambiente scolastico e universitario, ma anche nel mondo del lavoro, il più delle volte l'**argomento** di un testo da scrivere è **stabilito** da altri: può essere, per esempio, la traccia di un tema o il titolo di una tesina, oppure il soggetto di una relazione aziendale, oppure lo spunto di cronaca per un articolo di giornale. In questi casi, devi leggerlo accuratamente – sintagma o frase che sia – per comprenderlo a fondo e rispettare quindi la **consegna**, cioè le richieste che ti sono state rivolte.
- Se invece sei tu stesso a **decidere** l'argomento sul quale cimentarti (per esempio, nell'esame di Stato puoi optare tra le varie tipologie previste, oppure, in altre situazioni, scegliere il soggetto di una ricerca, di un articolo di giornale ecc.), rifletti e chiediti se **conosci** a sufficienza quel contenuto. Se la risposta è negativa valuta un'**altra opzione**, oppure impegnati a colmare le tue eventuali lacune.

Pianificare il modello di scrittura e la tipologia testuale

- Rifletti sulle caratteristiche del **modello di scrittura** che ti è stato assegnato (tema, saggio, articolo, relazione ecc.) o che hai scelto di tua iniziativa come il più confacente allo scopo e alla funzione del testo che ti appresti a scrivere.
- Rifletti sulle caratteristiche della **tipologia testuale** – argomentativa, informativa, descrittiva ecc. – a cui il modello di scrittura fa riferimento e che dovrai rispettare.

Considerare il destinatario del testo

- In ambiente scolastico l'immediato **destinatario** del tuo testo è di solito l'**insegnante** stesso che te lo ha assegnato e che nella consegna ha formulato precise richieste da rispettare. Potrebbe essere però anche un **destinatario immaginario**, qualora il testo simuli a scuola un modello di scrittura reale (per esempio, gli ipotetici lettori di un tuo articolo di giornale), oppure il destinatario di un **ambiente esterno** alla scuola (per esempio, il tutor aziendale cui intendi indirizzare una relazione durante l'esperienza di Alternanza scuola-lavoro).

- In ogni caso, il destinatario del testo – reale o fittizio che sia, esplicitamente indicato nella consegna oppure no – **condiziona** inevitabilmente la scrittura di un testo. È perciò molto importante che tu rifletta accuratamente su di esso, considerandone le caratteristiche (se si tratta di un singolo individuo o di un gruppo, quale sia la sua posizione culturale e sociale, quali atteggiamenti psicologici abbia ecc.), sul contesto nel quale lo leggerà (a scuola, durante un esame o un concorso, in azienda ecc.) e sulle sue aspettative. In base a ciò, infatti, dovrai scegliere il **registro linguistico** adeguato (più o meno formale; ▶ p. 11), il livello di **approfondimento** dei contenuti, lo stesso **taglio interpretativo**.
- Per le medesime ragioni rifletti anche sulla **collocazione editoriale** del testo (rivista, quotidiano, pubblicazione scolastica o accademica ecc.), se è stata decisa da altri o se ti è richiesto di indicarla.

Pianificare la lunghezza del testo

- La **lunghezza** del testo può essere imposta da altri: per esempio il numero di **colonne** per la prima prova d'esame, ma anche di **caratteri**, parole o cartelle per un articolo di giornale, per un rapporto di lavoro, per una pagina di blog o per un post su un social network. Sii scrupoloso nel rispettare i vincoli dati, prestando attenzione a che il testo risulti comunque equilibrato in tutte le sue parti.
- Se non ti è data una lunghezza da rispettare, imponiti tu stesso dei **limiti** e considera che spesso il successo (o l'insuccesso) di un testo è determinato dalla sua lunghezza e che la **brevità** è il più delle volte apprezzata.

Pianificare i tempi di svolgimento

- Anche **i tempi** sono quasi sempre stabiliti dagli altri: che siano le **ore** assegnate per un compito in classe o una prova d'esame, o i **giorni** di una scadenza di lavoro. Per abituarti a rispettarli, devi imparare a identificare le **fasi di lavoro** (come ti suggeriremo nelle pagine che seguono) e a **dosare i tempi** occorrenti per ciascuna di esse, riflettendo sul tuo personale **modo di lavorare**, eventualmente correggendolo, e sforzandoti di adattarlo alle esigenze.
- Anche se hai a disposizione un lasso di **tempo lungo**, addirittura più giornate (per esempio, per un compito da svolgere a casa, un incarico di lavoro a lunga scadenza ecc.), oppure se sei tu a **decidere** la data di consegna, rifletti se sia più opportuno lavorare in **modo continuativo** oppure distribuire la composizione in **più tappe**, dopo aver considerato quale metodo si adatta maggiormente al tuo stile di vita e al tuo modo di scrivere.
- Ad ogni modo, datti una **scadenza** – realistica, ma stringente – e impegnati a rispettarla.
- Se hai difficoltà a rispettare i tempi, ti consigliamo di predisporre, almeno inizialmente, una personale **tabella di lavoro** (per esempio, su tre ore per un compito in classe, puoi decidere di dedicare 45 minuti alla progettazione, 90 alla stesura vera e propria del testo e 45 alla rilettura e correzione).

ESEMPIO SVOLTO

Come esempio di quanto esposto, analizziamo la **pianificazione di un testo** che, nel corso del capitolo, seguiremo in tutte le fasi di lavoro, fino alla stesura e alla rifinitura. In questa fase, chiariamo quali elementi di partenza abbiamo ipotizzato.

- **Argomento**: "Che cos'è un classico": questo è il tema che abbiamo ipotizzato di svolgere nel corso del capitolo.
- **Consegna scolastica**: si immagina che lo svolgimento sia richiesto come compito per casa, in forma di articolo di giornale (come simulazione scolastica di un testo della comunicazione reale).
- **Modello di scrittura**: come modello di scrittura supponiamo che lo studente scelga il corsivo, cioè un breve testo giornalistico che, a partire da una notizia o da una questione di interesse dell'opinione pubblica, sviluppa un commento polemico, ironico o satirico e una sintetica riflessione.

- **Tipologia testuale**: argomentativa.
- **Destinatari**: nella simulazione scolastica si ipotizza che l'articolo venga pubblicato sulle pagine culturali di un quotidiano, perciò il destinatario sarà un pubblico generico che si presume di discreto livello e interessi culturali.
- **Tempi di svolgimento**: trattandosi di compito per casa, si ipotizzano due-tre giorni tra l'assegnazione e la consegna del compito all'insegnante.
- **Lunghezza del testo**: testo breve, di due colonne, oppure, se scritto al computer, tra gli 800 e i 1300 caratteri.

ESERCIZI

1 **Rifletti sulle ipotesi di svolgimento di un tema dato elencate nell'esempio svolto. Le trovi coerenti e interessanti? Avresti optato per scelte diverse? Quali?**

2 **Facendo ancora riferimento al tema proposto nell'esempio svolto, trattandosi di un compito per casa, supponiamo che tu abbia a disposizione circa 3 giorni. Devi pertanto pianificare i tempi di composizione del testo proposto: per farlo ti consigliamo di compilare la seguente tabella. Puoi utilizzare la medesima tabella per altri testi da scrivere, compilandola diversamente a seconda delle situazioni.**

Testo:	
Tempo di consegna: 3 giorni	
Fasi	**Tempo a disposizione (minuti/giorni)**
1. Progettazione del testo	....
2. Stesura del testo	....
3. Revisione del testo	....
Totale	3 giorni

b. Tra documentazione e idee

È questo il **passaggio cruciale** della fase di programmazione di un testo scritto, con il quale si entra nel vivo dell'argomento da trattare e che richiede un notevole impegno di **concentrazione** anche perché da esso dipende in gran parte il successo del risultato finale.

Consiste in due operazioni: la **raccolta della documentazione** – dalla propria memoria e da fonti esterne – e la sua **rielaborazione** secondo il proprio personale sistema di pensiero. Per comodità di esposizione, le consideriamo separatamente, benché nella pratica siano strettamente intrecciate.

:::: La documentazione e le fonti

La documentazione, che fornisce la **base informativa** di molti tipi di testo (per non dire di tutti), è costituita dal **patrimonio di conoscenze** che ciascuno di noi possiede o che può essere raccolto da **fonti esterne**.

Queste si distinguono in tradizionali **fonti cartacee** a stampa – libri di vario genere, enciclopedie, manuali scolastici ecc. – e **fonti digitali**, consultabili nella rete internet attraverso i motori di ricerca, che danno accesso a una biblioteca praticamente infinita, ma proprio per questo disorientante e non sempre corretta, se non si attuano strategie di selezione critica.

CONSIGLI OPERATIVI

Come raccogliere la documentazione

- Prima di tutto chiarisci a te stesso **che cosa stai cercando**: se un ripasso sommario delle principali informazioni relative all'argomento in questione, oppure, dando per note alcune conoscenze pregresse, una focalizzazione o un approfondimento di talune in particolare.
- Decidi **dove** intendi cercare: su quali **libri** (di proprietà personale, oppure reperibili in biblioteca, manuali scolastici ecc.) e/o in **internet**.
- Fa' ricorso, con il massimo di concentrazione, alla **memoria** in cui è depositata la tua **personale "enciclopedia"**, cioè l'insieme delle conoscenze acquisite attraverso gli studi scolastici, le letture personali e le esperienze di vita. Comincia ad **annotare in ordine sparso** le informazioni e le idee che ti vengono in mente.

Quali operazioni svolgere durante la ricerca

- Mantieni **traccia** delle tue ricerche, annotando con precisione i **dati della fonte** consultata, che potranno servirti in fase di stesura e revisione del testo per note, citazioni e bibliografia (autore e titolo del libro con indicazione delle pagine consultate; indirizzo del sito), ed eventualmente copia e incolla stralci del documento letto in un apposito file. Ritaglia e conserva gli articoli giornalistici di tuo interesse.
- **Lavora sui testi** consultati: sottolinea, prendi appunti; fa' brevi riassunti, effettua schedature. Aggiungi osservazioni, commenti, fa' rimandi ad altre conoscenze in tuo possesso.
- Se la documentazione ti è stata fornita a scuola o in altra sede – per esempio per una prova di **scrittura documentata** – leggi attentamente i testi (o anche immagini e testi non continui) per comprenderne prima di tutto il significato letterale, quindi per analizzarli e interpretarli.
- Scrivi su **block notes** a fogli staccabili o su fogli di un quaderno ad anelli oppure apri un apposito **file**: in essi **classifica** la documentazione raccolta secondo criteri e per argomenti a tua scelta.

ESEMPIO SVOLTO

Proseguiamo con la messa in pratica dei consigli operativi nell'esempio già trattato nelle pagine precedenti.

- Come prima operazione per la raccolta della documentazione, ipotizziamo che utilizziate Google™ per cercare la definizione della parola "classico": ecco la schermata che compare.

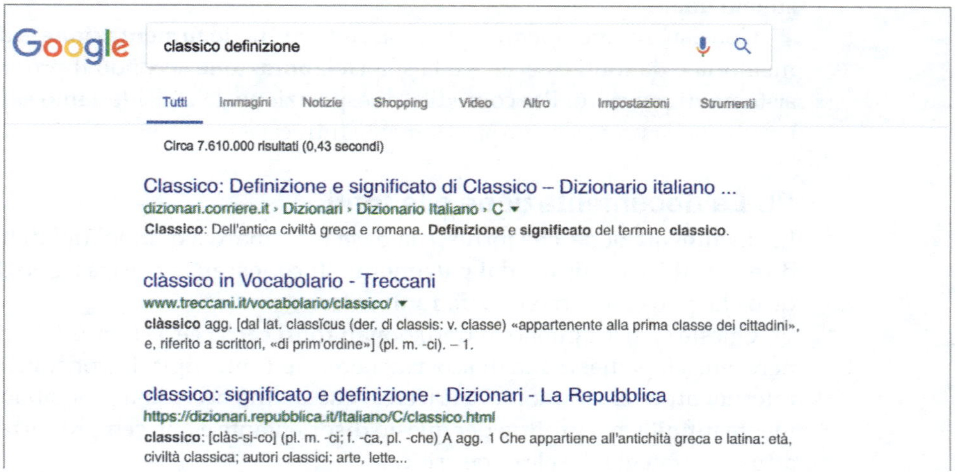

classico: Definizione e significato di classico I Dizionario di Italiano ...
www.garzantilinguistica.it/ricerca/?q=classico&idl...v=IT ▾
classico: m -a; pl.m. -ci, -che 1. che è proprio dell'antichità greca e romana, che a essa appartiene: il mondo **classico**; civiltà, cultura, letteratura classica; ...

classico - Wikizionario
https://it.wiktionary.org/wiki/classico ▾
Chianti **classico**, soave **classico**, bardolino **classico** ... in seguito per indicare qualcosa di distinto e degno di esempio, per poi **definire** un modello prestigioso ...

Classico, etimologia e significato - Una parola al giorno
https://unaparolaalgiorno.it/significato/C/classico ▾
In latino il **classico** è l'eccellente - poiché appartenente alla classe sociale più elevata, o poiché assimilato a questa. E la cultura classica nel senso di greca e ...

Significato di classico: definizione ufficiale I Dizionario Online
https://dizionario-online.net › C: definizioni ▾
Scopri il **significato** di **classico**. Visualizza la **definizione** ufficiale consulta i sinonimi e i contrari secondo il dizionario della lingua italiana.

- Dopo una rapida **navigazione tra i siti** di dizionari e di enciclopedie online scegliamo la seguente definizione come quella su cui sviluppare il nostro testo.

> aggettivo [plurale maschile -ci]
> **1.** [...] (estensione) si dice di scrittore, di artista o di opera che, per la loro eccellenza, sono ritenuti degni di imitazione, al pari dei modelli dell'arte classica: un'opera classica della poesia contemporanea [...]
> (da dizionario-online.net/classico.html)

- Un punto di riferimento fondamentale per il tema “Che cos'è un classico” è la raccolta di saggi *Perché leggere i classici* di Italo **Calvino** (1923-1985), pubblicata postuma nel 1991. Proponiamo quindi di approfondire questo spunto, consultando sia il manuale scolastico di letteratura italiana sia alcuni siti internet.

ESERCIZI

3 **Individua, nella relativa voce di dizionario, gli altri significati della parola “classico” (riferiti alle antichità greche e romane, alla musica, all'indirizzo scolastico ecc.). Effettua una rapida ricerca di documentazione su uno di essi e illustra sinteticamente i risultati.**

:::: Il processo di ideazione

Il processo di **ideazione**, che qui descriviamo come successivo a quello di **documentazione**, in realtà si svolge **in contemporanea** e vi si intreccia strettamente.

Infatti nei momenti in cui ci documentiamo, la nostra mente, anche senza che ce ne accorgiamo, **produce idee** in continuazione, per libere associazioni, per collegamenti logici, aggiungendo informazioni ad altre, ponendosi domande, divagando e così via.

È questa una fase di grande (e faticoso) **sforzo intellettuale** che è opportuno sostenere con alcuni accorgimenti.

Per cominciare, bisogna essere a proprio agio e nelle condizioni di **massima concentrazione**: lavorare, se possibile, in una stanza silenziosa, senza distrazioni, a meno che non si preferisca ascoltare musica o radio in sottofondo; ma, soprattutto, silenziando il telefono e sconnettendosi da internet.

È anche consigliabile utilizzare **fogli di carta** ampi e una **scrittura** non minuta, per facilitare le aggiunte e le correzioni; oppure aprire un apposito **file**.

In questa fase, tenendo sotto gli occhi gli **appunti** raccolti, si deve prendere nota delle idee che via via **vengono in mente**, anche in modo disordinato e senza preoccuparsi della forma; bisogna farlo **immediatamente**, senza rimandare a momenti successivi.

Malgrado tutti gli accorgimenti possibili, può capitare però di trovarsi in difficoltà, rimanere "bloccati" davanti al foglio o allo schermo – il famoso **"terrore del foglio bianco"** – senza riuscire a procedere nel lavoro o neanche a cominciare.

CONSIGLI OPERATIVI

Qualche suggerimento per farsi venire le idee

- Per accrescere la tua **creatività di idee** utilizza uno dei seguenti procedimenti:
  - **associazione di idee**: partendo dall'argomento centrale, procedi per libere associazioni di idee e immagini, secondo rapporti di somiglianza, opposizione, continuità ecc.; annota immediatamente le idee evidenziando con un segno grafico (freccia, trattino, uguale ecc.) il tipo di rapporto;
  - **brainstorming**: soprattutto se lavori in gruppo, utilizza questa tecnica che consiste nella libera esposizione e reciproca stimolazione di intuizioni, impressioni, ricordi, opinioni ecc. sull'argomento in questione; anche in questo caso prendi nota immediatamente;
  - **domande**: poniti delle domande (chi? che cosa? come? dove? quando? perché? con chi? con quali conseguenze? ecc.) e rispondi sinteticamente;
  - **amplificazione delle idee**: partendo da un'informazione o un'idea di base, creane altre attraverso collegamenti.

Procedimenti di amplificazione delle idee

- Confronto con l'**esperienza personale** o **altrui**: raffronta un evento o un fenomeno di cui devi parlare con esperienze tue o di persone di tua conoscenza, oppure di personaggi famosi.
  Per esempio: se il tema è "le trasformazioni dell'istituto familiare nell'attuale società italiana" puoi metterle in relazione con le differenze tra la famiglia dei tuoi nonni e la tua, oppure fare riferimento alle vicende familiari di qualche "vip".
- **Rapporto cronologico e spaziale**: dato un evento, segnala fatti o fenomeni verificatisi prima o dopo o in contemporanea, e/o in luoghi vicini o paragonabili.
  Per esempio: nel 1925-1926 prende avvio la dittatura fascista in Italia (dopo la Marcia su Roma del 1922), mentre in Germania le Leggi di Norimberga sono del 1935 (dopo la nomina di Hitler a cancelliere nel 1933).
- **Analogia** o **contrario**: segnala un'idea analoga o contraria a quella di partenza.
  Per esempio: il Verismo italiano è analogo al Naturalismo francese; il monolinguismo di Petrarca è contrario al plurilinguismo di Dante.
- **Definizione**: dato un fenomeno, una teoria, una corrente ecc., spiega il significato del termine che lo definisce.
  Per esempio: "Crepuscolari", il termine, coniato nel 1910 da G.A. Borgese a proposito dei poeti M. Moretti e F.M. Martini e poi allargato a G. Gozzano, S. Corazzini e C. Govoni, definisce più che un vero e proprio movimento poetico, una tendenza e la condivisione di una sensibilità o atteggiamento del gusto.
- **Esemplificazione**: porta esempi a sostegno o spiegazione di un fenomeno, evento, corrente ecc.
  Per esempio: parlando di corti rinascimentali, esempi in Italia sono quelle dei Gonzaga a Mantova, degli Estensi a Ferrara, dei Medici a Firenze, quella papale a Roma ecc.
- **Generalizzazione**: dato un fenomeno, indica la categoria generale di cui esso può essere considerato esempio.
  Per esempio: *I promessi sposi* di Manzoni, *I Viceré* di De Roberto, *I vecchi e i giovani* di Pirandello sono esempi, tra i primi dell'Ottocento e i primi del Novecento, della fortuna del romanzo storico in Italia.

- **Suddivisione interna**: indica le possibili articolazioni interne di un fenomeno. Per esempio: l'evoluzionismo interessò le scienze naturali (Darwin), filosofiche (Comte), politiche e sociali (Marx, Spencer).
- **Statistiche e documentazione** varia: arricchisci l'informazione di partenza fornendo dati documentari.

ESEMPIO SVOLTO

Vi proponiamo la descrizione dettagliata delle operazioni compiute per raccogliere le idee sull'argomento "Che cos'è un classico".

- Abbiamo aperto un apposito file per raccogliere le **osservazioni** e **riflessioni** che vengono in mente via via.
- Tra le tante citazioni ci siamo soffermati in particolare su una delle **definizioni di Calvino**: «Un classico è un'opera che provoca incessantemente un pulviscolo di discorsi critici su di sé, ma continuamente se li scrolla di dosso».
- Abbiamo **analizzato** il testo: sotto la metafora del «pulviscolo» che copre un'opera "classica", l'autore polemizza contro i «discorsi critici».
- Abbiamo anche **consultato l'opera integrale**, nella quale Calvino elenca 14 definizioni di "classico": quella citata è la n. 8; prima di essa, a commento della definizione precedente, l'autore scrive una riflessione molto interessante (che puoi trovare a p. 16), che abbiamo deciso di archiviare nel nostro file.
- Abbiamo **allargato la ricerca**: oltre a quella di Calvino, tra le tante definizioni di classico raccolte in internet ci siamo soffermati su quelle dell'inglese Gilbert Keith Chesterton («Un grande classico è uno scrittore che si può lodare senza averlo letto») e dell'americano Mark Twain («Un classico è qualcosa che tutti vorrebbero aver letto ma che nessuno vuole leggere»), che colpiscono per il loro sarcasmo e pessimismo.
- Per impostare un'**argomentazione** che commenti le citazioni raccolte, abbiamo immaginato un testo in cui esprimere la nostra personale opinione sulla questione posta da Calvino, come tentativo di risposta allo scetticismo dei due autori sopra citati, sia pure nel breve spazio di un corsivo.
- Abbiamo deciso come **contestualizzare l'articolo**: poiché il corsivo è un genere di scrittura giornalistica e questa necessita di un "aggancio" all'attualità, nella simulazione immaginiamo che l'articolo esca in prossimità di una scadenza scolastica (esami di Stato o apertura dell'anno scolastico).

c. Dalla riorganizzazione delle idee alla scaletta

Siamo arrivati dunque all'ultima, indispensabile operazione di questa fase di progettazione del testo: l'elaborazione della **scaletta**, vale a dire della **traccia schematica** che, riepilogando e riorganizzando gli appunti presi in precedenza, permette di affrontare la stesura del testo in maniera **non improvvisata** ma **meditata**, di trattare accuratamente e con equilibrio i diversi argomenti e di riconoscere – e far riconoscere al lettore – il **percorso logico** che è sotteso al testo.

CONSIGLI OPERATIVI **Come realizzare la scaletta**

Rileggere e selezionare

- Per prima cosa **rileggi** accuratamente il materiale raccolto in precedenza: appunti, passi sottolineati o trascritti, sintesi e brevi commenti, abbozzi di schemi ecc.
- Distingui ciò che è **rilevante** da ciò che è irrilevante rispetto al tema. Una volta **selezionati** gli elementi utili al tuo discorso, **sintetizza** ciascuno di essi in una parola o sintagma che identifichi un'idea.

Definire un ordine gerarchico tra gli argomenti

- Definisci l'**argomento principale** di quello che sarà il tuo testo (che potrebbe in seguito essere sintetizzato nel titolo) e, individuati gli altri **argomenti** utili ma **secondari** rispetto a quello, stabilisci un **ordine gerarchico** di importanza.
- Segnala, anche **con segni grafici** (freccia, trattino, parentesi, uguale, diverso ecc.), gli eventuali **legami** che intercorrono tra i vari argomenti, così da creare dei gruppi e sotto gruppi.
- Accompagna questa operazione con la **numerazione** (1, 2, 3...), anche a più livelli (1a, 1b, 1c..., 2a, 2b, 2c...).

Stendere la scaletta

- Componi la **scaletta**, scegliendo tra le due principali forme grafiche:
  - **a lista**: elenco di punti disposti in ordine **verticale** corrispondenti agli argomenti principali dei paragrafi in cui si articolerà il testo. È adatta a un testo scritto sul **cartaceo**, che per sua natura segue un procedimento **lineare**;
  - **a mappa**: schema grafico costituito da una serie di elementi disposti a **raggiera** intorno a un nucleo, che costituisce il punto principale, da cui si dipartono gli altri elementi; è adatta a testi destinati al **web**, soprattutto agli **ipertesti** la cui struttura non ha la tradizionale **sequenzialità** espositiva e permette l'accesso in contemporanea a più argomenti, raggiungibili tramite link.
- È comunque opportuno **numerare i punti** anche dello schema **a mappa** nell'ordine di successione che sarà seguito nella stesura del testo.
- Se puoi scrivi la scaletta al **computer**, che consente di sfruttare alcuni utili strumenti, come gli elenchi numerati e puntati, i rientri, i simboli grafici ecc., anche al fine di apportare modifiche (spostamenti, cancellature, taglia/copia e incolla ecc.).

ESEMPIO SVOLTO

In fase di documentazione e ideazione abbiamo **raccolto gli appunti** in ordine sparso, raggruppandoli via via secondo lo **schema a mappa**; quindi li abbiamo tradotti in **lista verticale**. Vi proponiamo la **scaletta** che ne risulta:

0. Introduzione: citazione da Calvino
1. Aggancio all'attualità: è tempo di esami e il pensiero va agli autori che si studiano a scuola, cioè i classici
2. Citazioni di G.K. Chesterton e M. Twain che insistono sulla "non lettura" dei classici
3. Perché questo scetticismo?
4. Risposta: l'eccesso di apparati critici allontana il lettore dal testo e ne nasconde la bellezza (tesi dell'autore).
5. Conclusione: ripresa della citazione da Calvino (come argomentazione della tesi)

ESERCIZI

4 **Ripercorri tutte le operazioni descritte nel paragrafo *Tra documentazione e idee* (▶ p. 5), ma procedendo con una rielaborazione personale e producendo risultati diversi. Alla fine elabora la tua personale scaletta.**

Con l'elaborazione della scaletta siamo arrivati al termine della fase di progettazione del testo. Le operazioni che abbiamo descritto analiticamente sono intellettualmente impegnative ma, una volta comprese nelle loro metodologie e finalità, potranno essere svolte con un certo **automatismo** e non richiedere un tempo troppo lungo.

2 La stesura del testo

È venuto il **momento di scrivere**. Certo, non è che finora non si sia scritto: appunti, sintesi, note, la stessa scaletta sono stati esercizi di scrittura, ma tutti eseguiti in funzione della vera e propria **stesura del testo**, fase che occuperà la maggior parte del tempo a disposizione.

Prima di iniziare la stesura vera e propria, però, soffermiamoci sugli **aspetti stilistici** di cui dovrai tenere conto durante la scrittura di qualunque testo.

a. Scelta del registro linguistico e stilistico

Un testo si caratterizza non solo per il contenuto e per il modo come viene organizzato, ma anche (e molto) per le scelte di **registro linguistico e stilistico** del suo autore, che sono sì condizionate dalla situazione comunicativa – cioè dalle circostanze extratestuali, dalle caratteristiche del destinatario, dal modello di scrittura ecc. – ma che anche ne rispecchiano le **preferenze culturali** e la stessa individuale **personalità**.

Le **varietà di registro** sono perciò infinite, ma per comodità di esposizione possiamo accorparle in tre fondamentali:

- registro **informale**, utilizzato, per quanto riguarda lo scritto, in lettere personali, in articoli di cronaca e interviste che tendono a riprodurre il parlato ecc., mentre nella comunicazione orale è adottato in situazioni della quotidianità, come conversazioni in famiglia e tra amici ecc.;
- registro **standard**, utilizzato nella saggistica di divulgazione di vario ambito disciplinare, nella scrittura giornalistica, in molte trasmissioni televisive, in situazioni lavorative ecc.;
- registro **formale**, utilizzato in saggi, in atti pubblici, oltre che in circostanze ufficiali, in conversazioni colte, in conferenze ecc., e solitamente distinto in registro formale **colto** (o aulico o solenne) adatto a testi scientifici o letterari, a conferenze, a celebrazioni ufficiali ecc., e in registro formale **burocratico**, tipico delle leggi, delle comunicazioni ufficiali, delle pratiche d'ufficio ecc.

CONSIGLI OPERATIVI

Quale registro linguistico e stilistico adottare

- Adotta il registro **adeguato** alla situazione comunicativa in cui ti trovi, nonché al modello di scrittura, all'argomento trattato e al destinatario, e mantienilo **omogeneo** e **costante** in tutti i paragrafi del testo.
- Utilizza le **soluzioni grammaticali** e **stilistiche** corrispondenti al registro scelto.
- Adotta all'occorrenza anche **procedimenti stilistici** e **figure retoriche** che diano una particolare "coloritura" al testo.

	Registro informale	Registro standard	Registro formale
Morfosintassi	• Usa **forme verbali e nominali** tipiche **del parlato**, ma senza eccedere e soprattutto evitando errori grammaticali. • Usa un **periodare a prevalente coordinazione**, con frasi brevi. • Imita **costrutti** tipici **del parlato** (per esempio il discorso diretto).	• **Evita** o usa con moderazione le **forme** tipiche **del parlato**. • Adotta una **sintassi semplice** a prevalenza paratattica o con moderata subordinazione.	• **Evita assolutamente le forme** e i costrutti tipici **del parlato**. • Rispetta rigorosamente le **regole grammaticali**. • Adotta preferibilmente una **sintassi** del periodo **ipotattica**.

	Registro informale	Registro standard	Registro formale
Lessico	• Usa un lessico **comune**. • Da' all'occorrenza **espressività** al tuo discorso, inserendo espressioni **colloquiali** o **gergali** o **dialettali** e anche figure retoriche. • Usa **diminutivi, superlativi,** espressioni **esclamative**. • **Evita** assolutamente **termini colti** o molto **formali**	• Usa un lessico **appropriato** ma di largo uso e facilmente **comprensibile**. • **Evita** parole o espressioni troppo **raffinate**. • **Evita** anche **frasi fatte** ed espressioni convenzionali.	• Usa un lessico **colto**, con ricchezza di vocaboli. • Usa un lessico più o meno **specialistico** a seconda del contenuto e del destinatario del testo. • Arricchisci il testo di **figure retoriche**.

Lo stile personale

Ognuno di noi ha uno **stile personale**, che rispetta il proprio carattere, i presupposti culturali generali, le preferenze estetiche, la visione del mondo. È importante acquistarne **consapevolezza** per valorizzarlo oppure per migliorarlo, evitando eventuali eccessi o carenze.

CONSIGLI OPERATIVI

Alla ricerca di uno stile personale

- Analizza attentamente le tue **scelte di stile**; per esempio valuta se prediligi una **sintassi:**
  - **complessa** e **difficile** con prevalenza di periodi ipotattici oppure chiara e semplice con periodi paratattici, coordinazione per asindeto o polisindeto, con costrutti lineari;
  - con costrutti e forme grammaticali che **ricalcano il parlato**, con anacoluti (irregolarità nella sintassi), ellissi, frasi nominali, discorso diretto ecc.;
  - con utilizzo di **esclamazioni** e **interrogazioni** retoriche.
- Analizza quali caratteristiche di **lessico** tendi a usare più spesso:
  - **semplice** e sobrio, caratterizzato in prevalenza da sostantivi e verbi, oppure **ridondante**, ricco di aggettivazione;
  - **denotativo**, referenziale, realistico oppure **connotativo**, simbolico, evocativo;
  - **letterario**, con parole e immagini dotte, oppure **popolare**, basso o ancora con mescolanza di lessico "alto" e "basso";
  - **gergale**;
  - **specialistico** ecc.
- Analizza se ami utilizzare **figure retoriche** e quali in particolare.
- Valuta con **spirito autocritico** il tuo stile: per esempio, se prevalentemente paratattico, verifica che non tenda a ridursi a frasi troppo frammentarie e semplici; o, viceversa, fa' attenzione che non sia esageratamente ipotattico con un eccesso di subordinate di vario livello; riguardo al tuo lessico controlla che non sia troppo scarno, quasi elementare, oppure ridondante o di una raffinatezza fuori luogo in determinate circostanze; accertati anche che l'uso delle figure retoriche sia appropriato ecc.

ESERCIZI

5 **Leggi e analizza un testo letterario o giornalistico a tua scelta (tra quelli letti recentemente a scuola o a casa) e definiscine lo stile individuando le caratteristiche più evidenti. Ora prova a imitarlo scrivendo in uno stile simile un testo: per esempio un compito scolastico, una lettera personale, una relazione che ti è stata assegnata ecc.**

b. Dalla scaletta al testo

Ecco dunque qualche suggerimento per la stesura del testo a partire dalla scaletta, i cui punti vanno sviluppati in **paragrafi**.

:::: Il paragrafo

I paragrafi (detti anche capoversi) sono **blocchi di testo**, compresi tra due a capo, caratterizzati da **unitarietà di significato e di struttura morfosintattica** che, all'interno di un testo più ampio, sono posti in relazione gli uni con gli altri.

CONSIGLI OPERATIVI

Come trasformare i punti della scaletta in paragrafi

- Sviluppa un **punto della scaletta** per volta.
- Ogni paragrafo può essere costituito da una o **più frasi** (tre-cinque), tutte comunque che trattino un **unico argomento**.
- Ogni paragrafo deve risultare "**autosufficiente**", cioè comprensibile e relativamente esaustivo anche da solo, indipendentemente dal resto del testo.
- Dopo aver scritto il paragrafo rileggilo e sintetizzane il significato in un "**titolo**" (una parola, un sintagma, una brevissima frase) che dovrebbe corrispondere al punto della scaletta. Può essere utile anche continuare a **numerare** i paragrafi, almeno in brutta copia.
- In generale, non superare le **quattro-cinque righe per frase** e le **dieci-quindici righe per paragrafo**. Sul web i paragrafi sono al massimo di trenta righe.
- Va' **a capo** alla **fine del paragrafo** e (se scrivi al computer) fa' un rientro all'inizio del paragrafo successivo: è il segnale che avvisa il lettore che si cambia argomento. Non andare invece a capo tra una frase e l'altra del medesimo paragrafo.
- Segui l'**ordine logico** dato dalla successione dei punti della scaletta. Tuttavia, se nel corso della stesura ti vengono **nuove idee** (questo succederà quasi sicuramente), aggiungi altri punti alla scaletta o togline o modificali (se scrivi al computer usa gli strumenti di spostamento e taglia e incolla), prestando però attenzione che non si creino ripetizioni o lacune o incongruenze.

:::: La coesione semantica e grammaticale

Come detto, caratteristica del paragrafo è la sua **compattezza interna**: essa è detta **coesione** e si realizza attraverso il collegamento tra le sue parti, sia sul piano del significato (coesione **semantica** o **tematica**) sia su quello **grammaticale**.

CONSIGLI OPERATIVI

Come ottenere la coesione semantica del paragrafo

- In ogni paragrafo evidenzia bene l'**argomento principale** in una frase (**frase tematica**).
- Se oltre all'argomento principale introduci **argomenti secondari**, calibra lo spazio da dare a ciascuno evitando sproporzioni.
- Il contenuto di un paragrafo varia a seconda della **tipologia testuale**. Per esempio, in testi **descrittivi** dedica la frase tematica alla descrizione dell'oggetto o soggetto principale; in testi **informativi** fornisci gli elementi di **conoscenza** relativi all'argomento centrale; in testi **narrativi** "racconta" una vicenda sviluppandola in senso **cronologico**; in testi **argomentativi** dedica un paragrafo alla **tesi** e singoli paragrafi a sviluppare singole **argomentazioni**.

Come ottenere la coesione grammaticale del paragrafo

- **Desinenze e concordanze**: presta attenzione alla **concordanza del numero e genere** delle desinenze di nomi, pronomi, aggettivi, articoli; del numero e genere tra soggetto e predicato.
- **Verbi**: in generale cerca di mantenere **costanti i tempi** adottati (senza sbalzi cronologici, a meno che non siano espressamente voluti) e verifica la **concordanza di modi e tempi** tra proposizione principale e subordinata.
- **Sostituenti**: usa pronomi e aggettivi **dimostrativi e possessivi, deittici, sinonimi** e **iperonimi** e altri "sostituenti" di parole utilizzate in precedenza, per evitare di ripeterle.
- **Connettivi**: presta particolare attenzione all'uso dei **connettivi** (congiunzioni, avverbi, locuzioni avverbiali), che esprimono **legami di vario tipo** (cronologico, spaziale, logico ecc.) tra parole o tra parti del discorso all'interno di una frase o tra una frase e l'altra (nel paragrafo successivo troverai un elenco di connettivi per ottenere la coerenza).
- **Lessico**: puoi ottenere una coesione lessicale all'interno di un paragrafo utilizzando **parole chiave** per riconoscere immediatamente l'argomento principale del paragrafo, o parole appartenenti alla **medesima area semantica**.
- **Punteggiatura**: utilizza una punteggiatura che evidenzi l'**organizzazione concettuale** del testo e aiuti il lettore a **identificare il rapporto logico** esistente tra gli elementi (della proposizione, del periodo, tra proposizioni coordinate e subordinate ecc.). Tieni presente che una punteggiatura approssimativa non è solo un errore formale ma suggerisce al lettore l'impressione di scrittura non organizzata e di disordine mentale.

:::: La coerenza e i connettivi

In un testo costituito da più paragrafi, ognuno di essi, pur nella sua relativa autonomia, entra necessariamente in **relazione** con gli altri, in particolare con quello che lo precede e con quello che lo segue, realizzando ciò che viene definita **coerenza** del testo. Essa si realizza sia attraverso la **continuità di significato** (**coerenza semantica** o **progressione tematica**) sia attraverso la riconoscibilità dei criteri scelti per disporre i **paragrafi in successione** (**coerenza logica**).

Per realizzare la coerenza di un testo esprimendo il tipo di **rapporto** che esiste tra un paragrafo e l'altro, si utilizzano dei **connettivi** che possono essere:

- **forme nominali e verbali** che rimandano a parole o frasi del paragrafo precedente: per esempio, pronomi e aggettivi "sostituenti" (come "ciò", "questo fatto" ecc.), oppure ripetizioni;
- **congiunzioni**, **avverbi**, **locuzioni**, **espressioni** ecc., che esprimono il tipo di rapporto che lega i paragrafi nella loro successione.

CONSIGLI OPERATIVI

Come ottenere la coerenza tra i paragrafi

- In questa tabella ti consigliamo alcuni accorgimenti per organizzare paragrafi coerenti tra di loro e indichiamo quali connettivi usare a seconda del rapporto tra un paragrafo e l'altro che intendi esprimere.

Tipologia di rapporto che si vuole esprimere	Come organizzare i paragrafi	Quali connettivi usare
Cronologico	Disponi i paragrafi in una successione che corrisponda allo sviluppo temporale degli eventi narrati (per esempio nei saggi storici o in opere narrative)	*prima, prima di, precedentemente, all'inizio, allora, dopo, successivamente, nel frattempo, intanto, quando, mentre*

Spaziale	Disponi i paragrafi in una successione che corrisponda a un determinato percorso nello spazio: dal centro alla periferia, da destra a sinistra, dall'alto al basso, o viceversa ecc. (per esempio in testi descrittivi)	*davanti, dietro, sopra, sotto, dove, al centro di, di lato, accanto, su, giù, lì, là, sopra, sotto, in mezzo*
Di elencazione	Elenca, paragrafo dopo paragrafo, singoli elementi o aspetti del tema in oggetto	*per un verso… per l'altro, in primo luogo, in secondo luogo, inoltre, si aggiunga, infine, da ultimo*
Di causa-effetto	Tratta in un paragrafo la causa di un fenomeno e in quello successivo analizzane l'effetto, o viceversa (per esempio in testi di saggistica)	*poiché, perché, perciò, conseguentemente, in conseguenza di ciò, dato che, dal momento che, quindi*
Di concessione	Tratta in un paragrafo la causa di un fenomeno e in quello successivo analizzane il mancato effetto (per esempio in testi di saggistica)	*a meno che, almeno, anche se, benché, eppure, malgrado, sebbene, seppure*
Di somiglianza-opposizione	Metti a confronto, in un medesimo paragrafo o in successivi, elementi simili o divergenti	*come, analogamente, ma, però, tuttavia, invece, mentre*
Avversativo	Evidenzia in un paragrafo l'opposizione a quanto affermato nel precedente	*ma, però, tuttavia, invece, mentre, laddove*
Di spiegazione	Spiega in un paragrafo quanto affermato nei paragrafi precedenti	*cioè, infatti, ossia, per questo, in realtà, in effetti*
Di esemplificazione	Fatta una certa affermazione, confermala con una serie di esempi	*per esempio, in particolare, così*
Di scopo	Evidenzia lo scopo e il fine di una determinata azione	*al fine di, avendo in mente di*
Ipotetico	Formula una serie di ipotesi (tipico dei testi argomentativi)	*ipotizziamo che, nel caso che, ammettiamo che, se, in tal caso*
Riformulazione	Sottolinea quanto affermato in precedenza attraverso ripetizioni formulate diversamente	*in altre parole, ossia, cioè, vale a dire*
Di valutazione	Esprimi la tua interpretazione e valutazione di un fenomeno o evento trattato in precedenza	*a mio parere, secondo me, sfortunatamente, inopinatamente, certamente, senza alcun dubbio*
Di struttura	Offri al lettore indicazioni sulla strutturazione del testo e sugli sviluppi del discorso che richiedono rimandi a passaggi precedenti	*come abbiamo già visto, ritornando all'ipotesi di partenza, tratteremo ora di, come vedremo più avanti, riprenderemo questo discorso*
Di conclusione	In un paragrafo (solitamente quello finale di un testo) riprendi sinteticamente quanto illustrato in precedenza	*quindi, pertanto, perciò, allora, insomma, in conclusione, concludendo, tutto sommato*

ESEMPIO SVOLTO

Proponiamo il passo che precede la definizione n. 8 da ***Perché leggere i classici*** di Italo **Calvino** (▶ p. 9): ne abbiamo evidenziato la suddivisione in paragrafi in modo da riconoscerne agevolmente gli elementi della coesione e della coerenza.

- parole chiave
- parole semanticamente collegate
- attributi con valutazione positiva
- parole con valutazione negativa
- connettivi logici
- connettivo semantico

La lettura d'un classico deve darci qualche sorpresa in rapporto all'immagine che ne avevamo.

In apertura ci sono le parola chiave («lettura» e «classico»).

Per questo non si raccomanderà mai abbastanza la lettura diretta dei testi originali scansando il più possibile bibliografia critica, commenti, interpretazioni.

Il connettivo causale («Per questo») introduce la tesi dell'autore («si raccomanderà ... la lettura diretta dei testi originali») subito seguita dall'antitesi («scansando il più possibile bibliografia critica, commenti, interpretazioni»).

La scuola e l'università dovrebbero servire a far capire che nessun libro che parla d'un libro dice di più del libro in questione; invece fanno di tutto per far credere il contrario.

C'è la ripresa dell'antitesi per confutarla. L'obiettivo dell'attacco polemico del paragrafo precedente è parafrasato con un procedimento retorico tramite l'espressione «libro che parla d'un libro dice ... del libro».

C'è un capovolgimento di valori molto diffuso per cui l'introduzione, l'apparato critico, la bibliografia vengono usati come una cortina fumogena per nascondere quel che il testo ha da dire e che può dire solo se lo si lascia parlare senza intermediari che pretendano di saperne di più di lui.

L'inizio di questo paragrafo è legato alla fine del precedente dal connettivo semantico «capovolgimento» che rimanda a «contrario». Si ha un nuovo attacco polemico contro la lettura critica. Si può notare la metafora «cortina fumogena» che sottende una valutazione negativa.

Possiamo concludere che:

8. un classico è un'opera che provoca incessantemente un pulviscolo di discorsi critici su di sé, ma continuamente se li scrolla di dosso.

Il paragrafo si apre con un tipico connettivo di conclusione («Possiamo concludere»). La metafora del «pulviscolo» rimanda a quella della «cortina fumogena».

(I. Calvino, *Perché leggere i classici*, Mondadori, Milano 1995)

ESERCIZI

6 **Esegui le operazioni applicate all'esempio svolto su un altro passo del medesimo testo di Calvino: contiene la prima delle 14 definizioni di "classico" ed è seguito dalla sua "dimostrazione".**
In particolare individua le parole chiave, le aree semantiche, gli elementi della coesione e della coerenza.

1. I classici sono quei libri di cui si sente dire di solito: «Sto rileggendo...» e mai «Sto leggendo...»

Questo avviene almeno tra quelle persone che si suppongono «di vaste letture»; non vale per la gioventù, età in cui l'incontro col mondo, e coi classici come parte del mondo, vale proprio in quanto primo incontro.

Il prefisso iterativo[1] davanti al verbo «leggere» può essere una piccola ipocrisia da parte di quanti si vergognano d'ammettere di non aver letto un libro famoso. Per rassicurarli basterà osservare che per vaste che possano essere le letture «di formazione» d'un individuo, resta sempre un numero enorme d'opere fondamentali che uno non ha letto.

Chi ha letto tutto Erodoto e tutto Tucidide[2] alzi la mano. E Saint-Simon? E il cardinale di Retz?[3] Ma anche i grandi cicli romanzeschi dell'Ottocento sono più nomi-

1. **prefisso iterativo**: in "rileggere" il prefisso /ri-/ ha valore iterativo in quanto esprime un'azione che si attua in modo ripetuto.
2. **Erodoto** e **Tucidide**: storici greci, vissuti l'uno nella prima metà del V secolo a.C., l'altro nella seconda metà.
3. **Saint-Simon ... Retz**: scrittori francesi rispettivamente del XVIII-XIX e del XVII secolo.

nati che letti. Balzac[4] in Francia si comincia a leggerlo a scuola, e dal numero delle edizioni in circolazione si direbbe che si continua a leggerlo anche dopo. Ma in Italia se si facesse un sondaggio Doxa[5] temo che Balzac risulterebbe agli ultimi posti.

Gli appassionati di Dickens[6] in Italia sono una ristretta élite di persone che quando s'incontrano si mettono subito a ricordare personaggi e episodi come di gente di loro conoscenza. [...]

Questo per dire che il leggere per la prima volta un grande libro in età matura è un piacere straordinario: diverso (ma non si può dire maggiore o minore) rispetto a quello d'averlo letto in gioventù. La gioventù comunica alla lettura come a ogni altra esperienza un particolare sapore e una particolare importanza; mentre in maturità si apprezzano (si dovrebbero apprezzare) molti dettagli e livelli e significati in più.

(I. Calvino, *Perché leggere i classici*, cit.)

4. **Balzac**: Honoré de Balzac, francese, massimo esponente del romanzo realista, vissuto nella prima metà del XIX secolo.
5. **Doxa**: importante azienda italiana di ricerche di mercato.
6. **Dickens**: Charles Dickens, romanziere e giornalista britannico, tra i maggiori del XIX secolo.

c. La struttura del testo

In base al genere letterario e al modello di scrittura adottato, diversa può essere la **struttura del testo** che comporremo: quella tradizionale di un testo di media ampiezza prevede un consistente **corpo centrale**, sinteticamente preceduto e chiuso da una **introduzione** e da una **conclusione**. È la struttura prevalentemente utilizzata nella scrittura scolastica, nella saggistica, nelle relazioni aziendali ecc., mentre in altri generi ne prevalgono altre: per esempio nella scrittura giornalistica si usa spesso il modello della cosiddetta "piramide invertita", in base al quale le conclusioni sono poste all'inizio e l'argomento è sviluppato nei paragrafi successivi; nei blog si tende a evitare introduzione e conclusione; nella scrittura ipertestuale il corpo centrale è molto ridotto essendo affidato ai link il compito di sviluppare l'argomento.

:::: Il corpo centrale del testo

Il corpo centrale del testo contiene la **trattazione dell'argomento** oggetto del componimento stesso. È consigliabile **cominciare da qui** la stesura del testo, rimandando a un momento successivo l'introduzione (a meno che non si abbia qualche idea brillante da sfruttare subito) e la conclusione, e lasciando per ultimo il titolo.

Oltre ai suggerimenti esposti nelle pagine precedenti, riguardanti la coesione e la coerenza della paragrafazione (▶ p. 13), te ne proponiamo altri specifici per ciascuna di queste parti in cui il testo è articolato.

CONSIGLI OPERATIVI

Come scrivere il corpo centrale del testo: la tipologia

- Rispetta la **tipologia testuale**, tenendo conto però che in un testo possono coesistere più tipologie: per esempio in un saggio l'argomentativa e l'informativa, in un articolo di cronaca l'informativa, la descrittiva e la narrativa, in una relazione l'informativa e la descrittiva ecc.

Se il testo è:

- **narrativo**: utilizza gli strumenti della narratologia, suddividendo l'esposizione in sequenze che seguano un criterio verticale di successione (diacronico) o orizzontale (sincronico) di contemporaneità, oppure inserendo flashback e prolessi. Caratterizza (fisicamente, psicologicamente, socialmente ecc.) i personaggi (protagonisti, comprimari ecc.). Ricostruisci, sia pure sinteticamente, il contesto (politico, economico, sociale, letterario, filosofico, artistico ecc.) nel quale un evento si colloca, l'ambiente e il tempo;
- **informativo**: fornisci i dati (date, nomi, luoghi ecc.) con precisione e sinteticità. Ricorda la regola, tipica del giornalismo d'informazione, delle 5W;
- **descrittivo**: per descrivere oggetti, persone, situazioni, fenomeni ecc., scegli un tuo "punto d'osservazione" (come per la fotografia o il cinema), un tuo "punto di vista" (affettivo, psicologico, sociale, politico ecc.), un tuo percorso (dal generale al particolare, o viceversa; dall'alto al basso, da destra a sinistra ecc.) e decidi se fornire una visione d'insieme o di dettaglio;
- **argomentativo**: identifica la **tesi**, cioè la tua opinione su una determinata questione, di cui intendi dimostrare la **verità** e la **validità generale**, contro l'eventuale asserzione di una **antitesi**, cioè di una tesi contraria; elabora le **argomentazioni** a sostegno della tesi e a confutazione dell'antitesi, cioè: ragionamenti logici, ipotesi e deduzioni, esempi e dati di fatto che confermino quanto da te asserito ecc. (▶ p. 41). Non preoccuparti di essere originale a tutti i costi: puoi anche riprendere interpretazioni altrui apprese dallo studio storico, filosofico, letterario ecc. Esprimi liberamente il tuo punto di vista, ma evita luoghi comuni e frasi fatte.

Procedimenti da usare nell'esposizione

- Utilizza vari **procedimenti espositivi**. Per esempio:
  - da' una **definizione** dell'argomento in questione;
  - porta degli **esempi** a sostegno di una tua affermazione (per esempio: in un testo argomentativo, nel paragrafo dedicato a una argomentazione, porta esempi a sostegno della tua tesi);
  - sviluppa un **confronto** tra situazioni, idee, personaggi ecc., per metterne in evidenza i caratteri di differenza o somiglianza, per discutere i pro e i contro di una questione ecc.;
  - "dialoga" con te stesso, in una sorta di **botta e risposta**, ponendoti dei problemi e cercando di fornire delle soluzioni;
  - presenta un evento, un fenomeno, cercando di spiegarne i motivi che l'hanno determinato e gli effetti che ha provocato (per esempio in un testo d'argomento storico o scientifico), adottando cioè il procedimento di **causa-effetto**;
  - quando fai riferimento a **eventi storici** o di **cronaca**, rispetta la **verità dei fatti**;
  - se tratti di un **fenomeno** culturale (produzione di un autore, corrente letteraria o di pensiero ecc.) o di una specifica **opera** (letteraria o filosofica o artistica ecc.), basa le tue riflessioni sul contenuto e fa' riferimento ai testi e agli autori inserendo eventualmente delle **citazioni**.

Uso dei verbi

- Se vuoi dare un senso di **validità** generale alle tue affermazioni, usa il **tempo presente** e verbi ed espressioni verbali in **forma impersonale** (per esempio: "si deve", "è necessario che", "è opportuno affermare che").
- Se invece vuoi enfatizzare la tua **soggettività**, usa i verbi in **prima persona singolare** (per esempio: "credo che", "penso di poter sostenere", "ritengo giusto", "affermo che") ed espressioni come "a mio parere", "secondo il mio punto di vista" ecc.

Verificare la correttezza e la pertinenza del testo

- Verifica costantemente la **correttezza grammaticale** (uso dei verbi, concordanze ecc.) e **ortografica**; presta la massima attenzione alla **punteggiatura**.
- Controlla costantemente che il tuo **svolgimento** sia "in tema", cioè che sia **pertinente** all'argomento proposto.

:::: Introduzione e conclusione del testo

Dopo la stesura del corpo centrale del testo, bisogna completarlo (se non lo si è già fatto) con una **introduzione**, che ha la funzione di presentare in modo globale l'argomento, anticipandone il contenuto, e con la **conclusione**, che in genere riassume il contenuto e gli scopi essenziali del testo congedandosi dal lettore.

CONSIGLI OPERATIVI

Come scrivere l'introduzione e la conclusione

- Ti consigliamo di dedicarti all'**introduzione dopo aver completato il corpo centrale** del testo, soprattutto se hai difficoltà a cominciare. Se però ti viene in mente, in qualsiasi momento, un'idea brillante ed efficace, non fartela sfuggire e prendine nota subito: avrai modo in seguito di valutare se mantenerla o no.
- Cerca di essere nell'introduzione il più possibile **stringato e chiaro**, e cerca di predisporre il lettore alla lettura con un ***incipit* coinvolgente**.
- Fa' in modo che la **conclusione** sia **coerente** con quanto esposto precedentemente.
- È consigliabile per entrambe queste parti che ciascuna non superi **un paragrafo** e sia comunque composta di **poche frasi** (una, due al massimo).
- Ti proponiamo alcune **tipologie** di introduzione e conclusione con consigli per la loro stesura.

Introduzione	**Conclusione**
Inquadramento sintetico Anticipi sinteticamente le parti in cui si articolerà la tua trattazione.	**Riassunto sintetico** Riprendi sinteticamente i passaggi fondamentali della tua trattazione.
Affermazioni Affermi da subito la tua posizione, anticipando le conclusioni del testo.	**Affermazioni** Riaffermi la validità delle conclusioni a cui sei giunto, ribadendole più o meno perentoriamente.
Domande Coinvolgi il lettore in una sorta di colloquio formulando domande sulle principali questioni a cui il testo tenterà di dare risposta.	**Domande** Vuoi lasciare, in un certo senso, ancora aperta la discussione e riproponi al lettore la problematicità delle principali questioni affrontate, oppure introduci un nuovo possibile sviluppo della questione. La domanda può essere anche retorica, a ribadire ironicamente le opinioni dell'autore.
Citazioni Per dare autorevolezza a quanto ti appresti a esporre, citi in esordio la frase di un personaggio famoso, oppure un proverbio, oppure un breve brano letterario.	**Citazioni** Per dare autorevolezza a quanto esposto, ma anche per arricchire il tuo testo, chiudi con una citazione.
Fatti Cominci collegandoti a un fatto storico o a una vicenda personale, oppure citando un aneddoto.	**Fatti** A conferma di quanto è stato detto, citi un fatto storico o una vicenda personale o un aneddoto.
In medias res Decidi di entrare direttamente in argomento evitando l'introduzione.	**Nessuna conclusione** Se ritieni che il discorso sia già sufficientemente chiaro, fa' a meno della conclusione.

:::: Il titolo

Resta infine da assegnare un **titolo**, sia quando ciò è prescritto dalla consegna (per esempio in una prova scolastica o d'esame) sia quando è richiesto dalle regole del genere di scrittura (per esempio per un articolo giornalistico).

Esso è di solito costituito da un **nome** o un **sintagma** o una **piccola frase** (verbale o nominale) che riassume in forma molto sintetica il **contenuto** di un testo, con lo **scopo**, oltre che di anticipare il contenuto del testo che lo segue, anche di **attirare l'attenzione** del lettore invogliandolo a leggere il testo per esteso.

Il titolo può avere carattere **denotativo** quando **riferisce in modo oggettivo** il contenuto del testo, oppure **connotativo** quando ne **suggerisce un commento, un'interpretazione soggettiva.**

Può essere seguito dal **sottotitolo**, cioè da un titolo secondario che ne spiega e amplia il contenuto, come accade spesso per i libri di saggistica o per gli articoli di giornale. Molto importanti sono anche i titoli delle **pagine web** che indirizzano nella navigazione; può infine essere considerato una specie di titolo l'"**oggetto**" di un messaggio in posta elettronica.

CONSIGLI OPERATIVI

Come scrivere un titolo

- Ti consigliamo di scrivere il titolo **dopo aver terminato** la stesura del testo.
- Se la formulazione di un titolo è richiesta nella **consegna** (per esempio in una prova scolastica o di concorso), leggi attentamente le indicazioni.
- Opera una **scelta** tra titolo denotativo e titolo connotativo, in considerazione delle caratteristiche del testo (tipologia, destinatario, registro linguistico adottato ecc.):
  - se opti per un titolo **denotativo**, puoi cominciare con lo scrivere **una frase che riassuma il contenuto** del testo e quindi operare successive riduzioni sino ad arrivare a una sola parola o sintagma o breve frase (preferibilmente nominale, cioè senza predicato);
  - se opti invece per un titolo **connotativo**, utilizza **figure retoriche** (sull'esempio di molti titoli giornalistici) e **tecniche pubblicitarie** (con frasi a effetto, neologismi, sigle ecc.).
- Eventualmente aggiungi un **sottotitolo**, per approfondire e ampliare il contenuto del titolo.

ESEMPIO SVOLTO

A questo punto dei lavori ti proponiamo un testo quale **esempio di possibile risultato** delle attività di **stesura**: si tratta di un corsivo scritto da Gianfranco Ravasi che qui riproduciamo.

Titolo: #I classici

Sottotitolo: Un classico è un'opera che provoca incessantemente un pulviscolo di discorsi critici su di sé, ma continuamente se li scrolla di dosso.

Testo: Chiuse le lezioni, aperti gli esami: ritorniamo, allora, idealmente sui banchi di scuola con l'evocazione dei grandi autori. Spesso si ripete la battuta ironica dello scrittore inglese Gilbert K. Chesterton: «Un grande classico è uno scrittore che si può lodare senza averlo letto». Ma già l'americano Mark Twain andava giù pesante: «Un classico è qualcosa che tutti vorrebbero aver letto e nessuno vuol leggere».
Questo accade non tanto per il testo che in sé è affascinante e potente, quanto piuttosto per gli insetti che vi si depositano sopra e lo oscurano e inquinano.

Fuor di metafora, sono le noiose e pedanti spiegazioni di certi docenti, gli insaziabili apparati critici, i commenti minuziosi, incapaci però di godere la bellezza e la grandezza dell'insieme. Per fortuna, come diceva Italo Calvino nel saggio *Perché leggere i classici*, sopra citato, i capolavori sono capaci di scrollarsi di dosso quel nugolo di mosche cocchiere e di affascinare con la loro sfolgorante nudità.

ESERCIZI

7 Esegui l'analisi e il commento del testo presentato nell'esempio svolto, rispondendo ai seguenti quesiti:

a. Sintetizza in una parola o sintagma il contenuto di ogni paragrafo.
b. Qual è la tesi dell'autore? Qual è l'antitesi?
c. Condividi la tesi dell'autore? Motiva la risposta.
d. Analizza il lessico evidenziando parole chiave e aree semantiche prevalenti.
e. Ricerca le figure retoriche e definiscile.
f. Come interpreti la scelta dell'autore di far precedere al titolo un *hashtag*?

3 Dopo la stesura: la messa a punto del testo

Dopo la stesura della "brutta copia", è il momento di passare alla "**bella copia**", attraverso operazioni di *editing*, cioè di revisione complessiva e di messa a punto del testo per la presentazione al destinatario.

a. La revisione del testo

La revisione del testo consiste nella **rilettura attenta** della brutta copia per apportare eventuali correzioni e modifiche a ciò che si è scritto, per quanto concerne sia il **contenuto**, sia l'**organizzazione** del testo, sia la **correttezza formale**.

CONSIGLI OPERATIVI

La rilettura e la revisione globale del testo

- Lascia **passare del tempo** tra la fine della stesura del testo e la rilettura, per "staccare" mentalmente e predisporti a un atteggiamento più oggettivo rispetto a ciò che hai scritto.
- Rileggi tutto il testo più volte **globalmente**, con molta attenzione e spirito autocritico, e verifica:
  - di aver rispettato le **consegne** (se ve ne erano);
  - di aver rispettato la **lunghezza del testo** prevista: se lavori al computer, utilizza il comando "conteggio parole" nella barra degli strumenti;
  - di aver rispettato le presumibili aspettative del **destinatario** del testo; in particolare se è una prova scolastica, tieni presenti i **criteri di valutazione** dell'insegnante;
  - di non essere andato "**fuori tema**", cioè che il testo sia aderente all'argomento richiesto;

- di aver **rispettato l'ordine della scaletta**; se l'hai modificato in corso di stesura, accertati che il nuovo ordine sia coerente e logico;
- che il testo corrisponda alle caratteristiche della **tipologia testuale**: per esempio, correttezza e completezza delle informazioni, se il testo è informativo; evidenziazione della tesi ed efficacia delle argomentazioni, se il testo è argomentativo ecc.

La rilettura e la revisione del testo paragrafo per paragrafo

- Rileggi il testo **paragrafo per paragrafo** e verifica:
  - di essere **andato a capo** dopo ogni paragrafo; viceversa, di non essere andato a capo all'interno di un paragrafo;
  - la **lunghezza** dei paragrafi, prestando attenzione a che non siano né troppo lunghi né troppo brevi, e che le **proporzioni** tra introduzione, svolgimento, conclusione siano equilibrate;
  - che ogni paragrafo evidenzi con chiarezza l'**argomento principale**;
  - la **coesione** e la **coerenza** del testo e un corretto uso dei **connettivi** specie in apertura dei paragrafi (▶ pp. 13-14).

La correttezza del testo

- Per quanto riguarda, infine, la **correttezza formale** del testo, controlla attentamente:
  - l'**ortografia**, specie se essa costituisce un tuo punto debole; per ogni dubbio usa il **dizionario**;
  - la **correttezza grammaticale**;
  - la precisione **lessicale** e la sua adeguatezza al tipo di testo (per esempio, più o meno specialistica);
  - l'efficacia della **punteggiatura**; se possibile, leggi il testo ad alta voce, con l'intonazione suggerita dalla punteggiatura stessa.

Effettuare cambiamenti

- Soffermati in particolare su quelli che sai essere i tuoi **punti deboli**.
- Effettua **cambiamenti**, se ti pare opportuno: per esempio "asciuga" il testo da parole o frasi superflue, trasforma subordinate in coordinate o viceversa, verbi di forma passiva in quella attiva o viceversa ecc.

b. Copiatura e presentazione grafica

Al termine delle operazioni sopra descritte, il testo va messo "in bella copia": trascritto **a mano** oppure **al computer**, rispettando alcune regole di **presentazione grafica**, che facilitano la comprensione da parte di chi legge e favoriscono l'apprezzamento del testo.

CONSIGLI OPERATIVI

Copiatura e presentazione grafica

- Se hai intenzione di copiare il testo a mano:
  - scrivi con una **grafia chiara** e comprensibile, con caratteri non troppo piccoli; ricorda che una brutta grafia è segno di scarso riguardo per il lettore e può indurlo a un atteggiamento malevolo verso il testo e provocare effettivi fraintendimenti;
  - per un compito in classe o a casa, scrivi su **colonne** di larghezza equilibrata, per lasciare spazio a correzioni e annotazioni dell'insegnante.
- Se scrivi al computer:
  - scegli un **font chiaro e sobrio**, di corpo 12 o 14, riservandoti di aumentarlo per il titolo o di diminuirlo per note o citazioni;
  - **giustifica** il testo in modo che le righe abbiano tutte la medesima lunghezza;

- usa **margini** equilibrati che permettano una agevole lettura del testo;
- scegli un'**interlinea** (è consigliabile 1,5 o 2) e conservala per tutto il testo;
- eventualmente usa l'**elenco puntato** o numerato per evidenziare elenchi o proposizioni in successione.

• In entrambe le presentazioni grafiche:

- va' a capo con un **rientro** dopo ogni paragrafo;
- colloca il **titolo** sopra il testo, in posizione centrale ed eventualmente in caratteri più grandi;
- puoi dare dei **sottotitoli** ai singoli paragrafi, scrivendoli a margine o prima del paragrafo; non inserire il punto fermo dopo i sottotitoli.

ESEMPIO SVOLTO

Siamo arrivati al termine del nostro lavoro. Come testo esemplare di riferimento abbiamo utilizzato un corsivo di Gianfranco **Ravasi** (cardinale, "ministro" della Cultura del Vaticano, illustre intellettuale) intitolato *I classici*, che abbiamo letto e analizzato come se fosse ancora in **fase di lavorazione**: ora osserviamolo riprodotto nella veste a stampa, come si presentava sotto la targhetta "BREVIARIO", che è il nome della rubrica da lui settimanalmente tenuta sulla prima pagina sull'inserto culturale domenicale del "Sole 24 Ore".

BREVIARIO
di **Gianfranco Ravasi**
I classici

Un classico è un'opera che provoca incessantemente un pulviscolo di discorsi critici su di sé, ma continuamente se li scrolla di dosso.

Chiuse le lezioni, aperti gli esami: ritorniamo, allora, idealmente sui banchi di scuola con l'evocazione dei grandi autori. Spesso si ripete la battuta ironica dello scrittore inglese Gilbert K. Chesterton: «Un grande classico è uno scrittore che si può lodare senza averlo letto». Ma già l'americano Mark Twain andava giù pesante: «Un classico è qualcosa che tutti vorrebbero aver letto e nessuno vuol leggere».

Questo accade non tanto per il testo che in sé è affascinante e potente, quanto piuttosto per gli insetti che vi si depositano sopra e lo oscurano e inquinano. Fuor di metafora, sono le noiose e pedanti spiegazioni di certi docenti, gli insaziabili apparati critici, i commenti minuziosi, incapaci però di godere la bellezza e la grandezza dell'insieme. Per fortuna, come diceva Italo Calvino nel saggio *Perché leggere i classici*, sopra citato, i capolavori sono capaci di scrollarsi di dosso quel nugolo di mosche cocchiere e di affascinare con la loro sfolgorante nudità.

ESERCIZI

8 **Scrivi un testo sul medesimo tema "Che cos'è un classico", con le seguenti varianti rispetto a quelle descritte in questo capitolo:**

a. scegli un altro modello di scrittura, un destinatario e una lunghezza di versi;
b. raccogli autonomamente la documentazione;
c. scegli una tua tesi con le relative argomentazioni;
d. adotta il tuo personale stile di scrittura.

CAPITOLO 2

Comprendere e riscrivere

La parafrasi e il riassunto

La lettura per motivi di studio e di lavoro è spesso accompagnata da operazioni più complesse, di **rielaborazione** e **riformulazione** dei testi, che ne aiutano la comprensione e favoriscono, per chi le compie, il passaggio alla produzione in proprio di nuovi testi.

Queste operazioni consistono in vere e proprie **"ri-scritture"** del testo di partenza. I prodotti linguistici che ne derivano – riassunti, parafrasi – rappresentano modelli di scrittura piuttosto frequenti (almeno alcuni) nella **pratica scolastica** e trovano applicazione anche nella **comunicazione sociale e professionale**. Senza contare che il lavoro di riscrittura è fondamento della **creatività letteraria** che da sempre vive in un rapporto di ripresa, imitazione, contaminazione, osmosi tra testi vecchi e nuovi.

1 La parafrasi: riscrivere in altre parole

La parafrasi costituisce la riscrittura di un testo con **parole diverse**, ma mantenendone intatto il **significato letterale**.

Di solito la parafrasi viene effettuata su **testi complessi** o con difficoltà di carattere **lessicale** (per esempio testi scientifici o burocratici) con lo scopo di renderli più comprensibili ai lettori, oppure su testi di registro linguistico **formale** (per esempio testi letterari) per trasformarli in registro linguistico standard, o su testi scritti in dialetto o in gergo per "tradurli" in **italiano corrente**.

È un'attività prevalentemente **scolastica**, condotta soprattutto su **testi poetici** – viene definita "versione in prosa" – con l'obiettivo di favorirne la comprensione da parte degli studenti.

Trova anche applicazione in contesti **lavorativi**, per rendere più agevoli contenuti tecnici o altamente specialistici, e nel linguaggio **giornalistico**, dove è utilizzata per migliorare la leggibilità di testi (per esempio di argomento politico o economico) da parte di lettori comuni. La si ritrova anche nel campo della **scrittura creativa**, come "esercizio di stile", quando rielabora, a fini artistici, un medesimo argomento secondo registri stilistici diversi.

CONSIGLI OPERATIVI — Come scrivere una parafrasi

L'analisi del testo di partenza

- **Leggi** attentamente il testo da parafrasare, verificando di averne ben compreso il significato, sia quello globale sia quello delle singole parole.
- Allo stesso tempo osserva la **struttura** del testo che dovrai sostanzialmente rispettare nel testo di arrivo, mantenendo l'ordine di disposizione degli argomenti.
- Analizza il **registro linguistico-stilistico** del testo di partenza, perché è su di esso che dovrai soprattutto agire per modificarlo in base agli scopi della parafrasi. Di norma è richiesto il passaggio dal registro formale, in cui sono solitamente scritte le poesie o testi di alto impegno intellettuale, al registro standard; oppure si tratterà di passare dal dialetto alla lingua italiana, o da un linguaggio specialistico e settoriale al linguaggio comune.

Sintassi

- Riordina, se necessario, e "normalizza" la **posizione delle parole**; per esempio, elimina le inversioni ripristinando la successione sintattica più regolare con soggetto-predicato-complementi (per esempio: «Spesso il male di vivere ho incontrato», Montale → "Spesso ho incontrato il male di vivere"; «Sempre caro mi fu quest'ermo colle», Leopardi → "Questo ermo colle mi fu sempre caro"); oppure rispristina il complemento di specificazione inserendolo dopo il sostantivo cui si riferisce («questa bella d'erbe famiglia e d'animali», Foscolo → "questa bella famiglia d'erbe e d'animali").
- Completa le **ellissi** (per esempio: «Ai posteri [affido] l'ardua sentenza», Manzoni; «Gèmmea [è] l'aria, il sole [è] «così chiaro», Pascoli); rendi espliciti i soggetti **sottintesi**.
- **Semplifica** le costruzioni complesse:
  - spezza i periodi troppo lunghi per renderli più brevi;
  - metti la proposizione principale al primo posto;
  - trasforma le proposizioni implicite in esplicite;
  - trasforma le subordinate in coordinate.
- Correggi o "aggiusta", se necessario, anche la **punteggiatura** (pensa, per esempio, alle poesie di Ungaretti prive di punteggiatura).

Lessico e stile

- Sostituisci le **parole difficili**, rare e specialistiche con parole del linguaggio comune o con sinonimi o perifrasi (per esempio: «ermo» = solitario; «inclito» = famoso; «magione» = casa; «imago» = immagine; «aere» = atmosfera); mantieni, invece, le medesime parole del testo di partenza, se sono di facile comprensione.
- Tieni anche conto del **significato particolare** che alcune parole possono avere nel vocabolario di un poeta e nel suo periodo storico (per esempio: «gentile» nel linguaggio stilnovistico di Dante significa "nobile d'animo").
- Sciogli le **figure retoriche** e le espressioni figurate (per esempio: «e prego anch'io nel tuo porto [= morte] quiete», Foscolo).
- Sciogli anche (soprattutto nei testi burocratici) **acronimi** e **abbreviazioni**.
- Evita le **ripetizioni** sostituendo, per esempio, nomi con pronomi, ma senza eliminare alcuna informazione del testo di partenza, nemmeno quelle secondarie.

Rilettura e controllo

- Verifica di aver ripetuto **tutti gli argomenti** del testo parafrasato, senza averne dimenticato alcuno.
- Verifica di **non** aver aggiunto **nuovi argomenti** e di non aver inserito **commenti** o valutazioni.

ESEMPIO SVOLTO

Come esempio vi proponiamo la **parafrasi** dei versi 1-18 del **primo Canto dell'*Inferno*** dantesco, terzina per terzina, con la descrizione delle operazioni compiute.

Testo di partenza	Parafrasi	Operazioni compiute
Nel mezzo del cammin di nostra vita mi ritrovai per una selva oscura ché la diritta via era smarrita.	«Nel mezzo del cammin di nostra vita», cioè a 35 anni, mi ritrovai in una selva oscura, avendo smarrito la giusta via del bene.	La narrazione è mantenuta in prima persona singolare. Il testo dantesco di questa prima terzina (come anche di quelle successive) rimane molto simile nella parafrasi, per la sua alta comprensibilità e a conferma della sua presenza nella nostra memoria collettiva. È mantenuto, come citazione, il celeberrimo *incipit*, ma esplicitandone il significato (secondo le indicazioni fornite nel *Convivio* da Dante stesso). Si è sciolta l'ambiguità della «diritta via», da intendersi sia in senso letterale (la strada giusta) sia allegorico (la via del bene).
Ahi quanto a dir qual era è cosa dura esta selva selvaggia e aspra e forte che nel pensier rinova la paura!	Oh, quanto è penoso riferire quale fosse questa selva incolta, intricata e difficile da attraversare, che al solo pensarvi fa rinascere la paura!	La parafrasi dispone le parole in un ordine "prosastico", elimina qualche inversione, evita il polisindeto, traduce l'arcaica «esta» in "questa" e trasforma in sinonimi d'uso più comune i tre aggettivi del verso 5.
Tant'è amara che poco è più morte; ma per trattar del ben ch'i' vi trovai, dirò de l'altre cose ch'i' v'ho scorte.	Quella selva è così angosciosa da essere quasi mortale; ma per render noto il bene che vi trovai, narrerò anche le altre cose che in essa ho visto.	È aggiunto il soggetto sottinteso di «Tant'è amara», individuato in "selva", (ma altri lo individuano in "paura"). Anche in questa terzina di alcune parole è chiarito il significato attraverso sinonimi.
Io non so ben ridir com'i' v'intrai, tant'era pien di sonno a quel punto che la verace via abbandonai.	Non so dire con precisione come sia entrato in quella selva, tanto era pieno di torpore nel momento in cui abbandonai la via della verità.	L'aggettivo arcaico e desueto «verace» ("vero") è trasformato nel complemento di specificazione "della verità". Sono sciolte le numerose elisioni.

Ma poi ch'i' fui al piè d'un colle giunto, là dove terminava quella valle che m'avea di paura il cor compunto, guardai in alto, e vidi le sue spalle vestite già de' raggi del pianeta che mena dritto altrui per ogne calle.	Ma dopo essere giunto ai piedi di un colle, laddove terminava la selva che mi aveva trafitto il cuore di paura, levai gli occhi verso l'alto e vidi i suoi pendii già illuminati dai raggi del sole, che guida nella direzione giusta tutti gli uomini in ogni loro percorso.	La parafrasi ristabilisce l'ordine delle parole nella relativa «che m'avea di paura il cor compunto» e chiarisce il significato di «compunto» e di «mena».
Dante Alighieri, *Commedia*, *Inferno* a cura di A. M. Chiavacci Leonardi, vol. I, Mondadori, Milano 2013		

ESERCIZI

1 **Leggi i due testi di seguito riportati: si tratta della novella del *Decameron* di Boccaccio *Il re di Cipro e la donna di Guascogna* (I, 9) "tradotta" dallo scrittore Aldo Busi dall'italiano trecentesco a quello moderno, con lo scopo, dichiarato dall'autore, di rendere l'opera più agevolmente fruibile da un lettore del giorno d'oggi. Osserva le modifiche apportate al testo originale e rispondi ai quesiti sotto indicati.**

Testo di partenza	**Riscrittura**
[...] Dico adunque che ne' tempi del primo re di Cipri, dopo il conquisto fatto della Terra Santa da Gottifré di Buglione, avvenne che una gentil donna di Guascogna in pellegrinaggio andò al Sepolcro, donde tornando, in Cipri arrivata, da alcuni scellerati uomini villanamente fu oltreggiata. Di che ella senza alcuna consolazion dolendosi, pensò d'andarsene a richiamare al re; ma detto le fu per alcuno che la fatica si perderebbe, per ciò che egli era di sì rimessa vita e da sì poco bene, che, non che egli l'altrui onte con giustizia vendicasse, anzi infinite con vituperevole viltà a lui fattene sosteneva, in tanto che chiunque aveva cruccio alcuno, quello col fargli alcuna onta o vergogna sfogava. La qual cosa udendo la donna, disperata della vendetta a alcuna consolazione della sua noia propose di voler mordere la miseria del detto re; e andatasene piagnendo davanti a lui, disse: "Signor mio, io non vengo nella tua presenza per vendetta che io attenda della ingiuria che m'è stata fatta; ma in sodisfacimento di quella ti priego che tu m'insegni come tu sofferi quelle le quali io intendo che ti son fatte, acciò che, da te apparando, io possa pazientemente la mia comportare: la quale, sallo Idio, se io far lo potessi, volentieri te la donerei, poi così buono portatore ne se'." Il re, infino allora stato tardo e pigro, quasi dal sonno si risvegliasse, cominciando dalla ingiuria fatta a questa donna, la quale agramente vendicò, rigidissimo persecutore divenne di ciascuno che contro allo onore della sua corona alcuna cosa commettesse da indi innanzi.	Ai tempi del primo re di Cipro, dopo che Goffredo di Buglione aveva conquistato la Terrasanta, una gentildonna di Guascogna, ritornando dal pellegrinaggio al Santo Sepolcro, fu oltraggiata a Cipro in modo vergognoso da alcuni delinquenti. Siccome la cosa non le era proprio andata giù, decise di lamentarsene col re in persona. Le dissero che era fatica sprecata, perché il re era fiacco e così insignificante che non solo non puniva le offese fatte ad altri ma sopportava con schifosa vigliaccheria quelle fatte a lui stesso, tanto che chiunque avesse un boccone amaro di traverso glielo vomitava addosso senza temere alcuna conseguenza. La signora, disperando di essere vendicata, forse per addolcire il suo boccone amaro, si mise in testa di prendere in giro la meschinità del summenzionato re e, giunta in lacrime al suo cospetto, disse: "Signor mio, io non sono qui perché mi aspetto giustizia dell'oltraggio subìto, ma per pregarti di insegnarmi come fai tu a sopportare tutte le offese che ricevi, in modo che io, imparando da te, possa rassegnarmi alla mia. Lo sa Iddio se questa ingiuria te la regalerei volentieri se solo potessi, visto che le sopporti tutte così bene". Il re, che fino a allora era stato pigro e tardo di riflessi, quasi risvegliandosi da un sonno, cominciando dalla ingiuria patita da quella donna, che vendicò aspramente, diventò un persecutore rigidissimo di quanti, da quel momento in poi, avrebbero offeso l'onore della corona.
G. Boccaccio, *Decameron*, a cura di V. Branca, Mondadori, Milano 1985	G. Boccaccio, A. Busi, *Decamerone. Da un italiano all'altro*, Rizzoli, Milano 1993

a. Elenca le modifiche grafiche apportate da Busi alla grafia delle singole parole di Boccaccio.

b. Ricerca i verbi posti da Boccaccio alla fine del periodo (secondo il modello latino) e anticipati da Busi subito dopo il soggetto.

c. Osserva le modifiche apportate da Busi alle proposizioni subordinate (per esempio: trasformazione in coordinate, spostamento di posizione nella frase ecc.).

d. Osserva le sostituzioni lessicali, per esempio: "vituperevole viltà" → "schifosa vigliaccheria", "cruccio alcuno" → "boccone amaro", "sfogava" → "vomitava addosso". Come giudichi tali libertà del "traduttore" rispetto al testo originale? Motiva la tua risposta.

e. Esegui su un'altra novella di Boccaccio a scelta un'operazione analoga a quella compiuta da Busi.

2 **I foglietti informativi dei medicinali (i cosiddetti "bugiardini") hanno, in genere, un linguaggio molto tecnico e poco comprensibile. Il testo che ti proponiamo contiene l'informazione relativa alla composizione e all'uso di un medicinale contro le vertigini, qui indicato con XXX.**

Esegui la parafrasi, rendendolo più facilmente comprensibile a destinatari di cultura non specialistica.

a. Cerca su un dizionario o su un'enciclopedia o su altra fonte, il significato delle parole sottolineate una volta nel testo, per sostituirle con parole d'uso comune oppure per darne una sintetica spiegazione.

b. Sostituisci, nella tua parafrasi, anche le altre parole, qui sottolineate con una linea tratteggiata, che, pur non essendo specialistiche, tuttavia sono di uso poco comune.

Che cosa è XXX

XXX contiene betaistina. XXX è un farmaco istamino-simile.

A che cosa serve XXX

Sindrome di Ménière, i cui sintomi includono:

- sensazione di capogiro (vertigini) e sensazione di malessere (nausea o vomito)
- ronzio nelle orecchie (tinnito)
- perdita dell'udito o difficoltà uditive

La sensazione di capogiro (chiamata "vertigini vestibolari") si manifesta quando l'orecchio interno che controlla il senso dell'equilibrio non funziona correttamente.

Come agisce XXX

XXX agisce migliorando il flusso sanguigno nell'orecchio interno. Questa azione riduce l'aumento della pressione.

3 **Proponiamo, come testo di partenza da parafrasare, una lettera scritta in linguaggio burocratico, con registro formale, inviata dall'amministrazione di un'università a un professore organizzatore di un convegno. Trasformala in registro standard, seguendo le indicazioni fornite a lato del testo allo scopo di rendere la struttura più ordinata, il lessico più chiaro, la sintassi notevolmente semplificata.**

Testo di partenza	Indicazioni per la parafrasi
Chiar.mo Prof. Mario Rossi Facoltà di Lettere e Filosofia e p.c. Al Servizio Economato Oggetto: Concessione dell'Aula Magna per il convegno su "Leopardi e la filosofia del Novecento" sabato 29 marzo 2018, ore 8.00-13.30 Città XX, 5 marzo 2018	Mantieni le intestazioni richieste da una lettera ufficiale.
	Aggiungi, prima del corpo della lettera, l'allocuzione diretta al destinatario.
Con riferimento alla Sua richiesta, si concede il nulla osta all'uso dell'Aula Magna, come indicato in oggetto, per ospitare il convegno su "Leopardi e la filosofia del Novecento".	Evita il "si" impersonale (in questo paragrafo e nei successivi) e sostituiscilo con forme personali. Elimina le perifrasi "burocratiche" come «Con riferimento alla Sua richiesta» o «si concede il nulla osta» con espressioni d'uso più comune che ne esplicitino il significato. Evita anche «come indicato in oggetto» preferendo ripetere in tono discorsivo l'oggetto in questione.

Si fa presente altresì che la concessione dell'aula è subordinata all'osservanza delle sotto indicate condizioni, imposte dal rispetto delle norme di sicurezza in materia: • la capienza dell'Aula Magna è di 350 persone; • durante lo svolgersi della manifestazione devono essere aperte tutte le porte di cui è dotata la sala ed essere garantite le uscite di sicurezza verso l'esterno.	Evita parole ed espressioni troppo connotate come burocratiche, come «altresì», «sotto indicate condizioni», o tecniche, come «capienza». Sostituisci il più possibile la forma attiva a quella passiva. Evita ridondanze quali «durante lo svolgersi della manifestazione» invece che "durante la manifestazione". Prova a riformulare l'annotazione tecnica «la capienza dell'Aula Magna è di 350 persone» in maniera più diretta e più funzionale al divieto in questione.
Si prega di prendere opportuni accordi con l'Ufficio Economato (tel. 0498270000) per il programma e per l'utilizzo delle attrezzature della Sala nonché per i problemi collegati alla sorveglianza, alla quale Ella è tenuta a collaborare e di inviare allo scrivente ufficio copia del programma. Distinti saluti Il Capo Servizio	Evita parole ed espressioni auliche, come «Ella», o molto formali, come «scrivente ufficio».

4 **LAVORO COOPERATIVO Leggi insieme ai tuoi compagni di classe questo testo che costituisce l'*incipit* di uno dei romanzi di Andrea Camilleri che hanno per protagonista il commissario Montalbano, scritti nel linguaggio caratteristico dell'autore, un italiano "sicilianizzato" ovvero un siciliano "italianizzato". Ciascuno esegua la parafrasi rendendolo in italiano corrente di registro standard.**
Quindi, tutti insieme, provate a "ritradurre" il testo in un nuovo linguaggio che mescoli l'italiano a un altro dialetto (per esempio, quello della regione in cui vivete) o gergo (per esempio, quello giovanile).

S'attrovava in una radura davanti a un boschetto di castagni, il tirreno era tutto cummigliato da 'na specialità di margherite russee gialle che lui non aviva viduto mai ma dalle quali nisciva fora un profumo che 'mbarsamava l'aria. Gli vinni gana di camminare a piedi nudi e si stava calanno per slacciarisi le scarpi quanno dal boschetto sintì arrivari un forti sono di cianciancddri. Si firmò ad ascutari e vitti nesciri 'na mannara di crapuzzi bianche e marrò, ognuna delle quali aviva un collarino di cianciani. Mentri che le vestie gli s'avvicinavano, il ciancianiddrìo divinni un sono unico, 'nsistenti, 'nterminabili, acuto. E criscì tanto di volume da darigli 'na sensazioni di fastiddio alle recchie.
Fu quel fastiddio che 'arrisbigliò e si fici pirsuaso che quel sono, che ancora continuava da vigliante, autro non era che quella grannissima camurria del tilefono.

(A. Camilleri, *Il metodo Catalanotti*, Sellerio, Palermo 2018)

2 Il riassunto: riscrivere in forma abbreviata

Il più importante tra i modelli di riscrittura abbreviata è il **riassunto**.

Il riassunto è un testo di **dimensioni ridotte** rispetto a un testo di partenza, di cui riproduce, in forma **autonoma** ma **fedele** e senza interventi personali di commento, i contenuti più importanti.

Costituisce una tipica **attività scolastica**, frequente in tutti gli ordini di scuola, ma praticata anche nel mondo dell'**università** e della ricerca, in quello **giornalistico** e in generale in ambito **lavorativo** e nella vita sociale, dove ha lo scopo di consentire al destinatario una conoscenza e una memorizzazione rapida e agevole dei contenuti di un testo senza affrontarne la lettura completa.

Possono, per esempio, considerarsi **riassunti** le parti preliminari o conclusive di molte pubblicazioni scientifiche o gli *abstract* presentati ai congressi; i "richiami" sulle prime pagine dei quotidiani o le *breaking news* che compaiono durante i notiziari televisivi; i resoconti d'ufficio o gli *executive summary* indirizzati ai *manager* come riassunto dei dati essenziali di un problema; fino ai tweet lanciati da singoli personaggi pubblici o privati o da istituzioni come sintesi di articoli o di interventi al cui testo integrale si rimanda tramite link.

a. Le procedure di un riassunto: la progettazione

Malgrado una diffusa sottovalutazione delle difficoltà insite in questa modalità di riscrittura, essa rappresenta l'esito di **procedure complesse**. Considereremo prima la fase di progettazione.

CONSIGLI OPERATIVI — Come progettare il riassunto

Lettura e analisi del testo di partenza

- **Leggi** attentamente e **più volte** il testo da riassumere.
- Verifica di aver ben **compreso**:
  - il **significato letterale** di tutte le parole del testo: in caso di dubbio ricorri al dizionario e, in caso di parole specialistiche o poco usuali, appunta a margine un sinonimo o la definizione o una breve spiegazione;
  - eventuali **riferimenti culturali** impliciti o espliciti, per esempio da quale opera è tratto il testo da riassumere, quali sono gli scopi dell'autore, il contesto ecc.; in caso di dubbi, informati su un testo di consultazione (manuale, enciclopedia ecc.) e anche in questo caso fa' un breve appunto a margine.
- Riconosci l'**argomento principale** del testo considerato nella sua globalità; per esempio, in base alla tipologia testuale:
  - se il testo è descrittivo: l'oggetto della descrizione;
  - se è un saggio argomentativo: la tesi dell'autore;
  - se è un racconto: la sintesi della vicenda narrata;
  - se è un articolo di cronaca: la notizia principale.
- Individua anche quelle che, in questa fase, ti paiono le **parole chiave**, cioè in grado di "aprire la porta" del significato del testo.
- Dividi il testo in **blocchi**, cioè nelle principali porzioni in cui si articola (sequenze, paragrafi, capitoli, strofe poetiche ecc.) e di ciascuno di essi riconosci l'**argomento**; appuntalo a margine.

Quindi riconosci:
- il criterio di **successione** degli argomenti: per esempio, l'ordine delle sequenze narrative in un racconto, la successione cronologica degli eventi in un articolo di cronaca, l'ordine logico delle argomentazioni in un saggio o altro testo argomentativo, il percorso visuale di una descrizione ecc.;
- distingui tra argomenti di **primo piano**, fondamentali, e argomenti di **secondo piano**, meno importanti dei precedenti, ma comunque non irrilevanti o superflui;
- riconosci gli argomenti **superflui**, ridondanti, i **dettagli** di scarso significato.

- Tieni a portata di mano un foglio, oppure apri un apposito file, per eseguire le consuete **operazioni "di servizio"**:
  - **sottolinea** e trascrivi parole, espressioni, brevi frasi che consideri importanti in ciascun blocco;
  - **cancella** con la matita o poni tra parentesi quelle che reputi superflue ai fini della riscrittura;
  - **collega** tra loro, con opportuni segni grafici (per esempio, frecce), oppure evidenzia con il medesimo colore i blocchi di testo che trattano lo stesso argomento o argomenti affini;
  - se usi un programma di **videoscrittura**, sfruttane gli strumenti: grassetto, sottolineato, colore, per esempio per evidenziare parole chiave, frasi principali, idee portanti; elenchi puntati e numerati per disporre gli argomenti in gerarchia; "copia" / "taglia e incolla" per cancellare, spostare, smontare e rimontare blocchi di testo o loro parti.

La scaletta del riassunto

- Una volta eliminato il superfluo e accorpato ciò che era accorpabile, stabilisci una **successione degli argomenti**, che può essere la stessa del testo di partenza oppure può subire parziali spostamenti; per esempio, le conclusioni possono essere anticipate all'inizio.
- Visualizza l'ordine di successione degli argomenti che si è venuto a creare con dei numeri disposti in una **lista verticale** che costituisce la **scaletta** per la stesura del riassunto; se scrivi al computer, usa la funzione "elenco numerato" e/o "elenco a più livelli".

ESEMPIO SVOLTO

Come testo a cui applicare le **procedure del riassunto** vi proponiamo il primo dei quattro capitoli che compongono l'ultima opera di **Mario Rigoni Stern** (1921-2008), intitolata ***Stagioni***; si tratta di una raccolta di riflessioni sulla natura e sulla vita a partire dai ricordi dell'autore collegati alle quattro stagioni dell'anno. Il capitolo qui riportato è ***Inverno***.

Sono nato alle soglie dell'inverno, in montagna, e la neve ha accompagnato la mia vita. All'asilo infantile le suore ci avevano insegnato una canzoncina che diceva di un bambino che dormiva in una culla e di una vecchia che cantava, il mento sulla mano: «... Nel bel giardino il bimbo s'addormenta. / La neve fiocca lenta, lenta, lenta». Scopersi molto tempo dopo che era un sonetto del Pascoli.

Alle scuole elementari il maestro Marcant ci faceva cantare: «... Sui lucenti e tersi campi del nevaio sconfinato / Sorridenti al nostro fato...», che nella Grande Guerra era stato l'inno degli alpini sciatori.

Anche nel *Libro delle favole* che mi aveva portato la Befana avevo trovato la neve della *Piccola fiammiferaia* di Hans Christian Andersen.

Quando andavo con gli sci in spalla sui campi di gare dei balilla era il tempo che leggevo di *Zanna Bianca* sulle nevi del Nordamerica e di Michele Strogoff sulle nevi della Siberia. Troppo presto finì per me il tempo delle gare di sci e dei libri d'avventura.

Cadeva la neve sulle montagne della guerra dove ci portava il destino. Delle Alpi occidentali e dei ghiacciai avevo letto qualcosa di Antonio Stoppani; quando ero sulle drammatiche montagne dell'Albania, in qualche momento potevo rileggere anche: «... piovean di foco dilatate falde, / come di neve in alpe sanza vento». Ma il vento c'era, e pure il fuoco dei mortai greci.

Ad Aosta, nel gennaio del 1942, in attesa della partenza per il fronte russo, i segnali di tromba per gli alpini sciatori del Cervino erano preceduti da quattro o cinque note di una canzonetta che allora cantavano i dopolavoristi in gita: «Si va sulla montagna...»

Dopo dieci anni Elio Vittorini mi scoperse *Sergente nella neve* e ancora tale sono rimasto per tanti. Da allora ho letto anche della tristissima neve della Kolyma, di quella rosso-nera di Stalingrado, di quella di Leningrado che non copriva i bulbi dei Giardini d'Inverno ma le migliaia di migliaia di cadaveri dei civili morti di fame durante l'assedio.

In questi giorni è nevicato molto e sul mio tetto, sopra quella di dicembre, c'è più di un metro di neve fresca. Sono isolato dal paese. Da un libro traggo un foglio dove Andrea Zanzotto mi ha trascritto a mano una sua poesia: «*Gelo*: // Stagione del candore - /per le più variate nevi / mille stelle sorelle / verso me prendono il cammino».

(M. Rigoni Stern, *Stagioni*, Einaudi, Torino 2006)

Dalla lettura del testo possiamo ricavare queste prime osservazioni:

- **argomento**: come segnalato dal titolo è l'inverno, in particolare l'inverno in montagna, caratterizzato dalla neve;
- **parole chiave**: «neve» e «montagna», ripetute molte volte e accompagnate da parole della medesima area semantica («nevaio», «sci», «alpe» ecc.);
- **lessico**: d'uso comune e facilmente comprensibile; non mancano tuttavia parole che possono richiedere un chiarimento, come «balilla»;
- **riferimenti storici e letterari**: sono numerosi, come le canzoni e le letture dell'infanzia e dell'adolescenza dell'autore, i teatri di guerra, i letterati con cui ha avuto relazioni d'amicizia o professionali.

Proponiamo adesso l'analisi del testo di partenza, suddiviso in blocchi, corrispondenti ai paragrafi, ciascuno dei quali è sintetizzato con una sorta di piccolo titolo.

Blocchi di testo (parole iniziali e conclusive)	**Sintesi**	**Analisi**
Sono nato [...] del Pascoli.	1. La neve compagna di vita fin dalla nascita	Il «Sono nato» che apre il libro ne annuncia il carattere autobiografico; le notazioni di tempo «alle soglie dell'inverno» e di spazio «in montagna» forniscono ulteriori ragguagli autobiografici: infatti Mario Rigoni Stern nacque il 1° novembre 1921 ad Asiago, sulle Alpi vicentine. La parola «inverno» richiama da subito il titolo del capitolo. La seconda parte della prima frase – «e la neve ha accompagnato la mia vita» – è la chiave di interpretazione di tutto il passo. Infatti, come vedremo, tutti i blocchi di testo, corrispondenti a varie tappe della vita dell'autore, hanno la neve per protagonista. Questo primo blocco di testo tratta dell'infanzia dell'autore, attraverso il ricordo della canzoncina insegnata dalle suore, che viene citata per la parte riferita alla neve e di cui si attribuisce la paternità a Giovanni Pascoli. In effetti si tratta della poesia *Orfano*, da *Myricae* (che però non è un sonetto, essendo composta da una coppia di strofe di 4 endecasillabi ciascuna). Le parole chiave di questo blocco di testo (e di tutto il testo) sono «neve» che qui compare due volte, e «montagna». Altra parola importante ai fini della comprensione è «vita», che anticipa il carattere autobiografico di questo testo (e di tutto il libro da cui è tratto).

Blocchi di testo (parole iniziali e conclusive)	**Sintesi**	**Analisi**
Alle scuole elementari [...] alpini sciatori.	2. La neve nel ricordo infantile di una canzone	Prosegue la narrazione autobiografica in ordine cronologico. Successiva all'asilo è la scuola elementare, il cui ricordo è pure caratterizzato da una canzone che parla di neve («nevaio»): il fatto che si tratti di una canzone degli alpini della Prima guerra mondiale (cui l'Italia partecipò dal 1915 al 1918) anticipa la vicenda personale di Rigoni Stern, che fu alpino nella Seconda guerra mondiale.
Anche [...] Hans Christian Andersen.	3. La neve nel ricordo infantile di una favola	Altro ricordo infantile: una fiaba del danese H.C. Andersen (1805-1875) in cui ricorre nuovamente la neve. Il connettivo iniziale «Anche» evidenzia la continuità di quella presenza nella vita dell'autore.
Quando andavo [...] libri d'avventura.	4. La neve nel ricordo delle letture adolescenziali	Altra notazione autobiografica, contestualizzata tuttavia nel quadro storico più generale, che è quello del fascismo durante il quale si svolge la giovinezza di Rigoni Stern (i balilla erano i ragazzi tra i 9 e i 13 anni irreggimentati in formazioni paramilitari). Anche questa sequenza della sua vita è segnata dalla neve («andavo con gli sci in spalla») e dalle letture, esse stesse caratterizzate dalla neve (il romanzo *Zanna Bianca* dello scrittore statunitense Jack London, ambientato in Canada, che ha per protagonista un lupo, e *Michele Strogoff* di Jules Verne, ambientato in Siberia). La seconda frase di questo blocco di testo anticipa il tragico futuro che attendeva in quegli anni Rigoni Stern: la sua fanciullezza finì infatti quando venne richiamato in guerra nel 1939.
Cadeva la neve [...] mortai greci.	5. La neve nei tristi ricordi di guerra	La neve accompagna ancora l'autore sui luoghi della Seconda guerra mondiale, montuosi («montagne della guerra») come quelli delle sue origini: ai confini con la Francia («Alpi occidentali»), in Albania («drammatiche montagne») e in Grecia. Ma insieme a essa vi è il fuoco delle armi. Anche questa sequenza narrativa è segnata da un testo poetico che fa riferimento alla neve: è del risorgimentale Antonio Stoppani, scienziato, alpinista e letterato.
Ad Aosta [...] montagna...»	6. Un canto di montagna	La vicenda più drammatica della vita di Rigoni Stern – cioè la campagna di Russia – è ricordata attraverso un flash della memoria, sempre collegato alla montagna e alla neve e ancora associato a un testo poetico, l'anonimo *Canto dello sciatore*.
Dopo dieci anni [...] durante l'assedio.	7. La ritirata di Russia e tante altre tragedie nella neve	La tragica ritirata di Russia è omessa nel ricordo autobiografico: con un'ellissi temporale l'autore salta dal 1942 al 1951, quando conosce Elio Vittorini, grazie al quale *Il sergente nella neve* (la sua prima e più celebre opera letteraria) verrà pubblicato nel 1953. Nel *Sergente nella neve* Rigoni Stern si identifica e così fanno tanti suoi lettori. La tragica esperienza dell'autore è associata, attraverso l'elemento della neve, ad altre tragedie della storia russa, ricordate con i nomi dei luoghi geografici: Kolyma, fiume siberiano, presso cui furono deportati milioni di russi sia in epoca zarista sia in epoca staliniana; Stalingrado, sede della lunga e gigantesca battaglia che segnò le sorti della Seconda guerra mondiale; Leningrado (oggi San Pietroburgo), che fu assediata lungamente dai nazisti. In ognuno di questi luoghi la neve ha perso la bellezza e la serenità che l'autore le attribuisce per trasformarsi in qualcosa di mostruoso: «a Kolyma è tristissima»; a «Stalingrado» è «rosso-nera»; a «Leningrado» non copre i fiori ma i cadaveri.
In questi giorni [...] il cammino».	8. La neve compagna di vecchiaia	Con un rapido scarto narrativo l'autore giunge dagli anni cinquanta all'oggi (nel 2006 aveva già 85 anni e di lì a poco sarebbe morto), ancora segnato dalla neve del paese di origine dove continua a vivere, immerso nella natura. Ed è ancora un testo poetico ad accompagnarlo: stavolta di un poeta suo amico, quasi coetaneo e quasi conterraneo, Andrea Zanzotto, nato a Pieve di Soligo (in provincia di Treviso) nel 1921 (sarebbe morto nel 2011).

I blocchi di testo possono essere così accorpati:

- **1+8**: La neve compagna di vita dalla nascita alla vecchiaia
- **2, 3, 4**: La neve nei ricordi infantili e adolescenziali associati a favole, poesie, letture
- **5, 6, 7**: La neve nei tristi ricordi di guerra, associata a canti

Ecco, infine, la scaletta del riassunto che vi proponiamo.

1. Introduzione
2. La neve come elemento caratterizzante della vita dell'autore: è il filo conduttore unificante delle varie fasi della sua esistenza
3. In ogni ricordo la neve è anche associata a un'esperienza poetica o musicale o narrativa, in particolare nei ricordi dell'infanzia e dell'adolescenza
4. La guerra come cesura della vita: da paesaggi sereni ad ambientazioni tragiche
   a. Digressione sul *Sergente nella neve*
   b. La campagna di Russia e altre tragedie
5. L'inverno innevato della nascita e della prossima morte (circolarità tra il primo blocco di testo e l'ultimo)

ESERCIZI

5 **Leggi attentamente il seguente testo, la breve novella di Beppe Fenoglio intitolata *Il gorgo*. Esegui le operazioni di lettura e analisi preliminari al riassunto e quindi rispondi alle richieste elencate di seguito.**

Nostro padre si decise per il gorgo, e in tutta la nostra grossa famiglia soltanto io capii, che avevo nove anni ed ero l'ultimo.

In quel tempo stavamo ancora tutti insieme, salvo Eugenio che era via a far la guerra d'Abissinia. Quando nostra sorella penultima si ammala. Mandammo per il medico di Niella e alla seconda visita disse che non ce ne capiva niente: chiamammo il medico di Murazzano ed anche lui non le conosceva il male; venne quello di Feisoglio e tutt'e tre dissero che la malattia era al di sopra della loro scienza. Deperivamo anche noi accanto a lei, e la sua febbre ci scaldava come un braciere, quando ci chinavamo su di lei per cercar di capire a che punto era. Fra quello che soffriva e le spese, nostra madre arrivò a comandarci di pregare il Signore che ce la portasse via; ma lei durava, solo più grossa un dito e lamentandosi sempre come un'agnella.

Come se non bastasse, si aggiunse il batticuore per Eugenio, dal quale non ricevevamo più posta. Tutte le mattine correvo in canonica a farmi dire dal parroco cosa c'era sulla prima pagina del giornale, e tornavo a casa a raccontare che erano in corso coi mori le più grandi battaglie. Cominciammo a recitare il rosario anche per lui, tutte le sere, con la testa tra le mani. Uno di quei giorni, nostro padre si leva da tavola e dice con la sua voce ordinaria: – Scendo fino al Belbo, a voltare quelle fascine che m'hanno preso la pioggia.

Non so come, ma io capii a volo che andava a finirsi nell'acqua, e mi atterrì, guardando in giro, vedere che nessun altro aveva avuto la mia ispirazione: nemmeno nostra madre fece il più piccolo gesto, seguitò a pulire il paiolo, e sì che conosceva il suo uomo come se fosse il primo dei suoi figli. Eppure non diedi l'allarme, come se sapessi che lo avrei salvato solo se facessi tutto da me.

Gli uscii dietro che lui, pigliato il forcone, cominciava a scender dall'aia. Mi misi per il suo sentiero, ma mi staccava a solo camminare, e così dovetti buttarmi a una mezza corsa. Mi sentì, mi riconobbe dal peso del passo, ma non si voltò e mi disse di tornarmene a casa, con una voce rauca ma di scarso comando. Non gli ubbidii. Allora, venti passi più sotto, mi ripeté di tornarmene su, ma stavolta con la voce che metteva coi miei fratelli più grandi, quando si azzardavano a contraddirlo in qualcosa. Mi spaventò, ma non mi fermai. Lui si lasciò raggiungere e quando mi sentì al suo fianco con una mano mi fece girare come una trottola e poi mi sparò un calcio dietro che mi sbatté tre passi su. Mi rialzai e di nuovo dietro. Ma adesso ero più sicuro che ce l'avrei fatta ad impedirglielo, e mi venne da urlare verso casa, ma ne eravamo già troppo lontani.

Avessi visto un uomo lì intorno, mi sarei lasciato andare a pregarlo: – Voi, per carità, parlate a mio padre. Ditegli qualcosa, – ma non vedevo una testa d'uomo, in tutta la conca.

Eravamo quasi in piano, dove si sentiva già chiara l'acqua di Belbo correre tra le canne. A questo punto lui si voltò, si scese il forcone dalla spalla e cominciò a mostrarmelo come si fa con le bestie feroci. Non posso dire che faccia avesse, perché guardavo solo i denti del forcone che mi ballavano a tre dita dal petto, e soprattutto perché non mi sentivo di alzargli gli occhi in faccia, per la vergogna di vederlo come nudo. Ma arrivammo insieme alle nostre fascine.

Il gorgo era subito lì, dietro un fitto di felci, e la sua acqua ferma sembrava la pelle d'un serpente. Mio padre, la sua testa era protesa, i suoi occhi puntati al gorgo ed allora allargai il petto per urlare.

In quell'attimo lui ficcò il forcone nella prima fascina. E le voltò tutte, ma con una lentezza infinita, come se sognasse. E quando l'ebbe voltate tutte, tirò un sospiro tale che si allungò d'un palmo. Poi si girò. Stavolta lo guardai, e gli vidi la faccia che aveva tutte le volte che rincasava da una festa con una sbronza fina.

Tornammo su, con lui che si sforzava di salire adagio per non perdermi d'un passo, e mi teneva sulla spalla la mano libera dal forcone ed ogni tanto mi grattava col pollice, ma leggero come una formica, tra i due nervi che abbiamo dietro il collo.

(B. Fenoglio, *Il gorgo*, in *Romanzi e racconti*, Einaudi-Gallimard, Torino 1991)

a. Suddividi la novella in blocchi di testo, corrispondenti alle sequenze narrative.

b. Qual è il significato della parola «gorgo»? Qual è il suo ruolo nella novella e perché le dà il titolo?

c. La prima frase, che costituisce il primo paragrafo del testo, può considerarsi un riassunto di tutta la novella: perché?

d. Individua le indicazioni di tempo e di spazio e riconosci dove e quando la novella è ambientata.

e. Quali sono i membri della «grossa famiglia» e come ne sintetizzi il ruolo nella novella?

f. Individua pronomi e aggettivi possessivi di prima persona che indicano il ruolo della voce narrante come protagonista.

g. «In quel tempo»; «Uno di quei giorni»; «In quell'attimo»: con queste locuzioni l'autore introduce le principali svolte narrative. Quali?

6 **Leggi il seguente testo, tratto da un manuale di storia per l'ultimo anno di scuola superiore, quindi rispondi alle richieste elencate di seguito.**

Le guerre della contemporaneità. Nuovi moventi per un pulviscolo di conflitti

Con la fine del Novecento alla guerra simmetrica è subentrato un pulviscolo di conflitti, un groviglio di guerre civili, guerre ai civili, lotte di liberazione e terrorismo. L'affievolirsi del ruolo dello Stato è evidente anche nel tramonto delle ragioni geopolitiche e ideologiche come cause scatenanti delle guerre e nella loro sostituzione con motivi identitari e religiosi. Tra il 1989 e il 2005, su 121 conflitti censiti a livello internazionale, soltanto 11 sono stati combattuti tra Stati nazionali, mentre il 90% è scoppiato all'interno di singole nazioni.

Inoltre, nella condotta della guerra, si sono moltiplicati gli interventi di organismi sovranazionali, che – come nel caso della guerra contro l'ISIS – scavalcano la sovranità dei diversi paesi sovrani. Oggi le istituzioni internazionali rivendicano il diritto di giudicare e influenzare l'operato di Stati all'interno dei loro stessi confini;

l'ONU, ad esempio, tra il 1990 e il 2003 ha condotto ben 41 operazioni militari, contro le 16 sostenute nei 46 anni precedenti.
Tra gli elementi di maggiore discontinuità rispetto ai conflitti novecenteschi c'è anche l'impossibilità di una distinzione netta tra guerra e pace; focolai di guerra si accendono e si spengono ovunque nel mondo, proponendo la guerra come fenomeno endemico del nostro tempo.

(G. De Luna, M. Meriggi, *La Rete del tempo*, vol. III, Pearson-Paravia, Torino 2018)

a. Conosci il significato di tutte le parole del testo? Anche di quelle del linguaggio specialistico della storiografia? Per esempio, da' una definizione delle seguenti parole e locuzioni: «guerra simmetrica», «organismi sovranazionali», «sovranità». In che cosa consiste l'opposizione tra «ragioni geopolitiche e ideologiche» e «motivi identitari e religiosi» quali «cause scatenanti delle guerre»? Che cosa si intende per «fenomeno endemico»?

b. Sintetizza con una frase (anche nominale) o un sintagma il principale concetto espresso in ciascuno dei tre paragrafi in cui il testo è articolato.

b. Stesura del riassunto

È ora il momento di passare alla **stesura** del riassunto, tenendo conto sia delle regole di **composizione** di un testo (suddivisione in paragrafi, coesione e coerenza, correttezza grammaticale e ortografica: a tale riguardo ▶ p. 30), sia delle procedure di **riduzione del testo** finalizzate a raggiungere la **dimensione** attesa, che può essere suggerita oppure tassativamente prescritta in termini di numero di pagine, righe, parole o caratteri.

CONSIGLI OPERATIVI — Come scrivere un riassunto

Struttura e contenuti

- Articola il riassunto in **paragrafi**, ciascuno dei quali corrispondente a un punto della scaletta. Soddisfa i requisiti di **coesione** e **coerenza** (▶ pp. 13-14). Va' **a capo** dopo ogni paragrafo.
- Rispetta la **tipologia testuale**:
  - se il testo è argomentativo, dedica il primo paragrafo alla tesi dell'autore e quelli successivi alle sue argomentazioni (ovviamente sintetizzate);
  - se il testo è descrittivo, riporta nel primo paragrafo la descrizione globale dell'oggetto o del personaggio protagonista del testo e quindi nei successivi paragrafi gli altri elementi della descrizione;
  - se il testo è narrativo, per esempio una novella, sintetizza nel primo paragrafo il "succo" della storia narrata e quindi nei successivi paragrafi le varie sequenze;
  - se è informativo, per esempio un articolo di cronaca, indica subito il "che cosa", "chi", "dove", "quando", "perché" (le "5W" del giornalismo di informazione).
- Poni all'inizio dei paragrafi gli opportuni **connettivi** che evidenzino i rapporti (logici, temporali, di causa-effetto ecc.; per esempio: "più tardi", "poi", "quindi", "dato che", "siccome", "anche se", "ma", "d'altro canto" ecc.) ed evitino la frammentarietà tra un paragrafo e l'altro (▶ p. 14).
- **Non** aggiungere **argomenti nuovi**, ma esplicita sinteticamente quelli che sono dati per impliciti; non aggiungere considerazioni **personali**.
- Se il testo di partenza è corredato di **figure**, **tabelle** ecc., queste non vanno riportate nel riassunto ma **citate sommariamente**.

Lingua e stile

- Per quanto riguarda la **sintassi**:
  - scegli il **tempo verbale**, che non necessariamente deve coincidere con quello

del testo di partenza: spesso è usato il presente storico anche per riferirsi al passato;
- se il testo di partenza è in prima persona, sostituiscila con la **terza persona**: per esempio "L'autore afferma che…";
- se il testo di partenza contiene discorsi diretti, trasformali in **discorsi indiretti**;
- sintetizza in un unico periodo concetti espressi da più periodi, facendo ricorso alla **subordinazione**: per esempio trasforma in una subordinata temporale introdotta da "dopo che" la frase che narra un fatto avvenuto in precedenza; oppure sostituisci una subordinata con un sintagma nominale (per esempio: "dopo varie peripezie", "nonostante numerose critiche");
- adotta il procedimento di "**nominalizzazione**", cioè sostituisci intere proposizioni con nomi: per esempio "Maria sostiene che è praticamente impossibile che Roberto, che è il suo fidanzato, ritorni" diventa "Per Maria il ritorno del fidanzato Roberto è impossibile", oppure "la tecnologia moderna ritiene fondamentale che gli scienziati, collegati tra loro in gruppi di ricerca, lavorino insieme" diventa "la tecnologia moderna richiede la collaborazione di *équipes* di scienziati";
- in generale elimina le proposizioni **relative descrittive**, le apposizioni, le ripetizioni, gli approfondimenti, tutto ciò che compare come inciso o tra parentesi o come riempitivo;
- usa i **due punti** al posto di alcune congiunzioni (per esempio: "è un romanzo interessante, quindi consiglio di leggerlo" diventa "è un romanzo interessante: lo consiglio").
- condensa proposizioni o periodi in **incisi** (brevi frasi in funzione di parentesi).

- Per quanto riguarda il **lessico**:
  - elimina quando puoi gli **aggettivi**;
  - usa gli **iperonimi** (cioè vocaboli di significato più generale ed esteso rispetto ai vocaboli di significato più specifico e limitato): per esempio se nel testo di partenza si parla di "mais, frumento, riso, orzo, avena, segale" indicali come "cereali";
  - accorpa fatti e concetti particolari sotto **definizioni generali**: per esempio "quel disco ha venduto 3 milioni di copie non solo in Europa ma anche negli Stati Uniti e in Giappone" diventa "quel disco ha avuto un successo planetario";
  - utilizza **pronomi** per non ripetere le medesime parole e **sinonimi** di forma più breve (per esempio: "utilizzazione" → "uso"; "imbarbarimento" → "degrado"; "incontrovertibile" → "indubbio"; "controproducente" → "dannoso"; "inequivocabile" → "chiaro"); singole parole al posto di perifrasi (non "miglior amico dell'uomo" ma "cane") e locuzioni ("al fine di" → "per"; "apportare una modifica" → "modificare");
  - non tutto comunque va abbreviato o eliminato; per esempio: mantieni le parole più significative del testo di partenza, specie se hanno un significato **tecnico** in quel contesto o se appartengono a un lessico **specialistico** dell'autore (eventualmente citandole tra virgolette; per esempio: "la donna angelicata" degli stilnovisti; il "nido" di Pascoli).
- Per quanto riguarda lo **stile** scrivi il riassunto con un **registro stilistico medio**, senza interventi personali ed evitando il più possibile l'uso di figure retoriche e di parole connotate.

Operazioni finali

- Prima di consegnare il tuo riassunto **controlla** che abbia mantenuto gli **argomenti fondamentali** e **importanti** del testo di partenza e che non siano rimasti **argomenti inessenziali**.
- Controlla che **grammatica**, **ortografia** e **punteggiatura** siano corrette.
- Controlla il rispetto delle **dimensioni** indicate.
- Da' un **titolo** al riassunto, citando espressamente la **fonte** da cui è tratto.

ESEMPIO SVOLTO

Ipotizziamo che la consegna per il **riassunto** di ***Inverno*** di Mario **Rigoni Stern** (▶ p. 31), che consta di 398 parole e 2335 caratteri (spazi inclusi), sia di ridurre di circa il **50%** il testo di partenza.

Qui proponiamo un riassunto di 195 parole e di 1236 caratteri, riportato nella colonna di sinistra, articolato in paragrafi corrispondenti ai punti della scaletta, mentre in quella di destra sono descritte le operazioni compiute.

Riassunto	**Operazioni**
Riassunto di *Inverno* di Mario Rigoni Stern, da *Stagioni*, Einaudi, Torino 2006	Titolo del riassunto
1. *Inverno*, il primo capitolo di *Stagioni* di Mario Rigoni Stern, si apre con una rapida carrellata autobiografica che fa da *incipit* a tutto il libro.	Nel paragrafo introduttivo sono sintetizzate le notizie sull'opera da cui il testo di partenza è tratto e una sua definizione. Il sintagma "carrellata autobiografica" funge da procedimento di nominalizzazione e di generalizzazione rispetto a varie frasi verbali del testo, a partire da «Sono nato…» (inizio del primo paragrafo) fino a «In questi giorni…» (inizio dell'ultimo paragrafo).
2. L'autore ripercorre la sua vita scandendola in otto episodi nei quali la neve è una presenza ricorrente, dalla nascita fino al tempo presente.	Questo paragrafo spiega il significato della definizione data in precedenza al testo, illustrandone la struttura e individuando il *leitmotiv* (la neve). Il connettivo semantico è costituito da "vita", collegato all'aggettivo "autobiografica" del paragrafo precedente. Dalla prima persona del testo di partenza il riassunto passa alla terza persona ("L'autore…"). Il termine "episodi" funge da iperonimo massimo.
3. In ognuno di quei ricordi la neve è associata a un testo poetico o musicale: la poesiola appresa all'asilo, l'inno alpino cantato alle elementari, la fiaba ricevuta in dono nell'infanzia, i romanzi di avventura letti nell'adolescenza trascorsa dall'autore durante il fascismo.	Sempre proseguendo nella visione d'assieme del testo, è individuato l'altro *leitmotiv* (poesie e canti, sempre collegati alla neve), cadenzato nelle prime sequenze narrative dell'infanzia e della giovinezza dell'autore (corrispondenti ai primi quattro blocchi del testo di partenza). Nel riassunto sono tralasciate sia le citazioni sia i nomi degli autori che il testo di partenza invece indica diffusamente. Il sintagma "testo poetico o musicale" funge da iperonimo. Il connettivo iniziale di questo paragrafo è "quei ricordi" corrispondente a "otto episodi" del paragrafo precedente.
4. Dopo lo spartiacque rappresentato dallo scoppio della Seconda guerra mondiale, la neve continua ad accompagnare la sua vita sui vari fronti nei quali ha combattuto, sempre associata a ricordi letterari. La campagna di Russia, da cui nacque il romanzo autobiografico *Il sergente nella neve* (fatto conoscere da Elio Vittorini), lo ha avvicinato ad altre tragedie della storia russa nelle quali la neve, sempre presente, ha perso la sua bellezza per trasformarsi in qualcosa di mostruoso.	Con la parola "spartiacque" si riassume il significato della frase conclusiva del quarto blocco del testo di partenza («Troppo presto finì per me il tempo…») (procedimento di nominalizzazione). In questo paragrafo sono sintetizzate le sequenze narrative 5-7. Nei sintagmi "vari fronti" e "tragedie della storia russa" sono sintetizzati alcuni luoghi (iperonimo) che nel testo di partenza l'autore indica dettagliatamente. Le diverse caratterizzazioni della neve nei luoghi delle tragedie russe sono sintetizzate attraverso un'interpretazione del loro significato.
5. Ora che è vecchio e continua a vivere sulle montagne sulle quali è nato, la neve ancora lo accompagna, sempre associata alla poesia (stavolta quella di un poeta amico: Andrea Zanzotto).	Le subordinate "Ora che è vecchio e continua a vivere sulle montagne" sostituiscono la coordinata del testo di partenza. Il paragrafo conclusivo del riassunto si riallaccia circolarmente a quello iniziale individuando nella neve e nella poesia i *leitmotiv* che hanno accompagnato tutta la vita di Rigoni Stern. Qui sono utilizzate informazioni a monte del testo: che l'autore fosse vecchio al momento della scrittura di *Stagioni* (nel 2006 quando fu pubblicato aveva già 85 anni e sarebbe morto di lì a poco) e che vivesse ancora nel paese di nascita.

ESERCIZI

7 **Completa il riassunto della novella *Il gorgo* di Beppe Fenoglio (753 parole) proposta a p. 34: la scaletta è impostata e articolata in paragrafi, di ciascuno dei quali forniamo l'inizio. Il tuo riassunto dovrà essere circa un terzo del testo di partenza.**

1. Il protagonista ricorda un episodio della sua infanzia, quando...
2. La vicenda si contestualizza all'interno di una famiglia contadina piemontese, formata...
3. La malattia della sorella, nei confronti della quale il medico dichiara la propria impotenza, insieme alle preoccupazioni per il figlio maggiore...
4. Solo il piccolo figlio comprende...
5. Per impedirglielo adotta dunque una consapevole strategia:...
6. Il risultato è segnalato...

8 **Leggi questo "riassunto d'autore" di Francesco Piccolo, scrittore e sceneggiatore: si riferisce a *I Malavoglia* di Giovanni Verga ed è stato pubblicato il 16 aprile 2017 su "La Lettura", inserto culturale del "Corriere della Sera".**

Se conosci il romanzo, esprimi la tua valutazione sull'efficacia di questo riassunto, rispondendo ai seguenti quesiti.

a. Il riassunto è esauriente? L'autore vi ha riportato tutti gli eventi fondamentali, senza trascurarne alcuno? Le informazioni date sono corrette?
b. Il riassunto contiene qualche elemento superfluo che avresti eliminato?
c. Quali procedimenti di riduzione sono stati utilizzati?
d. L'esposizione è neutra, senza commenti da parte dell'autore, oppure vi cogli qualche elemento di giudizio?

"I MALAVOGLIA" di Giovanni Verga
di **Francesco Piccolo**

IL CARICO DI LUPINI FINISCE MALE E IL LIETO FINE NON È COSÌ LIETO

Ad Acitrezza vive la famiglia dei Malavoglia di padron 'Ntoni. Sono pescatori, posseggono una barca che si chiama Provvidenza. Però un giorno il nipote 'Ntoni parte per la leva e da lì cominciano tutte le sventure: la famiglia compra dei lupini per rivenderli, Bastianazzo, figlio di padron 'Ntoni, li deve trasportare in mare, fa naufragio, muore, si perdono i lupini e la barca è semidistrutta. La famiglia si impoverisce. Ma non è finita: muore un nipote in guerra, la vedova di Bastianazzo muore di colera, e per i debiti perdono la casa del Nespolo. Poi vendono la barca per ricomprare la casa ma non ci riescono. Poi 'Ntoni finisce in galera, sua sorella a fare la prostituta e padron 'Ntoni in ospedale. L'ultimo dei suoi nipoti, Alessi, facendo il pescatore, riesce a ricomprare la casa e quando tutta la famiglia che resta va in ospedale a dare la notizia a padron 'Ntoni, quello muore.

(F. Piccolo, *Il carico di lupini finisce male e il lieto fine non è così lieto*, in "La Lettura", "Corriere della Sera", 16 aprile 2017)

CAPITOLO 3

La scrittura argomentativa a scuola

Come scrivere un testo argomentativo

La scrittura argomentativa fa parte della cosiddetta **scrittura funzionale**; questa comprende testi che, a differenza di quelli letterari o creativi, vengono usati nell'ambito dei rapporti sociali, professionali e personali per rispondere a esigenze sia d'**ordine pratico** (spendibili nella vita quotidiana o in ambiente lavorativo; per esempio una lettera, una relazione) sia anche **intellettuale** (testi finalizzati ad attività di studio, di ricerca, di informazione ecc.; per esempio un saggio o un articolo di giornale).

A scuola la scrittura argomentativa si alterna tra testi "interni" ed "esterni" alla scuola stessa: cioè tra modelli "fittizi", non tratti dalla comunicazione reale, ma destinati a scopi strettamente didattici di esercitazione e verifica, qual è tipicamente il **tema,** e modelli della comunicazione reale, quali il **saggio** o l'**articolo di giornale**, che nel contesto scolastico vengono necessariamente simulati e adattati alle sue peculiari caratteristiche e finalità.

L'argomentazione

Un **testo** viene definito **argomentativo** quando la sua funzione prevalente è quella di argomentare, vale a dire:

- presentare un **problema**, di cui l'autore abbia una conoscenza corretta e aggiornata e il cui livello di approfondimento corrisponda alle aspettative e alle capacità di comprensione del destinatario;
- formulare su di esso una **tesi**, cioè l'opinione che l'autore ha sul problema in oggetto e di cui si prefigge di dimostrare verità e validità generale, in contrapposizione all'**antitesi**, cioè alla tesi contraria, esplicitamente o implicitamente espressa;
- sviluppare una serie di **argomentazioni** – ragionamenti, ipotesi, prove collegate tra loro – a sostegno della tesi e a confutazione dell'antitesi.

Lo scopo è quello di **persuadere** il destinatario ad accettare la propria tesi, convincendolo su un piano teorico ed eventualmente su quello pragmatico, influendo così sul suo comportamento. Per questo è anche definito **testo argomentativo-persuasivo**.

Modelli di scrittura argomentativa

Appartengono alla tipologia prevalentemente argomentativa importanti modelli di scrittura utilizzati dalla comunità intellettuale, tra i quali:

- il **saggio**, in cui l'autore propone una nuova ipotesi interpretativa su un determinato problema;
- la **dimostrazione scientifica**, che si avvale di specifiche forme di argomentazione quali le prove sperimentali;
- varie tipologie di **articolo d'opinione** (di fondo, editoriale, corsivo ecc. e anche la **recensione**, in cui il recensore esprime il proprio giudizio su film, libri o spettacoli).

Il testo argomentativo trova uno spazio rilevante nei nuovi esami di Stato, in vigore dall'anno scolastico 2018-2019, nella **tipologia B della prima prova scritta di italiano** "Analisi e produzione di un testo argomentativo" (▶ pp. 115 ss).

Elaborazione e stesura

Scrivere un testo argomentativo è un'operazione piuttosto complessa sia nella fase di **elaborazione** di tesi e argomentazioni, sia in quella di **stesura** del testo.

CONSIGLI OPERATIVI — Come elaborare gli elementi dell'argomentazione

La conoscenza: prerequisito dell'argomentazione

- Per prima cosa individua con precisione il **problema** in questione e **circoscrivi** nettamente gli aspetti che intendi affrontare.
- Identifica bene il **destinatario**, cioè l'interlocutore o il pubblico cui ti rivolgi (o a cui simuli di rivolgerti), delle cui caratteristiche (psicologiche, sociali, culturali ecc.) dovrai tenere conto e da cui dipenderanno molte scelte (dal tipo di argomentazioni al registro linguistico ecc.).
- Quindi dedicati alla ricerca di **documentazione** – dati, materiali, informazioni – tratta da manuali scolastici, enciclopedie, riviste e giornali, internet ecc.

Identificazione della tesi

- A questo punto chiedi a te stesso quale **opinione** o quale **giudizio** formuli sul problema in questione e quale **tesi** intendi dimostrare. Anche se è possibile che durante la stesura del testo alcune idee si modificheranno, tuttavia è importante che tu identifichi da subito una tesi, o almeno scelga la posizione a tuo parere più

convincente tra quelle possibili. Non è indispensabile che tu sia originale a tutti i costi: puoi anche riprendere, integralmente o parzialmente, **tesi altrui** che condividi.
- Identifica anche l'**antitesi**, che può essere implicita, oppure espressa in esplicite obiezioni.
- Oltre alla tesi, è opportuno che tu cominci a individuare anche le **sottotesi**, cioè i punti in cui eventualmente si articola la tesi, soprattutto se essa riguarda un problema ampio e complesso.

Elaborazione delle argomentazioni

- Il passaggio successivo, quello forse più difficile e importante, è l'elaborazione delle **argomentazioni**, cioè delle prove che produrrai a **sostegno della tesi** e a **confutazione dell'antitesi.**
- Le **argomentazioni** sono in generale riconducibili ad alcuni fondamentali **metodi** di ragionamento cui corrispondono alcune tecniche di argomentazione:
  - **deduttivo**: parte da princìpi generali, da premesse presumibilmente condivise o da assiomi definiti e, attraverso una serie di deduzioni logiche, giunge a conclusioni indiscutibili;
  - **induttivo**: al contrario, parte dall'osservazione di casi particolari (prove sperimentali, dati di fatto certi, fenomeni naturali, eventi storici, dati numerici, risultati di statistiche e ricerche ecc.) per ricavarne conclusioni valide in generale; la forza persuasiva di questo tipo di ragionamento è condizionata dalla qualità e quantità di casi osservati;
  - **abduttivo**: simile al metodo induttivo, si basa anch'esso sull'osservazione di casi, ma, in mancanza di un gran numero di esempi, si affida a pochi indizi da cui trae ipotesi;
  - **analogico**: si basa sul confronto tra una situazione nota e una situazione ignota, che si suppone simile alla prima.

CONSIGLI OPERATIVI — Come scrivere un testo argomentativo

La struttura

La **struttura** base di un testo argomentativo prevede solitamente i seguenti elementi:
- **enunciazione della questione**: ponila in posizione di rilievo, per esempio nell'introduzione del testo o nel primo paragrafo del corpo centrale;
- **dichiarazione della tesi**: inserisci anch'essa in posizione di rilievo, all'inizio del testo oppure in conclusione, oppure ribadiscila in successivi paragrafi;
- **sviluppo delle argomentazioni**: collocale in successivi paragrafi, secondo procedimenti ragionativi da te scelti, a favore della tesi e a confutazione dell'antitesi;
- **riepilogo**: a conclusione del testo e a conferma della tesi.

I paragrafi

- È consigliabile che ciascun paragrafo contenga una parte di **informazione** e una parte di **argomentazione**; altrimenti distribuisci le une e le altre in paragrafi successivi.
- Al fine di realizzare la coesione interna ai paragrafi e la coerenza tra di essi (▶ p. 13), utilizza gli opportuni **connettivi**, che rendano evidenti i passaggi dell'argomentazione. Per esempio:
  - se vuoi evidenziare un rapporto di **causa-effetto**, utilizza: "quindi", "pertanto", "perciò", "dal momento che", "dato che", "perché", "poiché", "siccome" ecc.;
  - se formuli una **ipotesi**: "se … allora";
  - se introduci una **spiegazione**: "cioè", "ossia", "vale a dire", "ovvero", "in altri termini", "in altre parole", "per esempio"; se vuoi concludere: "quindi", "perciò", "pertanto", "in conclusione", "di conseguenza" ecc.

- Usa un periodare preferibilmente **ipotattico** con proposizioni subordinate adeguate al tipo di ragionamento:
  - **causali**, se intendi evidenziare i rapporti di causa-effetto;
  - **temporali**, se stai ricostruendo un percorso storico;
  - **periodo ipotetico**, se utilizzi il metodo deduttivo ecc.
- Per le **forme verbali**:
  - usa preferibilmente il **tempo presente** affinché la tesi e i suoi argomenti risultino **validi** in generale, indipendentemente dal contesto temporale;
  - se intendi presentare la tesi in modo **oggettivo** e marcare una separazione tra te che scrivi e l'argomento trattato, usa verbi ed espressioni verbali in **forma impersonale** ("si deve", "è necessario che", "è opportuno affermare che" ecc.);
  - se invece vuoi evidenziare il tuo ruolo e assumerti la piena responsabilità di ciò che affermi, usa i verbi in **prima persona singolare** (per esempio, "credo che", "penso di poter sostenere", "ritengo giusto", "affermo che") o espressioni come "a mio parere", "secondo il mio punto di vista" ecc.
- Puoi ricercare un coinvolgimento del tuo **destinatario** con espressioni come "vi sarete trovati nella situazione di", "forse vi domanderete perché", "potreste obiettare" ecc.
- Tieni sempre presenti le caratteristiche (psicologiche, sociali ecc.) del tuo interlocutore e scegli un **registro linguistico** adeguato. In testi di un certo impegno (saggi, articoli d'opinione ecc.) adotta un registro linguistico piuttosto formale.
- Usa un **lessico** preciso e appropriato, pertinente all'argomento trattato. Se il destinatario è "esperto", usa un lessico specialistico.
- Inoltre scegli parole che rafforzino la **funzione persuasiva** del testo: per esempio, usa parole gradevoli, che suggeriscono idee positive nel lettore, associandole alle argomentazioni a favore della tesi, mentre all'antitesi associa parole "negative", oppure usa perifrasi, sinonimi per "occultare" qualche aspetto discutibile.
- Ricorri a **figure retoriche** in funzione persuasiva.

ESEMPIO SVOLTO

Il **premio Nobel per la Letteratura del 2016**, assegnato al cantautore statunitense **Bob Dylan** «per aver creato nuove espressioni poetiche all'interno della grande tradizione canora americana», ha suscitato un **vivace dibattito** nell'opinione pubblica, a proposito non tanto della qualità artistica della produzione del premiato (unanimemente riconosciuta), quanto piuttosto dell'opportunità di considerare la canzone d'autore come appartenente all'ambito della letteratura.
A testimonianza delle **due tesi contrapposte** proponiamo stralci dagli interventi di due studiosi di letteratura italiana comparsi sulla stampa nei giorni immediatamente successivi alla decisione dell'Accademia di Svezia: a favore si esprime Claudio Giunta, contrario è Lorenzo Mondo. Abbiamo sottolineato con colori diversi le parti fondamentali di un testo argomentativo (tesi, antitesi, argomentazione).

tesi	argomentazioni a sostegno della tesi
antitesi	argomentazioni a confutazione dell'antitesi

Pro

[...] può la canzone, ancorché d'autore, permettersi di pareggiare la Letteratura? [...] A me sfugge il senso di queste remore. Perché non si tratta di dichiarare che le canzoni sono come le poesie, o sono le poesie del nostro tempo, né che i testi di Dylan si possono leggere come si leggono quelli di Montale[1] o di Brod-

1. **Montale:** Eugenio Montale (1896-1981), il grande poeta italiano, fu insignito del premio Nobel nel 1975.

skij[2]; si tratta di prendere nota con gratitudine del fatto che da mezzo secolo a questa parte un nuovo genere è venuto ad arricchire e a complicare il macrogenere che chiamiamo Letteratura. C'è stato un tempo in cui un autore di sonetti non avrebbe vinto il Nobel, perché i sonetti erano considerati *nugae*[3]; e c'è stato un tempo in cui non lo avrebbe vinto un romanziere, perché i romanzi venivano liquidati come roba per signorine. Le cose cambiano, se sono vive. E del resto, se è indubbio che ci sono cose che una canzone non può dire tanto bene, tanto esattamente quanto può dirle una poesia, è anche vero il contrario, cioè che la sola carta non basterebbe a contenere l'invettiva di *Like a Rolling Stone*, o l'inno di *Chimes of Freedom*, o il sogno medievale di *All Along the Watchtower*[4]. Se non sai metterli in musica, non li puoi dire. [...]

(C. Giunta, *Don't think twice, it's all right*, in "Domenica - Il Sole 24 ore", 16 ottobre 2016)

Contro

[...] tutti riconoscono la grandezza [di Bob Dylan], anche se la maggior parte degli scrittori tendono a contenerla nel campo della musica. La loro posizione è espressa sinteticamente da Alessandro Baricco[5]: «Dylan è un grandissimo ma, per quanto mi sforzi, non riesco a capire che c'entra con la letteratura». In effetti, una tradizione consolidata da secoli – non proprio da buttare – riconduce lo specifico letterario ad un testo dotato di piena autonomia, che non richiede il supporto di altre forme espressive, e meno che mai di un plaudente, collettivo consenso. Un'arte cioè che si concede in prima istanza ad una lettura individuale e fasciata di silenzio. [...]

La segretaria del Premio rammenta che fin dalle origini la poesia è connessa alla musica. Ma, a parte il fatto che non sappiamo niente di quella musica, la poesia di Omero, come la leggiamo, vive di per sé sola, senza denunciare l'improvvida carenza di flauti e di cetre. È curioso che i sostenitori di una concezione «larga» della letteratura insistano sull'importanza di Dylan come testimone del tempo (facendo involontariamente torto a lui e all'universalità dell'opera d'arte). Sarebbe interessante sentire cosa ne pensa il neolaureato dal Nobel. Bob Dylan, si sa, è un nome d'arte, ispirato dalla sua ammirazione per Dylan Thomas[6]. È in grado di valutare la differenza che corre tra i suoi versi strettamente intesi e quelli del poeta gallese, che faceva soltanto letteratura. Senza mortificare, beninteso, la sua arte, che però è altra cosa.

(L. Mondo, *Pro e contro questo Nobel*, in "La Stampa", 16 ottobre 2016)

2. **Brodskij:** Iosif Aleksandrovič Brodskij (1940-1996), poeta russo naturalizzato statunitense, insignito del premio Nobel nel 1987.
3. ***nugae*:** in latino "inezie, sciocchezzuole, cose da poco": il termine designa, a partire dal poeta latino Catullo, le composizioni letterarie ("poesiole") alle quali l'autore non dà o dice di non voler dare peso.
4. ***Like ... Watchtower*:** *Like a Rolling Stone, Chimes of Freedom, All Along the Watchtower* sono i titoli di alcune tra le più celebri canzoni di Bob Dylan.
5. **Alessandro Baricco:** nato nel 1958, è uno scrittore italiano autore di romanzi e saggi.
6. **Dylan Thomas:** Dylan Marlais Thomas (1914-1953) è il poeta gallese in omaggio al quale si ispira il nome d'arte di Bob Dylan, il cui vero nome è Robert Allen Zimmerman (1941).

Nella tabella che segue poniamo a confronto i **procedimenti argomentativi** adottati dai due autori.

Procedimenti argomentativi	Claudio Giunta	Lorenzo Mondo
tesi ed eventuali sottotesi	La poesia in musica è un genere letterario ormai pienamente affermato.	Le canzoni non sono letteratura. La letteratura è differente dalle canzoni (sottotesi).
antitesi	(sottintesa) Le canzoni non sono letteratura.	Le canzoni sono letteratura (secondo le motivazioni dell'Accademia di Svezia).

Procedimenti argomentativi	Claudio Giunta	Lorenzo Mondo
argomentazioni a sostegno della tesi	L'autore dichiara di non voler utilizzare come argomentazione (di tipo deduttivo) l'affermazione aprioristica che le canzoni rappresentano la forma assunta dalla poesia nel nostro tempo e i loro testi possono essere considerati testi poetici, a prescindere dalla musica. Preferisce l'argomentazione (di tipo abduttivo) basata su alcuni esempi che dimostrano come la percezione di ciò che sia o non sia letteratura è mutata nel corso dei secoli: dal che si può dedurre che possa essere legittimo inserire nell'alveo della letteratura anche la canzone d'autore.	L'autore utilizza come argomentazione (di tipo deduttivo) la concezione tradizionale della letteratura come un ambito la cui specificità risiede nell'autonomia da altre forme espressive e da altri scopi che non siano quelli della lettura individuale. Attribuisce allo stesso Dylan il ruolo di testimonial della superiorità della poesia "pura" sulla poesia in musica, avendo egli scelto come nome d'arte quello di un grande poeta.
argomentazioni a confutazione dell'antitesi	Pur ammettendo che in taluni casi la poesia è più espressiva della canzone, l'autore pone sullo stesso piano la validità dell'affermazione contraria, cioè che certi contenuti hanno bisogno della musica per essere pienamente espressi, sostenendola con alcuni esempi di canzoni di Bob Dylan, qualificate con termini propri del lessico della critica letteraria.	L'autore nega la validità storica e scientifica della dichiarazione della segretaria del Premio (poesia e musica sono sempre state connesse, fin dalle origini), in quanto mancante di elementi sufficienti a suffragarla. Quanto all'altra argomentazione (che attribuisce alla produzione di Bob Dylan la funzione di rappresentare le istanze proprie dei tempi moderni), l'autore la confuta sbrigativamente in quanto in contraddizione con l'universalità dell'opera d'arte (data per scontata).

ESERCIZI

1 COMPETENZA DIGITALE **Immagina di intervenire nel dibattito sul premio Nobel per la Letteratura assegnato nel 2016 a Bob Dylan (che ti abbiamo presentato nell'esempio svolto), scrivendo un post da pubblicare su un tuo blog; in esso esprimi il tuo punto di vista, a favore o a sfavore dell'assegnazione di tale premio.**

a. Argomenta la tua tesi, traendo spunto dalle argomentazioni esposte nei testi allegati, oppure elaborandone di nuove.

b. Fa' riferimento anche a tue conoscenze ed esperienze personali acquisite nel campo della letteratura e della canzone d'autore.

Il testo da te composto deve avere una lunghezza compresa tra le 150 e le 200 parole (corrispondenti circa a 1000-1200 caratteri, spazi compresi).

2 **Leggi gli interventi pubblicati sulla rivista "Sette" del "Corriere della Sera" nella rubrica "Duello d'opinioni". Alla domanda "Jeans strappati e pantaloncini a scuola vanno proibiti?" la scrittrice Margherita Oggero e l'ex ministro dell'Istruzione Giuseppe Fioroni rispondono rispettivamente sì e no, argomentando la loro opinione. Analizza gli interventi riconoscendo le argomentazioni portate da entrambi. Valutane l'efficacia e la correttezza. Quindi illustra il tuo punto di vista enunciando la tua tesi e producendo le relative argomentazioni.**

Sì: Margherita Oggero

Così come ci sono sindaci che scelgono di vietare di andare in giro a torso nudo o in costume da bagno nella loro città, penso sia del tutto legittimo che alcuni dirigenti scolastici prendano provvedimenti analoghi. [...] Non immagino regole particolarmente censorie, né sostengo la necessità di imporre una divisa. Bisognerebbe però ricordare che la scuola è un'istituzione e come tale merita rispetto: come si fa ad accettare indumenti come jeans strappati, infradito, canottiere? [...] Secondo me, sarebbe una buona idea comunicare a genitori e potenziali alunni la politica dell'istituto già nella fase del loro primo interessamento, e poi sottoporgli una sorta di contratto da firmare al momento dell'iscrizione, così che gli studenti si impegnino a rispettare le regole e le famiglie a collaborare. In caso contrario potranno sempre scegliere di andare altrove. Un attore non dà il meglio di sé davanti a una platea sbracata e ritengo che lo stesso accada per gli insegnanti. Certo, si potrebbe pensare che oggi il mondo della scuola abbia altre priorità, però è partendo dalle piccole cose che si possono aggiustare quelle più grandi. Un abbigliamento più rispettoso può aiutare a ricordare che la classe è un luogo importante, e magari anche spingere a studiare un po' di più.

No: Giuseppe Fioroni

Non vedo problemi nell'indossare jeans strappati in classe. Guardando al mondo della scuola, sinceramente ci sono molti altri temi che mi preoccupano assai più dell'abbigliamento, come ad esempio l'uso del cellulare in classe. Certo, un minimo di decoro è auspicabile, ma non si può pensare di compilare un decalogo di ciò che è ammesso e ciò che non lo è. [...] D'altronde a scuola si va per imparare, e chi dice che un pantalone sia più adatto di un altro per raggiungere l'obiettivo? E poi, una volta che vengono proibiti certi capi di vestiario, chi ci dice che il giorno dopo qualche ragazzo non si presenti con qualche nuova idea? Non mi pare quindi che i divieti possano rappresentare una soluzione. Da ministro dell'Istruzione non mi è mai capitato di dovermi occupare di abbigliamento, piuttosto in quel periodo si era rivelato drammatico il tema del bullismo. Ecco, per concludere, piuttosto che sui vestiti, preoccupiamoci di questioni più sostanziali: il bullismo appunto, l'abuso degli smartphone, come studiare meglio.

(M. Oggero e G. Fioroni, *Jeans strappati e pantaloncini a scuola vanno proibiti?*, in "Sette - Corriere della Sera", 25 maggio 2018)

CAPITOLO 4

Saper parlare

La comunicazione orale oggi

Il **parlato** costituisce una delle quattro abilità linguistiche fondamentali, insieme all'ascolto, alla lettura e alla scrittura. Ciò che accomuna **parlato e ascolto** – e differenzia entrambi da lettura e scrittura – è l'utilizzo, come canale di comunicazione, della **voce**, la quale coopera alla comunicazione, insieme ad altri elementi di **linguaggio non verbale** con cui il parlante trasmette contenuti impliciti, oltre a quelli esplicitamente dichiarati. Inoltre, la comunicazione orale, a differenza di quella scritta, avviene per lo più **in presenza e in simultanea** e si esaurisce nel momento in cui viene realizzata.
Ciò che invece **accomuna parlato e scrittura** è che entrambe sono **abilità "attive"**, in quanto messe volontariamente in atto dall'emittente, che intende così comunicare un contenuto (detto **referente**) a un destinatario.
Oggi, con lo sviluppo delle **tecnologie della comunicazione**, si assiste a una interferenza tra scritto e parlato e quasi alla identificazione tra le due abilità in alcune forme di comunicazione digitale (e-mail, sms, chat, social network ecc.) caratterizzate dalla **simultaneità**.

a. La grammatica del parlato

:::: Le caratteristiche dei testi orali

Scritto e parlato restano forme di comunicazione profondamente diverse, tanto che si può parlare di due distinti sistemi di **regole e consuetudini**, di due "grammatiche".

Questi in sintesi gli aspetti più evidenti della "**grammatica del parlato**":

- sintassi del **periodo semplice**, con frasi brevi e con prevalente coordinazione;
- costruzioni sintattiche finalizzate alla **focalizzazione**, cioè alla messa in rilievo del focus di interesse della frase: per esempio, attraverso la posposizione del soggetto ("a chiedervi questo favore sono io in persona!") o anche con forme irregolari come l'anacoluto (cioè un errore nella sintassi; celebre quello di Renzo nei *Promessi sposi*: «quel birbone che, se non fosse stato lui, Lucia sarebbe mia da venti mesi»);
- **minore pianificazione** del testo, con conseguenza di **frasi sospese**, **riprese** e **ripetizioni**;
- frequenti **pronomi personali** e **aggettivi possessivi** di **prima e seconda persona**, propri del "botta e risposta";
- utilizzo di **deittici** (o "indicatori"; ▶ p. 14), cioè avverbi, pronomi, particelle che indicano il contesto spazio-temporale ("questo", "quello", "lì", "qui", "ora", "dopo" ecc.);
- **segnali discorsivi** e **intercalari** ("beh", "insomma", "cioè", "come va?", "a presto", "no?" ecc.);
- **varietà lessicale** in cui si mescolano vocaboli generici ("cosa", "tizio", "fare" ecc.) ad altri figurati ("un sacco", "pazzesco" ecc.), di provenienza gergale ("imbranato", "sballo" ecc.) o settoriale, oltre a stereotipi e mode linguistiche, persino turpiloquio;
- **varietà di registro** linguistico e stilistico: dall'informale, proprio delle conversazioni in famiglia e tra amici, al formale di circostanze pubbliche e colloqui con persone di riguardo;
- **libertà grammaticali**, ispirate alla semplificazione, poco accettabili nello scritto, ma tollerate o persino preferibili nell'orale (per esempio: il pronome "gli" usato anche per il femminile e maschile plurale, l'indicativo imperfetto al posto di congiuntivo e condizionale, il presente al posto del futuro ecc.);
- **ortoepia**, cioè **corretta pronuncia** secondo modelli di riferimento oggi in trasformazione (dal tradizionale fiorentino colto si sta passando a una pronuncia più "settentrionaleggiante").

:::: Oltre il linguaggio verbale

Il rapporto di vicinanza fisica e sensoriale che si instaura tra emittente e destinatario nella comunicazione orale comporta l'intervento determinante di **altri codici** oltre a quello verbale. La gestualità del corpo, la postura, la mimica facciale, l'intonazione della voce e altri segnali fonici (come brontolii o risa), il ritmo della frase, le pause del discorso: sono tutti elementi che contribuiscono a dare **senso compiuto al messaggio**, rendendo talvolta superflue informazioni già note all'interlocutore o ricavabili dal contesto.

b. Tipologie e modelli di parlato

Varie sono le **tipologie** di parlato, classificabili secondo diversi criteri.

Una prima distinzione è tra **parlato spontaneo**, qual è quello di una conversazione tra amici, e **non spontaneo**, bensì programmato in precedenza, qual è il parlato-recitato o letto di uno spettacolo teatrale o di una conferenza.

Conferenze e lezioni possono anche essere classificate come parlato **monologico**, cioè **a una voce**, quando non sia previsto il contraddittorio, a differenza di quelle **a**

più voci, come i dibattiti pubblici, in cui intervengono più interlocutori. Tali tipologie si distinguono dal parlato **dialogico**, a due voci, caratteristico delle conversazioni, di interrogazioni scolastiche, interviste, interrogatori ecc.

Ulteriori distinzioni sono quelle determinate dalla **presenza** o **assenza** fisica degli interlocutori (dialogo telefonico, forum e dibattiti telematici), dalla **situazione pubblica o privata** della conversazione e dalla relazione tra chi parla e chi ascolta (scambio di ruoli oppure unidirezionalità).

c. Il dialogo, ovvero saper parlare in due

Il **dialogo** consiste nella comunicazione tra **due interlocutori** che si alternano nel discorso per mettere a confronto informazioni, opinioni, espressioni di sentimenti.

La sua efficacia comunicativa dipende dalla **cooperazione** tra gli interlocutori e dal rispetto di **regole** che, benché non scritte, almeno nella conversazione spontanea, sono tuttavia attive, mentre si fanno più strutturate e stringenti in contesti formali, come nel caso di interrogazioni o interviste. Rientrano tra tali regole lo scambio vicendevole dei **ruoli** tra chi parla e chi ascolta senza sovrapposizione dei turni, la scelta di **contenuti** logici e pertinenti, la coerenza dei **messaggi non verbali** con quelli verbali, l'osservanza di **formule convenzionali** (per esempio, i saluti di avvio o fine conversazione).

Il dialogo presuppone di solito che i due interlocutori siano **contemporaneamente presenti** nello stesso luogo, ma sono frequenti anche le conversazioni che si svolgono con interlocutori **fisicamente distanti**, come quelle al telefono o via Skype, o anche come le chat su smartphone o tablet che, per il carattere di quasi **simultaneità** di produzione e ricezione, presentano modalità di comunicazione molto simili all'orale.

d. L'interrogazione scolastica e il colloquio

Una forma di dialogo rilevante nella vita scolastica è l'**interrogazione** con la quale l'insegnante **verifica** le conoscenze dello studente su determinati argomenti di studio e le sue capacità di rielaborarle personalmente e di esporle oralmente con un linguaggio corretto ed efficace.

Caratteristiche analoghe ha il **colloquio** che si svolge in occasione degli esami di Stato o di altri esami o prove (scolastici, accademici, di concorso, di ammissione, di reclutamento ecc.). In particolare, nel colloquio dell'esame di Stato è importante che il candidato dimostri non solo le conoscenze e competenze acquisite nel corso di studi, ma anche le sue **capacità di argomentazione** intrattenendo uno scambio di informazioni e opinioni con gli esaminatori (▶ pp. 181 ss.).

Queste forme di dialogo sono a prevalente carattere **unidirezionale**, in quanto condotte dall'insegnante oppure dall'esaminatore che pone domande allo studente, ma può anche assumere i toni di una conversazione almeno teoricamente **paritaria**, quando entrambi gli interlocutori sono coinvolti in un reciproco scambio di riflessioni.

Da parte degli studenti, ogni interrogazione va adeguatamente **pianificata**, non solo nella fase di preparazione (studiando, com'è ovvio, prendendo appunti, ripetendo ad alta voce ecc.) ma anche in quella di **gestione**, nella quale è necessario padroneggiare gli strumenti linguistici, sia verbali sia non verbali.

CONSIGLI OPERATIVI — Come gestire una interrogazione

L'atteggiamento da tenere

- Cerca di essere **rilassato** e sereno: considera che l'interrogazione non è un interrogatorio né un processo, ma un momento di normale attività scolastica. Assumi perciò un **atteggiamento dignitoso** e apprestati a stabilire con l'insegnante un rapporto di **reciproco rispetto**.
- Controlla il tuo **linguaggio del corpo**: espressività facciale, gesti, postura, sia che tu sia seduto, sia che stia in piedi alla cattedra.

Le domande

- Presta **attenzione alle domande**; se non le hai ben capite, chiedi chiarimenti. **Concentrati** prima di rispondere. Distingui tra **domande generali** e di ampio respiro e **domande specifiche** e di contenuto limitato: nel primo caso rispondi seguendo una **"scaletta" mentale**, che puoi esplicitare all'inizio del discorso; nel secondo caso da' una **risposta precisa** senza divagare.
- In caso di **difficoltà** (amnesia, afasia, timidezza, panico), non rimanere muto, ma pronuncia frasi brevi, limitandoti al contenuto che ricordi; inoltre, se ti vengono fatti rilevare **errori** e imprecisioni, non difendere a tutti i costi delle posizioni che possono rivelarsi deboli e accetta di buon grado le critiche; se invece **ignori** totalmente la risposta, chiedi all'insegnante di riformulare la domanda oppure ammettilo esplicitamente, chiedendo gentilmente di poter recuperare con un'altra domanda o in un'interrogazione successiva.

L'uso della voce

- Nel parlare, controlla il **tono della voce**: scandisci bene le parole, parla a voce non troppo alta ma sufficiente a essere udita agevolmente sia dall'insegnante sia dai tuoi compagni di classe, non parlare "a raffica", ma neanche con tono monocorde.
- Se ti è richiesto di **leggere a voce alta** un testo, segui le regole di corretta pronuncia, dizione, intonazione. Se devi leggere una poesia o un'altra opera letteraria, oppure **recitarla a memoria**, cerca di dare espressività alla tua interpretazione.

ESEMPIO SVOLTO

VI proponiamo uno **spezzone del film *Notte prima degli esami***, del 2006, diretto da Fausto Brizzi e interpretato, tra gli altri, da Nicolas Vaporidis nel ruolo del protagonista, lo studente Luca Molinari, e da Giorgio Faletti in quello del professore Antonio Martinelli.

VIDEO

Ambientato nel 1989, alla vigilia degli esami di maturità, il film narra le vicende di compagni di scuola di un liceo romano legati da vari rapporti d'amicizia e amore. L'innamoramento di Luca per Claudia, figlia del temibile professore di italiano, lo conduce a frequentare la sua casa e a instaurare con lui un certo rapporto di confidenza, al punto da ricevere un consiglio che sembra un'implicita anticipazione di ciò che gli verrà chiesto il giorno dell'esame: Leopardi.

Si arriva quindi alla scena culminante, quella appunto del colloquio che è riprodotta nel video, nella quale Martinelli spiazza Luca chiedendogli invece Carducci, ma lo studente, a sua volta, prevedendo la mossa del professore, risponde in maniera brillante ed esauriente.

La **rappresentazione**, pur negli intenti comici del film, è **abbastanza realistica**, priva di eccessi grotteschi o caricaturali, frequenti in film d'ambientazione scolastica. Altri film italiani d'autore, in cui si vedono scene di **esami di maturità**, sono: *Ecce bombo* (1978) di Nanni Moretti, *Ovosodo* (1997) di Paolo Virzì, *Che ne sarà di noi* (2004) di Giovanni Veronesi, *Immaturi* (2011) di Paolo Genovese.

ESERCIZI

1 **LAVORO COOPERATIVO** **Con il consenso e sotto la guida dell'insegnante, tu e i tuoi compagni registrate (con lo smartphone o altro strumento) alcune vostre interrogazioni. Quindi concordate tutti insieme una griglia di valutazione, non del livello di preparazione dimostrato, bensì della efficacia espositiva e della capacità di utilizzare il linguaggio verbale e non verbale (per comodità seguite la traccia dei consigli operativi sopra illustrati). Compilate tale griglia per ognuno dei partecipanti e discutete insieme, tra voi e con l'insegnante, i risultati.**

LA PRIMA PROVA SCRITTA

Un passaggio importante della vita dei "giovani adulti"

Con la prima prova scritta di Italiano iniziano gli esami di Stato. È una prova alla quale non solo studenti e insegnanti, com'è ovvio, attribuiscono una grande importanza, ma l'opinione pubblica in generale vi presta molta attenzione, in quanto nelle scelte ministeriali dei titoli e dei temi da trattare, nelle preferenze espresse dagli studenti a favore di questa o quella opzione, nei risultati conseguiti si tende a riconoscere una sorta di **fotografia della gioventù italiana** in quel determinato momento storico.
In effetti, se l'esame in generale è un tradizionale "rito di passaggio" che marca simbolicamente l'**ingresso dei giovani nella vita adulta**, la prima prova scritta in particolare riflette la personalità di ciascuno, il personale "tesoro" di conoscenze, competenze ed esperienze, l'individuale mondo interiore fatto di sentimenti e riflessioni, e, considerata nell'insieme dei candidati di uno specifico anno scolastico, prospetta una linea di **tendenza della società nel suo insieme**.
È giusto, quindi, che gli studenti si preparino a questo passaggio importante della propria vita con il dovuto impegno, e anche con le consuete preoccupazioni, ma al contempo confidando in se stessi, ormai "giovani adulti".

Le novità della prima prova scritta

Secondo quanto disposto dalle **norme in vigore** (in particolare l'art. 17 del D. lgs. 62/2017 e il "Quadro di riferimento" allegato al D. m. 769/2018), la prima prova scritta è volta ad accertare la padronanza della lingua italiana e delle capacità espressive, logico-linguistiche e critiche del candidato. Per il suo svolgimento sono previste **tre tipologie** di prova che, in parte, assomigliano a quelle della precedente normativa d'esame, in parte se ne differenziano:

Tipologia A: Analisi e interpretazione di un testo letterario italiano;
Tipologia B: Analisi e produzione di un testo argomentativo;
Tipologia C: Riflessione critica di carattere espositivo-argomentativo su tematiche di attualità.

Le tipologie A e B richiedono la **comprensione** e l'**analisi** di un testo e quindi una produzione libera a partire dalle tematiche sollevate dal testo stesso; mentre la terza tipologia, la C, richiede una **trattazione libera** su un argomento proposto, eventualmente anch'esso sostenuto da un testo di riferimento.

Le **tracce** fornite sono complessivamente **sette**:
- due per la tipologia A;
- tre per la tipologia B;
- due per la tipologia C.

Questo per dar modo ai candidati di scegliere all'interno di un'ampia rosa di argomenti, facenti riferimento agli **ambiti artistico, letterario, storico, filosofico, scientifico, tecnologico, economico, sociale**.

Griglie di valutazione per l'attribuzione dei punteggi

Un'altra importante novità normativa riguarda la **valutazione della prima prova scritta**.
Infatti (in base al "Quadro di riferimento" allegato al D. m. 769/2018), le commissioni d'esame esprimono la valutazione delle prove sulla base di apposite **griglie di valutazione**, predisposte dal Ministero al fine di uniformare i giudizi e i relativi punteggi.
Tali griglie elencano gli "**indicatori**", che sono le voci che sintetizzano i risultati della prova, in ordine sia agli **obiettivi generali**, di competenza linguistica e culturale, sia a quelli **specifici** richiesti dalla tipologia di prova prescelta.
Le griglie sono dunque strutturate in **due parti**:
- una con gli **indicatori generali**;
- una con gli **indicatori specifici** per le singole tipologie di prova.

In fase di **valutazione della prima prova scritta**, la commissione dispone di un massimo di **100** punti, così suddivisi: massimo **60** per gli indicatori generali e massimo **40** per gli indicatori specifici.
Il **punteggio in centesimi**, risultante dalla somma dei due punteggi parziali, va **riportato a 20** con opportuna proporzione (divisione per 5 + arrotondamento): 20 è infatti il punteggio massimo previsto per la prima prova scritta, come anche per la seconda e per il colloquio, per un totale di **60 punti** che, sommandosi al massimo di 40 punti per il credito scolastico, andranno a comporre il punteggio finale complessivo in centesimi.

Documenti

DOCUMENTI MINISTERIALI

Decreto legislativo n. 62 del 13 aprile 2017 - Valutazione e certificazione delle competenze nel primo ciclo ed esami di Stato (art. 12 e art. 17).

[...]

Capo III Esame di Stato nel secondo ciclo di istruzione

Art. 12

Oggetto e finalità

1. L'Esame di Stato conclusivo dei percorsi di istruzione secondaria di secondo grado verifica i livelli di apprendimento conseguiti da ciascun candidato in relazione alle conoscenze, abilità e competenze proprie di ogni indirizzo di studi, con riferimento alle Indicazioni nazionali per i licei e alle Linee guida per gli istituti tecnici e gli istituti professionali, anche in funzione orientativa per il proseguimento degli studi di ordine superiore ovvero per l'inserimento nel mondo del lavoro.

[...]

Art. 17

Prove di esame

[...]

3. La prima prova, in forma scritta, accerta la padronanza della lingua italiana o della diversa lingua nella quale si svolge l'insegnamento, nonché le capacità espressive, logico-linguistiche e critiche del candidato. Essa consiste nella redazione di un elaborato con differenti tipologie testuali in ambito artistico, letterario, filosofico, scientifico, storico, sociale, economico e tecnologico. La prova può essere strutturata in più parti, anche per consentire la verifica di competenze diverse, in particolare della comprensione degli aspetti linguistici, espressivi e logico-argomentativi, oltre che della riflessione critica da parte del candidato.

[...]

Decreto ministeriale n. 769 del 26 novembre 2018

Articolo 1

(Quadri di riferimento e griglie di valutazione)

1. Ai sensi dell'articolo 17, commi 5 e 6, del decreto legislativo 13 aprile 2017, n. 62, sono adottati i quadri di riferimento e le griglie di valutazione per la redazione e lo svolgimento della prima e della seconda prova scritta dell'esame di Stato conclusivo del secondo ciclo di istruzione, definiti, rispettivamente per la prima e la seconda prova, agli allegati A e B, che costituiscono parte integrante del presente decreto.

Nota prot. 19890 del 26 novembre 2018 relativa alla trasmissione del D. m. n. 769 del 26 novembre 2018 "Quadri di riferimento per la redazione e lo svolgimento delle prove scritte" e "Griglie di valutazione per l'attribuzione dei punteggi" per gli esami di Stato del secondo ciclo di istruzione.

Si fa seguito alla nota del Capo Dipartimento per il sistema educativo di istruzione e formazione prot. n. 3050 del 4 ottobre 2018, con la quale sono state fornite le prime indicazioni operative per l'esame di Stato conclusivo dei percorsi di istruzione secondaria di secondo grado a.s. 2018/2019, e si tramette il decreto del Ministro dell'istruzione dell'università e della ricerca prot. n. 769 del 26/11/2018 con il quale sono adottati i Quadri di riferimento e le griglie di valutazione per la redazione e lo svolgimento della prima e della seconda prova scritta dell'esame di Stato conclusivo del secondo ciclo di istruzione, definiti, rispettivamente per la prima e la seconda prova, negli allegati A e B che costituiscono parte integrante del decreto.

Come è noto, infatti, il decreto legislativo 13 aprile 2017, n. 62, all'art. 17 (commi 5 e 6), ha previsto, nel rispetto delle Indicazioni Nazionali e delle Linee Guida, la definizione di Quadri di riferimento per la redazione e lo svolgimento delle prove scritte, nonché, al fine di uniformare i criteri di valutazione delle commissioni d'esame, la predisposizione di griglie di valutazione per l'attribuzione dei punteggi.

Quadri di riferimento e griglie di valutazione

I Quadri di riferimento sono stati elaborati per i seguenti percorsi di studio:

- Licei: tutti i percorsi, gli indirizzi, le opzioni, le sezioni;
- Istituti tecnici: tutti gli indirizzi, le articolazioni, le opzioni del settore economico e del settore tecnologico;
- Istituti professionali: tutti gli indirizzi, le articolazioni, le opzioni del settore servizi e del settore industria e artigianato. Per i codici d'esame di Stato che comportano prove specifiche e differenziate (le cosiddette "curvature"), si è provveduto ad elaborare uno specifico Quadro da inserire, nel Quadro relativo all'articolazione o all'opzione di riferimento, una tabella relativa alla/e disciplina/e oggetto d'esame.

Si evidenzia che i Quadri di riferimento sono coerenti con le Indicazioni Nazionali e le Linee Guida, le quali, in relazione a ciascun percorso di studio, definiscono le competenze attese in esito al percorso stesso e quindi sottese alla prove d'esame, declinate per i licei in obiettivi specifici di apprendimento e per gli istituti tecnici e professionali in risultati di apprendimento (ulteriormente declinati in conoscenze e abilità). I Quadri di riferimento hanno la funzione di sistematizzare l'impianto disciplinare e chiariscono i criteri e gli obiettivi in base ai quali saranno "costruite" le prove di esame.

In particolare, i Quadri di riferimento forniscono indicazioni relative:

- alle caratteristiche e alla struttura delle prove d'esame;
- ai nuclei tematici fondamentali e agli obiettivi delle prove;
- alla valutazione delle prove.

Per quanto concerne le griglie di valutazione si evidenzia che, per la prima prova scritta, sono stati definiti indicatori generali che si riferiscono a tutte le tipologie testuali e indicatori specifici di cui tener conto nell'attribuzione del punteggio per le diverse tipologie.

[...]

Quadro di riferimento per la redazione e lo svolgimento della prima prova scritta dell'esame di Stato - Tutti i percorsi e gli indirizzi dell'istruzione liceale, tecnica e professionale

Caratteristiche della prova d'esame

1) Tipologie di prova

A Analisi e interpretazione di un testo letterario italiano

B Analisi e produzione di un testo argomentativo

C Riflessione critica di carattere espositivo-argomentativo su tematiche di attualità

Con riferimento agli ambiti artistico, letterario, storico, filosofico, scientifico, tecnologico, economico, sociale di cui all'art. 17 del D. lgs. 62/17 e per dar modo ai candidati di esprimersi su un ventaglio sufficientemente ampio di argomenti, saranno fornite sette tracce: due per la tipologia A, tre per la tipologia B e due per la tipologia C.

2) Struttura delle tracce

Tipologia A. Analisi e interpretazione di un testo letterario italiano, compreso nel periodo che va dall'Unità d'Italia ad oggi. Saranno fornite due tracce che possano coprire due ambiti cronologici o due generi o forme testuali.

Tipologia B. Analisi e produzione di un testo argomentativo. La traccia proporrà un singolo testo compiuto o un estratto sufficientemente rappresentativo ricavato da una trattazione più ampia, chiedendone in primo luogo un'interpretazione/comprensione sia dei singoli passaggi sia dell'insieme. La prima parte sarà seguita da un commento, nel quale lo studente esporrà le sue riflessioni intorno alla (o alle) tesi di fondo avanzate nel testo d'appoggio, anche sulla base delle conoscenze acquisite nel suo specifico percorso di studio.

Tipologia C. Riflessione critica di carattere espositivo-argomentativo su tematiche di attualità. La traccia proporrà problematiche vicine all'orizzonte esperienziale delle studentesse e degli studenti e potrà essere accompagnata da un breve testo di appoggio che fornisca ulteriori spunti di riflessione. Si potrà richiedere al candidato di inserire un titolo coerente allo svolgimento e di organizzare il commento attraverso una scansione interna, con paragrafi muniti di un titolo.

Durata della prova: sei ore

Nuclei tematici fondamentali

Sia per quanto concerne i testi proposti, sia per quanto attiene alle problematiche contenute nelle tracce, le tematiche trattate potranno essere collegate, per tutte le 3 tipologie, agli ambiti previsti dall'art. 17 del D. Lgs 62/2017, e cioè:

- Ambito artistico,
- Ambito letterario,
- Ambito storico,
- Ambito filosofico,
- Ambito scientifico,
- Ambito tecnologico,
- Ambito economico,
- Ambito sociale.

Obiettivi della prova

Gli obiettivi dell'insegnamento dell'italiano riflettono una duplice esigenza, espressa sia dalle *Linee guida* per l'istruzione tecnica e professionale, sia dalle *Indicazioni nazionali* per i licei.

Per la lingua, si tratta di "padroneggiare il patrimonio lessicale ed espressivo della lingua italiana secondo le esigenze comunicative nei vari contesti"; per la letteratura, di raggiungere un'adeguata competenza sulla "evoluzione della civiltà artistica e letteraria italiana dall'Unità ad oggi".

Quanto alla lingua occorrerà distinguere tra le competenze di base, da presupporre per qualsiasi tipo di prova e per qualsiasi tipo di indirizzo, e quelle specifiche.

Tra le prime figurano la padronanza grammaticale, la capacità di costruire un testo coerente e coeso, una sufficiente capacità nell'uso dell'interpunzione e un dominio lessicale adeguato (da saggiare anche attraverso la competenza passiva, a partire da un testo dato).

Per quanto concerne le seconde, più che dell'astratta classificazione della tipologia testuale, con la distinzione tra testi espositivi, argomentativi ecc. (che può valere solo in linea di massima, dal momento che i testi reali presentano abitualmente caratteri in certa misura "misti"), occorre tener conto di caratteristiche inerenti all'argomento trattato e al taglio del discorso con cui esso viene presentato.

Nell'analisi di un testo letterario, sono in primo piano la comprensione degli snodi testuali e dei significati e la capacità di interpretare e far "parlare il testo" oltre il suo significato letterale; il testo andrà messo in relazione con l'esperienza formativa e personale dello studente e collocato in un orizzonte storico e culturale più ampio; nell'analisi e nel commento si dovrà utilizzare un lessico puntuale ed efficace, che vada oltre quello abitualmente adoperato in un discorso orale.
Per la tipologia B, lo studente in primo luogo deve mostrare le capacità: di comprensione del testo dato; di riconoscimento degli snodi argomentativi presenti; di individuazione della tesi sostenuta e degli argomenti a favore o contrari; di riconoscimento della struttura del testo. Deve successivamente produrre un testo di tipo argomentativo anche basandosi sulle conoscenze acquisite nel suo corso di studio.
Nello sviluppo di un elaborato di tipologia C, lo studente deve essere in grado di affrontare con sicurezza un tema dato, di svilupparlo gradualmente mettendo in campo conoscenze acquisite nel corso di studi seguito o giudizi e idee personali. Allo studente si chiede di organizzare le proprie conoscenze e di esporle con proprietà e chiarezza.

Indicazioni generali per la valutazione degli elaborati (max 60 pt)

INDICATORE 1 • Ideazione, pianificazione e organizzazione del testo. • Coesione e coerenza testuale. INDICATORE 2 • Ricchezza e padronanza lessicale. • Correttezza grammaticale (ortografia, morfologia, sintassi); uso corretto ed efficace della punteggiatura. INDICATORE 3 • Ampiezza e precisione delle conoscenze e dei riferimenti culturali. • Espressione di giudizi critici e valutazioni personali.

Indicatori specifici per le singole tipologie di prova

Tipologia A
Elementi da valutare nello specifico (max 40 pt)
Rispetto dei vincoli posti nella consegna (ad esempio, indicazioni di massima circa la lunghezza del testo – se presenti – o indicazioni circa la forma parafrasata o sintetica della rielaborazione). • Capacità di comprendere il testo nel suo senso complessivo e nei suoi snodi tematici e stilistici. • Puntualità nell'analisi lessicale, sintattica, stilistica e retorica (se richiesta). • Interpretazione corretta e articolata del testo.

Tipologia B
Elementi da valutare nello specifico (max 40 pt)
• Individuazione corretta di tesi e argomentazioni presenti nel testo proposto. • Capacità di sostenere con coerenza un percorso ragionativo adoperando connettivi pertinenti. • Correttezza e congruenza dei riferimenti culturali utilizzati per sostenere l'argomentazione.

Tipologia C
Elementi da valutare nello specifico (max 40 pt)
• Pertinenza del testo rispetto alla traccia e coerenza nella formulazione del titolo e dell'eventuale paragrafazione. • Sviluppo ordinato e lineare dell'esposizione. • Correttezza e articolazione delle conoscenze e dei riferimenti culturali

N.B. Il punteggio specifico in centesimi, derivante dalla somma della parte generale e della parte specifica, va riportato a 20 con opportuna proporzione (divisione per 5 + arrotondamento).

CAPITOLO 5

La tipologia A

Analisi e interpretazione di un testo letterario italiano

Caratteristiche della prova di tipologia A

La tipologia A richiede l'analisi e l'interpretazione di un **testo letterario italiano** compreso nel periodo che va **dall'Unità d'Italia a oggi**.
Non necessariamente il testo rientra nelle letture effettivamente svolte nel corso di studi scolastici, dal momento che la prova intende verificare nello studente la **capacità di interagire** con un testo letterario inserendolo nel proprio orizzonte formativo ed esistenziale ed, eventualmente, di inquadrarlo in un panorama più ampio attraverso il confronto con altri testi e autori.
Della tipologia A verranno fornite due tracce e i due testi proposti potranno appartenere a diversi ambiti cronologici o generi letterari o forme testuali.

Come già accennato, questa prova è suddivisa nelle seguenti parti:

1. **Comprensione**: in cui sono poste allo studente domande di verifica dell'effettiva comprensione del significato letterale del testo, anche attraverso operazioni di riscrittura, come parafrasi e riassunto.
2. **Analisi**: con domande mirate a verificare il significato più profondo e le implicazioni polisemiche di cui il testo letterario è per sua natura ricco.
3. **Produzione libera**: in cui è richiesta allo studente la formulazione di ipotesi interpretative allargando il discorso a riflessioni più ampie, sulla base delle conoscenze acquisite nel corso di studi e della sua esperienza di lettore.

La tipologia A a confronto con la precedente normativa

Rispetto all'"Analisi e commento di testo letterario o non letterario", tipologia A della **precedente normativa**, i principali elementi di **novità** sono i seguenti:

- i testi proposti sono esclusivamente **letterari**;
- appartengono a un periodo compreso **dall'Unità d'Italia a oggi**, quindi l'arco cronologico è più ampio rispetto al Novecento a cui ci si era limitati nel precedente esame; si prospetta anzi la possibilità che siano proposti anche testi recentissimi e non canonici;
- sono presentate **due opzioni** di testi, invece di uno solo; è presumibile, di conseguenza, che essi siano diversificati per genere (poesia e narrativa, ad esempio), periodo (più o meno recente), per canonicità o meno dell'autore;
- viene lasciata al candidato maggiore **libertà di esposizione**; si coglie, infatti, l'intenzione da parte del legislatore di verificare l'effettiva **comprensione** degli snodi fondamentali e dei significati del testo e la capacità di interpretarlo oltre il suo significato letterale, piuttosto che una capacità di analisi fine a sé stessa; questo nell'ottica di mettere in relazione le attività di lettura e produzione di un testo con l'**esperienza formativa e personale** dello studente;

- i testi letterari possono essere collegati, dal punto di vista tematico, agli ambiti artistico, letterario, storico, filosofico, scientifico, tecnologico, economico, sociale; nelle prove di tipo A proposte in questo volume, quando il testo presenta dei legami con questi ambiti tematici, si suggerisce di sviluppare il collegamento nella parte di commento (come, per esempio, nel caso di Camilleri, da *Il birraio di Preston*, in cui il testo è legato all'ambito storico).

Suggerimenti per lo svolgimento della prova

- È importante rispettare rigorosamente i vincoli posti nella **consegna**, come ad esempio le indicazioni relative all'ampiezza del riassunto o alla formulazione della parafrasi, o alla lunghezza complessiva del testo, qualora la traccia sia corredata di tali indicazioni.
- Da un punto di vista **formale**, il commento deve presentare un'**organizzazione testuale** chiara e rigorosa, basata sulla corretta pianificazione degli argomenti e su un'articolazione del discorso coerente e coesa; deve altresì essere corretto dal punto di vista **grammaticale**: attenzione all'ortografia, alla morfologia e sintassi, all'uso della punteggiatura e all'adozione di un lessico ricco e pertinente all'argomento trattato.
- Da un punto di vista **contenutistico**, il commento deve riflettere le **conoscenze** del candidato relative all'argomento affrontato e testimoniare la capacità di **rielaborazione critica** personale, attraverso l'espressione e la motivazione di giudizi e valutazioni.

Le prove proposte

Nelle prossime pagine trovi una serie di prove di tipologia A sulle quali esercitarti in preparazione dell'esame e da utilizzare eventualmente come simulazione.
Le prime sette sono prove guidate, distribuite tra prosa e poesia, tra autori canonici e non canonici, in un arco di tempo che va dai primi del Novecento al presente; di ciascuna è fornita oltre alla traccia una guida allo svolgimento, utile per acquisire un efficace metodo di lavoro sul testo. Seguono undici prove da svolgere.

Italo Svevo, da *La coscienza di Zeno*

Il brano è tratto dal capitolo VI de La coscienza di Zeno, *pubblicato nel 1923 da Italo Svevo (1861-1928). Nella prima parte del capitolo, intitolato* La moglie e l'amante, *il protagonista Zeno descrive la moglie Augusta Malfenti, sposata come scelta di ripiego dopo che le sue due sorelle (Ada e Alberta) avevano rifiutato le sue proposte di matrimonio.*

Nella mia vita ci furono varii periodi in cui credetti di essere avviato alla salute e alla felicità. Mai però tale fede fu tanto forte come nel tempo in cui durò il mio viaggio di nozze eppoi qualche settimana dopo il nostro ritorno a casa. Cominciò con una scoperta che mi stupì: io amavo Augusta com'essa amava me. Dapprima diffidente, godevo intanto di una giornata e m'aspettavo che la seguente fosse tutt'altra cosa. Ma una seguiva e somigliava all'altra, luminosa, tutta gentilezza di Augusta ed anche — ciò ch'era la sorpresa — mia. Ogni mattina ritrovavo in lei lo stesso commosso affetto e in me la stessa riconoscenza che, se non era amore, vi somigliava molto. Chi avrebbe potuto prevederlo quando avevo zoppicato da Ada ad Alberta per arrivare ad Augusta? Scoprivo di essere stato non un bestione cieco diretto da altri, ma un uomo abilissimo. E vedendomi stupito, Augusta mi diceva:

– Ma perché ti sorprendi? Non sapevi che il matrimonio è fatto così? Lo sapevo pur io che sono tanto più ignorante di te!

Non so più se dopo o prima dell'affetto, nel mio animo si formò una speranza, la grande speranza di poter finire col somigliare ad Augusta ch'era la salute personificata. Durante il fidanzamento io non avevo neppur intravvista quella salute, perché tutto immerso a studiare me in primo luogo eppoi Ada e Guido[1]. La lampada a petrolio in quel salotto non era mai arrivata ad illuminare gli scarsi capelli di Augusta.

Altro che il suo rossore![2] Quando questo sparve con la semplicità con cui i colori dell'aurora spariscono alla luce diretta del sole, Augusta batté sicura la via per cui erano passate le sue sorelle[3] su questa terra, quelle sorelle che possono trovare tutto nella legge e nell'ordine o che altrimenti a tutto rinunziano. Per quanto la sapessi mal fondata perché basata su di me, io amavo, io adoravo quella sicurezza. Di fronte ad essa io dovevo comportarmi almeno con la modestia che usavo quando si trattava di spiritismo[4]. Questo poteva essere e poteva perciò esistere anche la fede nella vita.

Però mi sbalordiva; da ogni sua parola, da ogni suo atto risultava che in fondo essa credeva la vita eterna. Non che la dicesse tale: si sorprese anzi che una volta io, cui gli errori ripugnavano prima che non avessi amati i suoi, avessi sentito il bisogno di ricordargliene la brevità. Macché! Essa sapeva che tutti dovevano morire, ma ciò non toglieva che oramai ch'eravamo sposati, si sarebbe rimasti insieme, insieme, insieme. Essa dunque ignorava che quando a questo mondo ci si univa, ciò avveniva per un periodo tanto breve, breve, breve, che non s'intendeva come si fosse arrivati a darsi del tu dopo di non essersi conosciuti per un tempo infinito e pronti a non rivedersi mai più per un altro infinito tempo.

1. **Ada e Guido:** Ada, la più bella delle sorelle Malfenti, inutilmente corteggiata da Zeno, ha sposato, invece, il suo amico Guido Speier.
2. **Altro che il suo rossore!:** poche pagine prima Zeno aveva parlato del rossore di Augusta, sua fidanzata: «La mia sposa (fidanzata) era molto meno brutta di quanto avessi creduto, e la sua più grande bellezza la scopersi baciandola: il suo rossore. Là dove baciavo sorgeva una fiamma in mio onore ed io la baciavo più con la curiosità dello sperimentatore che col fervore dell'amante».
3. **le sue sorelle:** le donne in genere.
4. **spiritismo:** in casa Malfenti si tenevano sedute spiritiche per iniziativa di Guido, verso le quali Zeno assumeva un atteggiamento rispettoso pur nutrendo un forte scetticismo.

Compresi finalmente che cosa fosse la perfetta salute umana quando indovinai che il presente per lei era una verità tangibile in cui si poteva segregarsi e starci caldi. Cercai di esservi ammesso e tentai di soggiornarvi risoluto di non deridere me e lei, perché questo conato non poteva essere altro che la mia malattia ed io dovevo almeno guardarmi dall'infettare chi a me s'era confidato. Anche perciò, nello sforzo di proteggere lei, seppi per qualche tempo movermi come un uomo sano.

Essa sapeva tutte le cose che fanno disperare, ma in mano sua queste cose cambiavano di natura. Se anche la terra girava non occorreva mica avere il mal di mare!

Tutt'altro! La terra girava, ma tutte le altre cose restavano al loro posto. E queste cose immobili avevano un'importanza enorme: l'anello di matrimonio, tutte le gemme e i vestiti, il verde, il nero, quello da passeggio che andava in armadio quando si arrivava a casa e quello di sera che in nessun caso si avrebbe potuto indossare di giorno, né quando io non m'adattavo di mettermi in marsina. E le ore dei pasti erano tenute rigidamente e anche quelle del sonno. Esistevano, quelle ore, e si trovavano sempre al loro posto.

Di domenica essa andava a Messa ed io ve l'accompagnai talvolta per vedere come sopportasse l'immagine del dolore e della morte. Per lei non c'era, e quella visita le infondeva serenità per tutta la settimana. Vi andava anche in certi giorni festivi ch'essa sapeva a mente. Niente di più, mentre se io fossi stato religioso mi sarei garantita la beatitudine stando in chiesa tutto il giorno.

C'erano un mondo di autorità anche quaggiù che la rassicuravano. Intanto quella austriaca o italiana che provvedeva alla sicurezza sulle vie e nelle case ed io feci sempre del mio meglio per associarmi anche a quel suo rispetto. Poi v'erano i medici, quelli che avevano fatto tutti gli studii regolari per salvarci quando – Dio non voglia – ci avesse a toccare qualche malattia. Io ne usavo ogni giorno di quell'autorità: lei, invece, mai. Ma perciò io sapevo il mio atroce destino quando la malattia mortale m'avesse raggiunto, mentre lei credeva che anche allora, appoggiata solidamente lassù e quaggiù, per lei vi sarebbe stata la salvezza.

Io sto analizzando la sua salute, ma non ci riesco perché m'accorgo che, analizzandola, la converto in malattia. E, scrivendone, comincio a dubitare se quella salute non avesse avuto bisogno di cura o d'istruzione per guarire. Ma vivendole accanto per tanti anni, mai ebbi tale dubbio.

(I. Svevo, *La coscienza di Zeno*, capitolo VI, *La moglie e l'amante*, in *Romanzi*,
a cura di M. Lavagetto, Einaudi-Gallimard, Torino 1993)

TIPOLOGIA A
Analisi e interpretazione di un testo letterario italiano

PROVA GUIDATA

CONSEGNA

1. Comprensione del testo
Sintetizza il brano in un testo di circa 80 parole, mettendo in evidenza i principali snodi narrativi.

2. Analisi del testo

2.1 Zeno presenta la moglie come «la salute personificata». Ricerca nel testo i passaggi in cui i comportamenti e le convinzioni di Augusta confermano tale definizione.

2.2 In che cosa consiste la «salute» di Augusta?

2.3 Qual è la speranza nutrita da Zeno? Riesce a realizzarla?

2.4 In quale punto del testo Zeno esprime un'opinione che rovescia il giudizio positivo inizialmente espresso su Augusta? Da quali altri indizi testuali il lettore intuisce che il giudizio del narratore sulla presunta salute di Augusta è fortemente critico?

3. Riflessioni e approfondimento
Elabora una tua interpretazione del testo proposto che sviluppi, in un discorso coerente e organizzato, il tema della salute e della malattia, centrale nella *Coscienza di Zeno*. Rifletti sul fatto che, non a caso, l'opera è concepita come un memoriale scritto dal protagonista a scopo terapeutico su suggerimento del suo psicoanalista.

GUIDA ALLO SVOLGIMENTO

Per ciascuno dei punti della traccia ti proponiamo alcuni suggerimenti operativi che potrebbero esserti utili per l'elaborazione complessiva del tuo testo.

1. Comprensione del testo	**Suggerimenti di metodo operativo**
Sintetizza il brano in un testo di circa 80 parole, mettendo in evidenza i principali snodi narrativi.	• Dividi il testo in blocchi narrativi e sintetizzane il contenuto in un titolo o in una frase. Puoi aiutarti osservando la divisione in paragrafi e l'uso dei connettivi. Per esempio: 1. La scoperta dell'affetto reciproco. 2. La nascita di una speranza di salvezza per Zeno. 3. La descrizione della salute di Augusta. 4. Riflessione conclusiva di Zeno. • Riassumi il brano.

2. Analisi del testo	**Suggerimenti di metodo operativo**
2.1 Zeno presenta la moglie come «la salute personificata». Ricerca nel testo i passaggi in cui i comportamenti e le convinzioni di Augusta confermano tale definizione.	• Concentrati sulla descrizione iniziale che Zeno fa di Augusta appena sposata e spiegane il significato («Augusta batté sicura la via per cui erano passate le sue sorelle su questa terra, quelle sorelle che possono trovare tutto nella legge e nell'ordine o che altrimenti a tutto rinunziano»). • Individua nel resto del brano i comportamenti e le convinzioni che fanno di Augusta «la salute personificata».

2.2 In che cosa consiste la «salute» di Augusta?	Individua e commenta il punto del testo in cui Zeno afferma di aver compreso che cosa sia «la perfetta salute umana».
2.3 Qual è la speranza nutrita da Zeno? Riesce a realizzarla?	Tieni conto della risposta alla domanda precedente e considera i seguenti punti del testo: - «nel mio animo si formò una speranza, la grande speranza di poter finire col somigliare ad Augusta ch'era la salute personificata»; - «Cercai di esservi ammesso e tentai di soggiornarvi risoluto di non deridere me e lei, perché questo conato non poteva essere altro che la mia malattia ed io dovevo almeno guardarmi dall'infettare chi a me s'era confidato. Anche perciò, nello sforzo di proteggere lei, seppi per qualche tempo movermi come un uomo sano».
2.4 In quale punto del testo Zeno esprime un'opinione che rovescia il giudizio positivo inizialmente espresso su Augusta? Da quali altri indizi testuali il lettore intuisce che il giudizio del narratore sulla presunta salute di Augusta è fortemente critico?	• Concentrati sull'ultimo paragrafo del brano, marcato dal cambiamento del tempo verbale. • Individua nel testo tutte le espressioni riconducibili a un atteggiamento di dubbio o di sorpresa. • Individua i punti in cui appare evidente che Zeno non condivide le convinzioni di Augusta.
3. Riflessioni e approfondimento	**Suggerimenti di metodo operativo**
Elabora una tua interpretazione del testo proposto che sviluppi in un discorso coerente e organizzato il tema della salute e della malattia, centrale nella *Coscienza di Zeno*. Rifletti sul fatto che, non a caso, l'opera è concepita come un memoriale scritto dal protagonista a scopo terapeutico su suggerimento del suo psicoanalista.	• Spiega in quale senso il rapporto tra salute e malattia è centrale nella *Coscienza di Zeno*. • Spiega in quale senso Augusta rappresenti la salute. • Spiega qual è il punto di vista del narratore sul tema salute-follia e come emerge nel brano, analizzando le tecniche narrative adottate dall'autore.

PER ESERCITARTI

In vista dell'esame ti suggeriamo altri ambiti di interpretazione e approfondimento a partire dal brano proposto.

- Confronta il brano con altre opere di Svevo e di altri autori italiani e stranieri tra la seconda metà dell'Ottocento e l'inizio del Novecento che trattino la figura dell'inetto o che, più in generale, affrontino il tema del rapporto conflittuale tra l'individuo e la società borghese.
- La salute impersonificata da Augusta e apparentemente ambita da Zeno coincide con la normalità di una tranquilla vita borghese nella Trieste tra fine Ottocento e inizio Novecento. Rifletti su che cosa significhi per te una vita normale e danne una definizione. Le attribuisci un valore positivo oppure no? Argomenta la tua risposta attingendo alle tue conoscenze e alle tue esperienze.

Valerio Magrelli, *Ricevo da te questa tazza*

Valerio Magrelli è uno dei maggiori poeti italiani contemporanei. All'attività poetica affianca quella di saggista, traduttore e accademico; attualmente è professore ordinario di Letteratura francese all'Università di Cassino.

Nato a Roma nel 1957, si è laureato in filosofia; dopo aver esordito a ventitré anni con la raccolta di poesie Ora serrata retinae *(1980), molto apprezzata dalla critica, ha pubblicato numerose altre raccolte, riunite nel 2018 in un volume dal titolo* Le cavie *edito da Einaudi. Nel 2002 l'Accademia Nazionale dei Lincei gli ha conferito il premio Feltrinelli per la poesia italiana. Nonostante le sue raccolte siano molto diverse tra di loro, la sua poesia è comunque caratterizzata da uno stile rigoroso, limpido, essenziale, e da un taglio razionale e speculativo con il quale affronta un'ampia gamma di temi, soprattutto di carattere civile, morale, politico. La poesia che proponiamo è tratta dalla sezione* Clecsografie *della raccolta* Nature e venature, *pubblicata nel 1987.*

E la crepa nella tazza apre / un sentiero alla terra dei morti
W.H. Auden

... come quando una crepa / attraversa una tazza
R.M. Rilke

Ricevo da te questa tazza
rossa per bere ai miei giorni
uno ad uno[1]
nelle mattine pallide[2], le perle
della lunga collana della sete.
E se cadrà rompendosi, distrutto,
io, dalla compassione,
penserò a ripararla,
per proseguire i baci ininterrotti.
E ogni volta che il manico
o l'orlo si incrineranno
tornerò a incollarli
finché il mio amore non avrà compiuto
l'opera dura e lenta del mosaico.

Scende lungo il declivio
candido della tazza
lungo l'interno concavo
e luccicante, simile alla folgore,
la crepa,

1. ai miei giorni ... uno: *giorno dopo giorno, tutti i giorni.*

2. nelle mattine pallide: *di prima mattina, all'alba.*

nera, fissa,
segno di un temporale
che continua a tuonare
sopra il paesaggio sonoro,
di smalto.

(V. Magrelli, *Nature e venature*,
Mondadori, Milano 1987)

CONSEGNA

1. Comprensione del testo
Individua le parti in cui si può suddividere la poesia dal punto di vista sintattico e tematico, poi sintetizzane il contenuto in un testo di circa 100 parole.

2. Analisi del testo

2.1 In questa poesia i colori acquistano un evidente valore simbolico. Spiega perché con puntuali riferimenti al testo.

2.2 Rileggi i versi finali della prima strofa (vv. 10-14). Che cosa significa che l'amore del poeta compirà «l'opera dura e lenta del mosaico»?

2.3 Qual è il significato delle citazioni e il motivo della loro collocazione in epigrafe alla poesia?

3. Riflessioni e approfondimento
Sulla base delle osservazioni fin qui svolte, elabora un tuo commento della poesia di Magrelli in un discorso coerente e organizzato applicando le competenze di interpretazione di un testo letterario acquisite nel corso degli studi e nelle tue personali esperienze di lettore; puoi porre il componimento a confronto con la tradizione poetica italiana, ma anche riconoscere gli elementi di specificità propri di un'opera del nostro tempo.

GUIDA ALLO SVOLGIMENTO

Per ciascuno dei punti della traccia ti proponiamo alcuni suggerimenti operativi che potrebbero esserti utili per l'elaborazione complessiva del tuo testo.

1. Comprensione del testo	**Suggerimenti di metodo operativo**
Individua le parti in cui si può suddividere la poesia dal punto di vista sintattico e tematico, poi sintetizzane il contenuto in un testo di circa 100 parole.	• Individua le strofe in cui si articola la poesia e osserva se le strofe possono essere ulteriormente suddivise in parti di significato compiuto. • Sintetizza il contenuto di ogni blocco di testo rispettando il limite complessivo di 100 parole.
2. Analisi del testo	**Suggerimenti di metodo operativo**
2.1 In questa poesia i colori acquistano un evidente valore simbolico. Spiega perché con puntuali riferimenti al testo.	• Quali colori sono indicati esplicitamente e a quali oggetti si riferiscono? • Quali altri elementi testuali hanno una valenza coloristica? • Quale valore simbolico assumono? • In quale modo questi elementi sono messi in rilievo nel testo?

TIPOLOGIA A
Analisi e interpretazione di un testo letterario italiano

PROVA GUIDATA

2.2 Rileggi i versi finali della prima strofa (vv. 10-14). Che cosa significa che l'amore del poeta compirà «l'opera dura e lenta del mosaico»?	• Rifletti sulle caratteristiche del mosaico: una tecnica che consiste nel comporre immagini attraverso l'accostamento di piccolissimi pezzi di materiali di colori diversi. • Nota gli aggettivi che il poeta attribuisce a questa attività.
2.3 Qual è il significato delle citazioni e il motivo della loro collocazione in epigrafe alla poesia?	• Prova a spiegare il significato delle due citazioni, per come puoi comprenderlo così decontestualizzato. • Quali elementi le accomunano? • Quali elementi hanno in comune con la poesia di Magrelli?
3. Riflessioni e approfondimento	**Suggerimenti di metodo operativo**
Sulla base delle osservazioni fin qui svolte, elabora un tuo commento della poesia di Magrelli in un discorso coerente e organizzato applicando le competenze di interpretazione di un testo letterario acquisite nel corso degli studi e nelle tue personali esperienze di lettore; puoi porre il componimento a confronto con la tradizione poetica italiana, ma anche riconoscere gli elementi di specificità propri di un'opera del nostro tempo.	• A partire dalle risposte alle domande di comprensione e analisi, rifletti sul valore simbolico rappresentato dalla tazza e dagli altri elementi chiave della poesia: il mosaico, la crepa, il temporale. • Analizza come vengono connotati questi elementi nel testo. • Qual è il soggetto delle frasi contenute nella prima strofa? E nella seconda? • Quali sono i tempi verbali utilizzati nella prima strofa? E nella seconda? • Noti un cambiamento di tono tra le due strofe? Concentrati sulle scelte lessicali e sulle connotazioni che comportano.

PER ESERCITARTI

In vista dell'esame ti suggeriamo altri ambiti di interpretazione e approfondimento a partire dal brano proposto.

- Come abbiamo visto, la poesia si concentra su un semplice oggetto di uso quotidiano – una tazza per la colazione – che acquista però un forte valore simbolico. L'interesse per gli oggetti di uso comune, soprattutto se rotti, vecchi, deteriorati, è un elemento ricorrente nella poesia di Magrelli; in un'altra poesia, sempre tratta dalla raccolta *Nature e venature* (*Amo i gesti imprecisi*), il poeta dichiara per esempio «L'oggetto intatto tace, non ha voce / ma solo movimento. Qui invece / ha ceduto il congegno, / il gioco delle parti, / un pezzo si separa, / si annuncia. / Dentro qualcosa balla.». Questa attenzione per oggetti comuni e familiari può essere ricondotta a una "poetica delle cose", secondo la definizione data dal critico Luciano Anceschi, che accomuna alcuni grandi poeti della letteratura italiana, come Pascoli, Gozzano e Montale. Sviluppa questo confronto utilizzando le conoscenze acquisite nei tuoi studi e facendo riferimento a testi che hai letto.
- I temi centrali della poesia di Magrelli sono la necessità di prendersi cura giorno per giorno delle relazioni per rimediare agli effetti dello scorrere del tempo e delle fratture che inevitabilmente accadono, ma anche la consapevolezza che le tracce di quel logoramento e di quelle lesioni segnano indelebilmente i rapporti. Condividi il punto di vista del poeta? Argomenta la tua opinione facendo riferimento alla tua esperienza personale.
- La poesia di Magrelli è tratta da una sezione intitolata *Clecsografie*. La clacsografia (o kleksografia) è una tecnica figurativa che consiste nello spruzzare macchie di inchiostro su un foglio, che viene poi piegato a metà; in questo modo le macchie imprimono sulle due metà del foglio delle tracce di colore speculari; nell'immagine così ottenuta è possibile riconoscere delle somiglianze con oggetti reali. Questa tecnica è stata inventata dal poeta e medico tedesco Justinus Kerner (1786-1862), che la usò per illustrare le sue raccolte poetiche. Le immagini ottenute con questa tecnica sono oggi utilizzate per un test psicologico, detto test di Rorschach, basato sulle interpretazioni delle immagini fornite dal paziente. Perché secondo te la poesia *Ricevo da te questa tazza* fa parte di questa sezione?

Giovanni Pascoli, *Il nunzio*

Questa lirica di Giovanni Pascoli (1855-1912) fu pubblicata la prima volta nell'edizione del 1897 di Myricae, *nella sezione* Dall'alba al tramonto.

Un murmure[1], un rombo[2]....

Son solo: ho la testa
confusa di tetri
pensieri. Mi desta
quel murmure ai vetri.
Che brontoli, o bombo[3]?

che nuove mi porti?

E cadono l'ore[4]
giù giù, con un lento
gocciare. Nel cuore
lontane risento
parole di morti....

Che brontoli, o bombo?

che avviene nel mondo?
Silenzio infinito.
Ma insiste profondo,
solingo[5] smarrito,
quel lugubre[6] rombo.

(G. Pascoli, *Myricae*, a cura di G. Borghello, Zanichelli, Bologna, 1996)

1. **murmure:** *mormorio* (latinismo).
2. **rombo:** intenso ronzio.
3. **bombo:** insetto appartenente al genere degli imenotteri, come le api, rispetto alle quali presenta un corpo più tozzo, bande colorate più larghe e un mantello peloso più pronunciato.
4. **cadono l'ore:** dal campanile, sotto forma di rintocchi.
5. **solingo:** *solitario*.
6. **lugubre:** *triste e funereo*.

TIPOLOGIA A
Analisi e interpretazione di un testo letterario italiano

PROVA GUIDATA

CONSEGNA

1. Comprensione del testo
Sintetizza il contenuto della poesia in un testo di circa 80 parole.

2. Analisi del testo

2.1 All'inizio del componimento il poeta si descrive «solo» (v. 2) e assediato da «tetri / pensieri» (vv. 3-4). A che cosa sta pensando? Perché prova questa cupa tristezza?

2.2 Chi è il «nunzio» che dà il titolo alla poesia? Di che cosa esso è messaggero? Motiva la tua risposta con puntuali riferimenti al testo.

2.3 Quali elementi fonosimbolici puoi individuare nel testo? Di quali connotazioni sono portatori?

3. Riflessioni e approfondimento
Sulla base delle osservazioni fin qui svolte e sulla base delle competenze di interpretazione e delle conoscenze relative all'opera e alla poetica di Pascoli, elabora un tuo commento del testo proposto che sviluppi in un discorso coerente e organizzato alcuni tra questi aspetti: il tema centrale della poesia, quello funebre; il valore simbolico del bombo; il tema del mistero, ricorrente nell'opera pascoliana; gli effetti sonori che caratterizzano questo componimento.
Sostieni le tue affermazioni con precisi riferimenti al testo.

GUIDA ALLO SVOLGIMENTO

Per ciascuno dei punti della traccia ti proponiamo alcuni suggerimenti operativi che potrebbero esserti utili per l'elaborazione complessiva del tuo testo.

1. Comprensione del testo	**Suggerimenti di metodo operativo**
Sintetizza il contenuto della poesia in un testo di circa 80 parole.	• Leggi attentamente il testo e verifica di aver compreso il significato letterale di ogni strofa. • Riassumi la poesia rispettando il limite di 80 parole.
2. Analisi del testo	**Suggerimenti di metodo operativo**
2.1 All'inizio del componimento il poeta si descrive «solo» (v. 2) e assediato da «tetri / pensieri» (vv. 3-4). A che cosa sta pensando? Perché prova questa cupa tristezza?	• Ricerca la risposta nel seguito della poesia, in particolare ai versi 10-12, dove si comprende che cosa turbi così profondamente il poeta. • Rifletti su come ciò si colleghi al contenuto complessivo della raccolta *Myricae* di cui questa poesia fa parte.
2.2 Chi è il «nunzio» che dà il titolo alla poesia? Di che cosa esso è messaggero? Motiva la tua risposta con puntuali riferimenti al testo.	• Quali elementi testuali consentono di identificare il «bombo» come nunzio? • Il poeta stabilisce una interlocuzione con l'insetto: in quali versi è espressa e come si caratterizza? Che cosa si aspetta da lui? • Come si risolve tale interlocuzione?
2.3 Quali elementi fonosimbolici puoi individuare nel testo? Di quali connotazioni sono portatori?	• Individua le allitterazioni presenti nel testo. • Individua le due parole onomatopeiche e osserva la posizione di rilievo occupata nel testo. • Quali suoni vocalici sono preponderanti? Quelli aperti, come la /a/, quelli chiusi, come la /u/? • Considera quali connotazioni questi effetti sonori conferiscono al testo, riflettendo sia sui suoni consonantici, sia su quelli vocalici.

3. Riflessioni e approfondimento	Suggerimenti di metodo operativo
Sulla base delle osservazioni fin qui svolte e sulla base delle competenze di interpretazione e delle conoscenze relative all'opera e alla poetica di Pascoli, elabora un tuo commento del testo proposto che sviluppi in un discorso coerente e organizzato alcuni tra questi aspetti: il tema centrale della poesia, quello funebre; il valore simbolico del «bombo»; il tema del mistero, ricorrente nell'opera pascoliana; gli effetti sonori che caratterizzano questo componimento. Sostieni le tue affermazioni con precisi riferimenti al testo.	• Individua in ogni strofa gli elementi testuali che possono essere ricondotti al motivo funebre e in generale all'ambito semantico della solitudine e della tristezza. • Osserva la messa a fuoco progressiva con cui viene presentato l'insetto: prima solo il ronzio, privo di altre connotazioni, poi viene esplicitato che si tratta di un bombo e alla fine del componimento viene connotato con un aggettivo importante per comprendere il valore simbolico dell'animale. • A partire dalla risposta data alla domanda, rifletti sulle sensazioni uditive, sulle figure di suono utilizzate dal poeta in questo testo e sui loro valori fonosimbolici, evidenziando come questo aspetto sia ricorrente nella poesia di Pascoli.

PER ESERCITARTI

In vista dell'esame ti suggeriamo altri ambiti di interpretazione e approfondimento a partire dal brano proposto.

- I legami tematici e retorico-stilistici tra questo testo e la raccolta *Myricae* da cui è tratto.
- La poesia è esempio dell'uso, da parte di Pascoli, di strumenti retorici fonici adottati in funzione simbolica. Questo elemento, insieme ad altri della poetica pascoliana, sono riconducibili al contesto culturale e letterario del simbolismo europeo.

Andrea Camilleri, da *Il birraio di Preston*

Il birraio di Preston *è uno dei primi romanzi di Andrea Camilleri (1925), scrittore siciliano divenuto ormai un "classico" della narrativa italiana contemporanea e noto al grande pubblico come autore della fortunata serie di gialli che hanno come protagonista il commissario Montalbano.*
*Quest'opera fa parte di una serie di romanzi storici ambientati da Camilleri nella Sicilia ottocentesca postunitaria e si ispira a un episodio realmente accaduto nel dicembre 1864 a Caltanissetta, riportato nell'*Inchiesta parlamentare sulle condizioni sociali ed economiche della Sicilia (1875-76).
La storia si svolge a Vigata, una piccola città di provincia immaginaria, e narra i tumulti scoppiati contro la decisione del prefetto di mettere in scena, in occasione dell'inaugurazione del teatro locale, un'opera lirica intitolata appunto Il birraio di Preston; *gli abitanti della cittadina interpretano infatti l'iniziativa come un'imposizione autoritaria del rappresentante del nuovo governo unitario.*
Nel brano proposto il prefetto Eugenio Bortuzzi, un fiorentino vacuo e compromissorio, è a colloquio con Emanuele Ferraguto detto don Memè, notabile e mafioso locale, per ottenerne la collaborazione al fine di tacitare, con mezzi più o meno leciti, il dissenso diffuso rispetto all'iniziativa teatrale.

«Siamo alle porte hoi sassi, 'arissimo[1]».
«Non capisco, Eccellenza[2]».
«È un modo di dire delle mie parti. Vuol signifi'are che oramai c'è pohissimo tempo. Doman l'altro, anzi fra tre giorni, l'opera va in scena. E io sono molto preoccupato».
Si abbandonarono a una pausa, taliandosi[3] occhio nell'occhio.
«Io, da nicareddro[4], giocavo coi comerdioni[5]» fece lento lento, rompendo il silenzio, Emanuele Ferraguto.
«Ah, sì?» disse tanticchia[6] disgustato il prefetto che s'immaginò i comerdioni come una specie di ragni pelosi e viscidi ai quali il bambino Ferraguto strappava le zampe una ad una[7].
«Sì» continuò Ferraguto. «Come li chiamate dalle parti vostre quei giochi che i picciliddri si fabbricano...».
«L'è un trastullo[8]?» l'interruppe il prefetto visibilmente sollevato.
«Sissignore. Si piglia un foglio di carta colorata, lo si taglia a forma, vi si incollano due stecche di canna con colla di farina... poi si mandano in aria attaccati a una cordicella».
«Ho capito! I cervi volanti! Gli aquiloni!» esclamò Sua Eccellenza.
«Gli aquiloni, sissignore. Ci giocavo dalle parti di Punta Raisi[9], vicino a Palermo. Conosce il posto?».
«Che domande, Ferraguto! Voi sapete benissimo che io non amo uscire da 'asa. La Sicilia la honosco bene sulle figurine! Meglio che andarci di persona».

1. **Siamo ... 'arissimo:** a pronunciare questa prima battuta è il prefetto, cavaliere dottore Eugenio Bortuzzi (deformazione di Fortuzzi, vero nome del protagonista dell'episodio storico a cui Camilleri si rifà), al quale l'autore attribuisce la tipica parlata toscana trascrivendo le "c" aspirate con "h" o con elisione (come risulta evidente in tutto il dialogo); quindi «hoi» è la trascrizione di *coi* e «'arissimo» sta per *carissimo*.
2. **Non ... Eccellenza:** a rispondere con questa deferenza è Emanuele Ferraguto, detto anche "don Memè" o "u zu Memè", un mafioso locale che spadroneggia in paese e che risponde ai livelli più alti dell'organizzazione criminale.
3. **taliandosi:** *guardandosi* (da *taliàre*, "guardare", da cui anche *taliàta*, "sguardo").
4. **nicareddro:** *piccolino* (da nico, "piccolo"); vedi più avanti *picciliddri* (r. 10), "bambini".
5. **comerdioni:** come viene spiegato subito dopo, sono gli aquiloni.
6. **tanticchia:** *un poco*.
7. **il bambino ... una:** il sadismo dell'immagine si spiega con quanto appreso dalla lettura delle pagine precedenti, in cui è narrata la terribile vendetta di don Memè contro gli assassini del figlio.
8. **trastullo:** *gioco* (toscanismo).
9. **Punta Raisi:** frazione di Cinisi, in provincia di Palermo.

«Per i comerdioni è un posto negato, Punta Raisi. Certe volte non c'era vento e non c'erano le umane e divine cose per farli alzare. Certe volte immeci[10] vento ce n'era ma il comerdione, appena in volo, incocciava una manata di corrente forte che lo faceva capozziare[11] e poi lo mandava a sbattere sui rami degli alberi. Io mi ci incaponivo. Ma sbagliavo, stavo in errore. Mi sono spiegato?».

Sua Eccellenza rimase fulminato dalla domanda improvvisa. Che [...] c'era da capire in quella storia di aquiloni e di venti contrari?

«No, non si è spiegato».

«Sempre una testa di minchia fiorentina è» pensò Ferraguto e di conseguenza rivotò[12] la domanda.

«Vostra Eccellenza mi permette di parlare latino?».

Il prefetto si sentì bagnare la schiena da un rivolo di sudore. Fin dal momento che si era imbattuto in rosa-rosae[13] aveva capito che quella era la sua vestia[14] nera.

«Ferraguto, in honfidenza, a scuola non ero mi'a bravo».

Don Memè allargò il sorriso leggendario[15].

«Ma che ha capito, Eccellenza? Da noi, in Sicilia, parlare latino significa parlare chiaro».

«E quando volete parlate oscuro?».

«Parliamo in siciliano, Eccellenza».

«Vada avanti in latino».

«Eccellenza, perché s'intesta a voler fare alzare questo comerdione del *Birraio*[16] proprio a Vigàta dove ci sono venti contrari? Mi creda, da amico quale mi onoro, che non è cosa».

Finalmente il prefetto agguantò la metafora.

«A Vigàta, hosa o non hosa[17], devono fare quello che ordino io, quello che diho e homando io. *Il Birraio di Preston* sarà rappresentato e avrà il successo che merita»

«Eccellenza, posso parlare spartano?»

«O che vuol dire?».

«Spartano vuol dire parlare con parole vastase[18]. Mi spiega per quale amatissima minchia lei è amminchiato a imporre ai vigatesi la rapprisintazione di un'opera che i vigatesi non si vogliono agliuttìri[19]? Voscenza[20] vuole forse fare succedere un quarantotto[21], una rivoluzione?».

(A. Camilleri, *Il birraio di Preston*, Sellerio editore, Palermo 1995)

10. immeci: *invece.*
11. capozziare: *precipitare.*
12. rivotò: *rivoltò, ripeté.*
13. rosa-rosae: è l'inizio della prima declinazione latina, che indica per antonomasia lo studio dei primi rudimenti della grammatica latina.
14. vestia: *bestia.*
15. sorriso leggendario: l'autore insiste in più passi sul "largo sorriso" sempre stampato sul volto di don Memè.
16. *Birraio*: *Il birraio di Preston* è un'opera lirica veramente esistita: musica di Luigi Ricci, libretto di Francesco Guidi, fu rappresentata per la prima volta al Teatro della Pergola di Firenze (dove forse il prefetto Fortuzzi l'aveva vista) il 4 febbraio 1847.
17. hosa o non hosa: *cosa o non cosa*, in un modo o in un altro, per forza.
18. vastase: *volgari*; in effetti don Memè prosegue pronunciando parole **vastase** in siciliano.
19. agliuttìri: *inghiottire.*
20. Voscenza: *Vostra Eccellenza.*
21. quarantotto: indica l'anno 1848, con riferimento storico ai profondi rivolgimenti politici, nazionali e sociali, determinatisi in quel periodo in Italia e in Europa; per estensione significa "rivoluzione", come subito spiegato.

TIPOLOGIA A
Analisi e interpretazione di un testo letterario italiano

PROVA GUIDATA

CONSEGNA

1. Comprensione del testo
Riassumi il contenuto del brano proposto in un testo di circa 80-100 parole.

2. Analisi del testo

2.1 Analizza il dialogo tra il prefetto e don Memè, individuando gli elementi che consentono di comprendere le rispettive personalità e mentalità e il rapporto tra loro instaurato.

2.2 Larga parte del testo in esame è occupata dall'episodio dei «comerdioni» (rr. 6-24) narrato da don Memè. Perché? Quale significato assume nel brano?

2.3 Larga parte del testo in esame è occupata dall'episodio dei «comerdioni» (rr. 6-24) narrato da don Memè. Perché? Quale significato assume nel brano?

3. Riflessioni e approfondimento
Sulla base delle tue competenze di analisi di un testo letterario e delle conoscenze relative al periodo storico in cui è ambientato il romanzo, elabora una tua interpretazione del testo di Camilleri che sviluppi in un testo coerente e organizzato i seguenti aspetti: la caratterizzazione dei due personaggi; il rapporto tra di loro, rappresentativo della situazione politico-sociale del tempo. Approfondisci anche il tema della lingua, sia a livello formale per gli effetti espressivi ottenuti dall'autore attraverso precise scelte stilistiche, sia a livello tematico, in cui l'incomunicabilità tra i due personaggi sembra alludere alla mancanza di un'unità linguistica, sociale e politica che caratterizza l'Italia postunitaria.

GUIDA ALLO SVOLGIMENTO

Per ciascuno dei punti della traccia ti proponiamo alcuni suggerimenti operativi che potrebbero esserti utili per l'elaborazione complessiva del tuo testo.

1. Comprensione del testo	**Suggerimenti di metodo operativo**
Riassumi il contenuto del brano proposto in un testo di circa 80-100 parole.	• Individua il tema centrale del discorso di Ferraguto, esemplificato dalla metafora dell'aquilone, e indica qual è la reazione del prefetto. • Nel riassunto fai riferimento alle informazioni contenute nell'introduzione e nelle note al brano utili per identificare i personaggi. • Il riassunto non deve contenere espressioni dialettali né riportare dialoghi diretti e deve rispettare il numero di parole indicato.
2. Analisi del testo	**Suggerimenti di metodo operativo**
2.1 Analizza il dialogo tra il prefetto e don Memè, individuando gli elementi che consentono di comprendere le rispettive personalità e mentalità e il rapporto tra loro instaurato.	• Rifletti sui seguenti aspetti: il prefetto appare adeguato al suo ruolo istituzionale? Quale atteggiamento mostra don Memè nei suoi confronti (di sussiego, di sudditanza, di confidenza o di altro tipo)? Come si presenta il rapporto di potere tra di loro, paritetico o squilibrato? • Sulla base delle riflessioni fatte su questi aspetti, svolgi l'esercizio sostenendo la tua analisi con puntuali riferimenti al testo.

2.2 Larga parte del testo in esame è occupata dall'episodio dei «comerdioni» (rr. 6-24) narrato da don Memè. Perché? Quale significato assume nel brano?	• Analizza l'episodio dei «comerdioni»: quali elementi mette in rilievo don Memè? Quale giudizio dà don Memè del suo atteggiamento infantile? • Quali sono gli elementi in comune tra il gioco e la situazione legata all'allestimento teatrale? • Qual è il consiglio che don Memè intende rivolgere al prefetto raccontando quell'episodio?
2.3 Don Memè dà il proprio consiglio al prefetto in tre forme diverse. Quali? Perché possiamo dire che questi tre modi si succedono in una sorta di *climax*? Quale si rivela più efficace?	• Individua nel testo le tre volte in cui don Memè cerca di dare il proprio consiglio al prefetto e le corrispettive reazioni del suo interlocutore. • Che cosa significano le espressioni "lingua latina" e "lingua spartana" utilizzate da don Memè? • Quali aspetti linguistici caratterizzano i tre momenti? Rifletti sugli artifici retorici utilizzati, sul registro e sulle scelte lessicali.
3. Riflessioni e approfondimento	**Suggerimenti di metodo operativo**
Sulla base delle tue competenze di analisi di un testo letterario e delle conoscenze relative al periodo storico in cui è ambientato il romanzo, elabora una tua interpretazione del testo di Camilleri che sviluppi in un testo coerente e organizzato i seguenti aspetti: la caratterizzazione dei due personaggi; il rapporto tra di loro, rappresentativo della situazione politico-sociale del tempo. Approfondisci anche il tema della lingua, sia a livello formale per gli effetti espressivi ottenuti dall'autore attraverso precise scelte stilistiche, sia a livello tematico, in cui l'incomunicabilità tra i due personaggi sembra alludere alla mancanza di un'unità linguistica, sociale e politica che caratterizza l'Italia postunitaria.	• Rintraccia nel testo gli elementi che consentono di individuare il carattere dei due personaggi, l'opinione che don Memè ha del prefetto, i limiti del prefetto relativi alle sue competenze e alla sua capacità di comprendere la situazione in cui si trova. • Facendo riferimento ai ruoli sociali e istituzionali dei due personaggi e alle loro diverse origini, spiega perché il loro rapporto può essere letto anche in relazione al contesto politico e sociale dell'Italia postunitaria. • Sviluppa il tema della lingua in questo brano di Camilleri, facendo riferimento al contesto storico, sociale e linguistico in cui è ambientato il romanzo e tenendo conto della caratterizzazione linguistica dei due personaggi.

PER ESERCITARTI

In vista dell'esame ti suggeriamo altri ambiti di interpretazione e approfondimento a partire dal brano proposto.

- Questo brano è un esempio di quella che Camilleri chiama lingua «mescidata», ovvero una lingua che mescola e rielabora lingua e dialetti, linguaggi settoriali, gerghi, registri e varietà linguistiche legate al periodo storico. In questo senso lo si può considerare come un esponente del plurilinguismo, cioè di quel filone, riconosciuto e studiato dal critico Gianfranco Contini, che percorre tutta la letteratura italiana, da Dante e Guittone d'Arezzo fino a Gadda e oltre, caratterizzato dall'uso di una lingua letteraria in cui si alternano stili e registri diversi, incluso lo stile "basso" e popolare, per ottenere precisi effetti espressivi.
- Uno dei temi principali di questo brano, come di molte altre opere di Camilleri, è quello dell'arroganza del potere. Facendo riferimento alle tue conoscenze, alle tue esperienze, alle tue letture e a film che hai visto, sviluppa una riflessione su questa tema e confronta la tua posizione con quella dello scrittore siciliano.

Lia Levi, da *Questa sera è già domani*

Lia Levi nasce nel 1931 da una famiglia di origine ebraica; da bambina ha vissuto gli orrori della guerra e delle persecuzioni razziali, riuscendo a salvarsi nascondendosi presso il collegio romano delle Suore di San Giuseppe di Chambéry. È autrice di numerosi romanzi per adulti e per ragazzi.
Il passo che segue è costituito dall'incipit del capitolo 13 del romanzo Questa sera è già domani, *vincitore del Premio Strega Giovani del 2018 e finalista nella cinquina del Premio Strega dello stesso anno. Ispirato alle vere vicende del marito dell'autrice, che nel romanzo è il protagonista Alessandro Rimon, un ragazzo molto intelligente e maturo, è la storia di una famiglia ebrea di Genova, la cui normalità è sconvolta dalle leggi razziali nel 1938 e che è costretta dalla persecuzione nazifascista a scappare, tentando un rifugio altrove.*
La scena qui riportata è ambientata nell'estate del 1938, quando la pubblicazione sul "Giornale d'Italia" *del "manifesto della razza" annunciava i provvedimenti del governo fascista che di lì a pochi giorni sarebbero stati emanati.*

«Insomma, ragioniamo un momento. Non si può dire che la stampa si sia proprio buttata su questa novità di un manifesto razzista[1]. Notizie brevi, secche, prudenti».

Osvaldo[2] continuava a seguire una sua propria logica, ma il tono non era più quello del passato. Sembrava uno scolaro che si arrabatta durante l'interrogazione. Se questa nuova smargiassata fosse finita ancora una volta nel nulla, i giornali si sarebbero trovati spiazzati. Meglio la cautela, no? Il più popolare quotidiano romano aveva messo come titolo solo "Una nota del Popolo d'Italia", il giornale di Mussolini. Questo la diceva lunga. Si trattava certo di formulazioni astratte, esplorative. Lo "scolaro" si era però dimenticato di leggere una notizia di cinque righe: l'Ufficio demografico del ministero dell'Interno si era silenziosamente trasformato in Direzione per la demografia e razza[3]. Ma era accaduto nel regnicolo oscuro della burocrazia, per questo non ci avevano fatto caso. Mai come in quel momento Osvaldo aveva aspettato con tanta irrequietezza il foglio dell'Informazione diplomatica che il solito cliente gli consegnava con una inutile aria di complicità[4]. Tutto sarebbe stato finalmente chiarito, spiegato nei suoi risvolti reali.

Era arrivato in casa dei cognati sventolando il foglio come se fosse un messo comunale. Disse solo: «Ascoltate: "Molte delle impressioni estere sul razzismo italiano sono dettate da una superficiale cognizione dei fatti e malafede..."». Gli ebrei dovevano smettere di lamentarsi. La verità era questa: "Il governo fascista non ha alcuno speciale piano persecutorio contro gli ebrei in quanto tali. Discriminare non significa perseguitare". L'ultima frase Osvaldo l'aveva quasi declamata.

Le due sorelle si erano guardate, poi Wanda aveva chiesto al marito con una specie di tono fra l'intimidito e l'adorante: «Cosa vuol dire?».

1. manifesto razzista: il 5 agosto 1938 sulla rivista "La difesa della razza" era stato pubblicato il *Manifesto degli scienziati razzisti* o *Manifesto della Razza*, già comparso a luglio in forma anonima sul "Giornale d'Italia". Era l'anticipazione – e la giustificazione "teorica" – delle ormai prossime leggi razziali: del 5 settembre è il primo decreto che escludeva gli ebrei dalle scuole, cui sarebbero seguiti in rapida sequenza gli altri con cui venivano loro negati tutti i diritti politici e civili.

2. Osvaldo: commerciante livornese, è lo zio di Alessandro; è marito adorato di Wanda, la quale è sorella di Emilia, madre di Alessandro, donna anaffettiva e di cattivo carattere; il padre è Marc, commerciante in diamanti, belga di nascita, con passaporto inglese.

3. Direzione per la demografia e razza: istituita il 17 luglio 1938, subentrando all'Ufficio centrale demografico, svolgeva tutti i compiti relativi allo studio e all'attuazione dei provvedimenti attinenti alla "razza", come il censimento degli ebrei e la concessione o negazione di nazionalità e cittadinanza.

4. il foglio ... complicità: lo zio Osvaldo si vantava di ricevere da un suo cliente, genericamente definito "diplomatico", notizie riservate che trasmetteva ai famigliari.

«Be'» si affannava Osvaldo, «vuol dire che se qualcuno si trova a casa tua, hai per lo meno diritto di sapere chi è e cosa fa. Ma questo non significa essere ostile nei suoi confronti».

Marc aveva simulato un silenzioso battito di mani e con quella sua voce, e un sorriso a mezz'aria, aveva solo mormorato: «Bravo! Sei proprio entrato in pieno nella loro mentalità».

«Spiegare non vuol dire condividere». Osvaldo aveva risposto risentito, accentuando il tono declamatorio.

«Ancora più bravo! Hai anche fatto tuo il loro modo di esprimersi».

Osvaldo si era alzato dalla sedia come una furia. «Ma perché, perché? Tu, con quel tuo piglio sempre a modino, non mi consenti mai di comportarmi da livornese!».

Marc lo guardò. Non aveva capito.

«Non mi è concesso di urlare, di battere i pugni, magari di fartene arrivare uno proprio sul naso».

«Dammelo questo pugno, ti prego. Con un patto scaramantico, però: che sia l'unica cosa violenta che capiterà di questi tempi a un ebreo in Italia».

«Ma smettila!». Osvaldo era un po' pentito. «Tu e la tua mitezza testarda, non vi sopporto. Mi hai dato del fascista» e si massaggiava la mano come se il pugno l'avesse dato per davvero. Poi sorrise e mormorò come fra sé l'antico proverbio ebraico: «Meglio uno schiaffo da un saggio che un bacio da uno sciocco», ma si trovò confuso. Non aveva capito in quale delle due categorie collocarsi.

Emilia stava guardando suo marito con ferocia, era del tutto schierata con il cognato. Alessandro ascoltava.

(L. Levi, *Questa sera è già domani*, edizioni e/o, Roma 2018)

CONSEGNA

1. Comprensione del testo
Riassumi in non più di 150-200 parole la scena qui narrata.

2. Analisi del testo
2.1 Il passo ha un andamento narrativo unitario oppure vi riconosci un'articolazione in più parti? Le vicende scorrono tutte sullo stesso piano o vi si può notare una sorta di *climax*?

2.2 Osserva le tecniche narrative adottate in questo passo e rileva quali differenze emergano nelle diverse parti in cui il testo si articola.

2.3 I caratteri dei personaggi appaiono ben delineati: come definiresti, in primo luogo, i due cognati? Le parole e gli atteggiamenti delle sorelle sono appena accennati, tuttavia piuttosto esplicativi del loro carattere.

2.4 Analizza le diverse reazioni dei personaggi alla pubblicazione del *Manifesto della razza*, le diverse valutazioni sulla situazione politica vissuta, esemplificative di due diverse reazioni degli ebrei italiani di fronte all'*escalation* razzista del governo fascista.

3. Riflessioni e approfondimento
Traendo spunto dal testo proposto rifletti sul tema del rapporto tra vicende personali e vicende storiche e su quanto la nostra vita quotidiana possa essere influenzata dai grandi eventi, in particolare quando questi si configurano come enormi tragedie collettive.

TIPOLOGIA A
Analisi e interpretazione di un testo letterario italiano

PROVA GUIDATA

GUIDA ALLO SVOLGIMENTO

Per ciascuno dei punti della traccia ti proponiamo alcuni suggerimenti operativi che potrebbero esserti utili per l'elaborazione complessiva del tuo testo.

1. Comprensione del testo	**Suggerimenti di metodo operativo**
Riassumi in non più di 150-200 parole la scena qui narrata.	Puoi rappresentarla come se fosse lo schema di una sceneggiatura televisiva o cinematografica: indica ambiente di svolgimento dell'azione, personaggi presenti, sintetizza il contenuto dei dialoghi e definisci l'atteggiamento di ciascuno.
2. Analisi del testo	**Suggerimenti di metodo operativo**
2.1 Il passo ha un andamento narrativo unitario oppure vi riconosci un'articolazione in più parti? Le vicende scorrono tutte sullo stesso piano o vi si può notare una sorta di *climax*?	• Il passo può essere distinto in due parti principali: la prima occupata da Osvaldo; la successiva con il vivace botta e risposta tra questi e suo cognato. Metti in evidenza le diverse caratteristiche narrative di queste due parti. • Nell'insieme cogli una struttura simmetrica del passo? La narrazione sembra progredire in un crescendo di eccitazione: essa coinvolge allo stesso modo tutti i presenti?
2.2 Osserva le tecniche narrative adottate in questo passo e rileva quali differenze emergano nelle diverse parti in cui il testo si articola.	• Nel testo si alternano parti espositive, discorso diretto e discorso indiretto libero: riconosci queste diverse tecniche ed eventualmente citane alcune. • Trovi corrispondenza tra le differenti tecniche e l'articolazione strutturale del testo? • A quali personaggi ciascuna delle tre tecniche è soprattutto applicata? • Che cosa si è prefissa l'autrice con tali scelte?
2.3 I caratteri dei personaggi appaiono ben delineati: come definiresti, in primo luogo, i due cognati? Le parole e gli atteggiamenti delle sorelle sono appena accennati, tuttavia piuttosto esplicativi del loro carattere.	• I caratteri dei due cognati appaiono molto diversi: da quali elementi della narrazione emerge questa diversità? • Quanto alle due sorelle, in questo passo esse sono rappresentate non come figure autonome ma solo in relazione ai loro mariti: quale rapporto affettivo risulta all'interno delle due coppie?
2.4 Analizza le diverse reazioni dei personaggi alla pubblicazione del *Manifesto della razza*, le diverse valutazioni sulla situazione politica vissuta, esemplificative di due diverse reazioni degli ebrei italiani di fronte all'*escalation* razzista del governo fascista.	• Prova a definire la reazione dei personaggi in riferimento alle tecniche narrative avanzate, alle diverse sequenze narrative e ai caratteri dei personaggi. • Rifletti sugli atteggiamenti dei due cognati che rappresentano le diverse reazioni degli ebrei italiani di fronte alle leggi razziali: di chi, sentendosi italiano a pieno titolo, rimane incredulo dell'enormità di tali provvedimenti e adotta strategie psicologiche di negazione, e di chi, invece, è consapevole della realtà e ne valuta i terribili rischi incombenti.
3. Riflessioni e approfondimento	**Suggerimenti di metodo operativo**
Traendo spunto dal testo proposto rifletti sul tema del rapporto tra vicende personali e vicende storiche e su quanto la nostra vita quotidiana possa essere influenzata dai grandi eventi, in particolare quando questi si configurano come enormi tragedie collettive.	Riporta alla mente le tue conoscenze riguardo al periodo storico in cui è ambientato il romanzo, in particolare alla pubblicazione del *Manifesto della razza* del 1938 e alle sue conseguenze.

PER ESERCITARTI

In vista dell'esame ti suggeriamo altri ambiti di interpretazione e approfondimento a partire dal brano proposto.

- Soffermati e rifletti sulla frase «Discriminare non significa perseguitare» (rr. 17-18) che, nella foga del discorso, Osvaldo assume come argomentazione a favore della sua tesi giustificazionista. È vero che discriminare non significa perseguitare? Conosci, sulla base dell'osservazione della tua esperienza personale, o delle vicende dell'attualità, casi di discriminazione? Se sì, di che genere? Li ritieni giustificati o giustificabili?
- Come commenti il fatto che il Premio Strega Giovani 2018 sia stato assegnato proprio a questo romanzo? Tieni presente che la giuria è composta da ragazze e ragazzi di età compresa tra i 16 e i 18 anni, in rappresentanza di circa 55 licei e istituti tecnici diffusi su tutto il territorio italiano e all'estero, i quali avevano letto le undici opere concorrenti al Premio Strega 2018 e inviato il loro voto individualmente.

Alda Merini, *Pensiero, io non ho più parole*

*Alda Merini (1931- 2009) nasce a Milano e i suoi primi componimenti poetici sono pubblicati già nel 1950 nell'*Antologia della poesia italiana contemporanea, dal 1909 al 1949*. Questa poesia fa parte della raccolta* La Terra Santa*: scritta dopo l'uscita da uno dei frequenti ricoveri in ospedale psichiatrico, contiene quaranta liriche selezionate, tra le numerosissime composte anche a scopo terapeutico, dalla curatrice Maria Corti e pubblicate nel 1984 dall'editore Scheiwiller di Milano. Tale pubblicazione rende ufficiale il riconoscimento di un valore poetico che fino a quel momento era stato considerato con indifferenza da parte di critici e case editrici (disinteresse che fu una delle cause delle crisi di depressione della poetessa), e che sarà sancito anche dal Premio Librex-Guggenheim «Eugenio Montale» vinto proprio da questa raccolta nel 1993.*

Pensiero io non ho più parole,
ma cosa sei tu in sostanza?
qualcosa che lacrima a volte,
e a volte dà luce...
Pensiero dove hai le radici?
nella mia anima folle
o nel mio grembo distrutto?
sei così ardito vorace
consumi ogni distanza;
dimmi che io mi ritorca[1]
come ha già fatto Orfeo
guardando la sua Euridice[2],
e così possa perderti
nell'antro della follia.

(A, Merini, *La Terra Santa*,
in *Fiore di poesia, 1951-1997*,
a cura di M. Corti, Einaudi, Torino 2014)

1. **mi ritorca:** *mi volti.*
2. **Orfeo ... Euridice:** personaggi del mito greco. Orfeo, poeta e cantore, ottiene da Plutone e Proserpina, sovrani dell'Ade, il privilegio di condurre la sua sposa fuori dagli Inferi; il cantore tuttavia non rispetta il divieto degli dèi e prima di giungere alla luce si volta per guardare l'amata, perdendola per sempre.

CONSEGNA

1. Comprensione del testo
Esegui la parafrasi del testo, trasformando il discorso diretto che l'autrice rivolge al proprio pensiero in discorso indiretto.

2. Analisi del testo
- 2.1 La poesia consiste in un dialogo, che può essere suddiviso in due parti: individuale. Ci sono differenze tematiche e linguistiche tra esse?
- 2.2 Che cosa rappresenta il "pensiero" a cui la poetessa si rivolge?
- 2.3 Quale relazione si può riconoscere tra il tema della poesia e il mito di Orfeo ed Euridice? La poetessa ne dà un'interpretazione originale e personale, oppure si rifà alla tradizione?

3. Riflessioni e approfondimento
Traendo spunto dal brano proposto analizza il tema del disagio mentale e dei tentativi del suo superamento in relazione anche alla vicenda biografica della poetessa.

GUIDA ALLO SVOLGIMENTO

Per ciascuno dei punti della traccia ti proponiamo alcuni suggerimenti operativi che potrebbero esserti utili per l'elaborazione complessiva del tuo testo.

1. Comprensione del testo	**Suggerimenti di metodo operativo**
Esegui la parafrasi del testo, trasformando il discorso diretto che l'autrice rivolge al proprio pensiero in discorso indiretto.	• Riconosci la situazione generale rappresentata nella poesia. • Individua gli snodi testuali e collegali con opportuni nessi logici di coerenza. • Ripeti i contenuti del testo senza trascurarne alcuno e senza aggiungerne di nuovi, se non eventuali sintetiche espansioni di concetti poco chiari.
2. Analisi del testo	**Suggerimenti di metodo operativo**
2.1 La poesia consiste in un dialogo, che può essere suddiviso in due parti: individuale. Ci sono differenze tematiche e linguistiche tra esse?	• Tra chi avviene il dialogo nella poesia? • Pur non essendo la lirica suddivisa in strofe, puoi riconoscere delle articolazioni interne? In base a quali criteri? • Riconosci pronomi personali? In che modo si relazionano? • Analizza anche le forme verbali.
2.2 Che cosa rappresenta il "pensiero" a cui la poetessa si rivolge?	• Con quali parole la poetessa qualifica il "pensiero"? • A quali aree semantiche appartengono? • Quali parole qualificano, in contrapposizione al tu-pensiero, l'io-poetessa? • Che immagine complessiva ne suggeriscono?
2.3 Quale relazione si può riconoscere tra il tema della poesia e il mito di Orfeo ed Euridice? La poetessa ne dà un'interpretazione originale e personale, oppure si rifà alla tradizione?	Quali elementi del mito sono ripresi in questa poesia? Con chi o che cosa possono essere identificati i due personaggi mitologici? In che modo questo riferimento, citato nell'ultima parte della poesia, si collega a quanto espresso nella prima parte?

CONSEGNA

1. Comprensione del testo

Riassumi il brano in non più di 50 parole.

2. Analisi del testo

2.1 L'*incipit* di questo capitolo è esempio della tecnica narrativa detta della regressione, propria di Verga, in particolare ne *I Malavoglia*. Riconosci nel testo le caratteristiche di tale tecnica.

2.2 Quali indicazioni sul tempo in cui è ambientata la vicenda vengono date? Come viene descritto il paesaggio? Si può parlare di spazio e tempo simbolico?

3. Riflessioni e commento

Traendo spunto del testo proposto rifletti sulla capacità di Verga di immettere il lettore nel "mondo" del suo romanzo grazie alle originali tecniche narrative da lui adottate.

PER ESERCITARTI

In vista dell'esame ti suggeriamo altri ambiti di interpretazione e approfondimento a partire dal brano proposto.

- Imposta un confronto tra la narrazione verghiana e quella del romanzo manzoniano, che evidenzi il rapporto tra scelte narrative e sistema ideologico complessivo.
- Nelle pagine successive a questo brano sono costantemente evidenziate le conseguenze economiche del naufragio, come se la sorte del carico di lupini contasse di più delle stesse vite umane. Nell'universo di Verga sembra quasi che non ci sia spazio per i sentimenti, tanto è prevaricante la preoccupazione economica. È una riflessione che ti senti di condividere e che puoi ricondurre a realtà anche attuali?

Giovanni Pascoli, *La tovaglia*

Giovanni Pascoli (1855-1912) è un poeta dalla spiccata sensibilità, maturata anche in seguito alle tragedie familiari, prima fra tutte la morte del padre il 10 agosto 1867 assassinato da ignoti. Nella raccolta Canti di Castelvecchio *(1903) il poeta riporta immagini della vita campestre associate ai ricordi dolorosi della sua vita. In questa lirica Pascoli recupera un'antica credenza romagnola secondo cui, se la sera dopocena non si sparecchia la tavola, «vengono i morti» e rimangono seduti tutta la notte intorno alla mensa. Ma la sorella deliberatamente lascia la tavola apparecchiata, per richiamare i propri cari scomparsi che, puntuali arrivano, sforzandosi, con dolore, di ricordare il proprio passato.*

Le dicevano: — Bambina!
che tu non lasci mai stesa,
dalla sera alla mattina,
ma porta dove l'hai presa,
la tovaglia bianca, appena
ch'è terminata la cena!
Bada, che vengono i morti!
i tristi, i pallidi morti!

Entrano, ansimano muti.
Ognuno è tanto mai[1] stanco!
E si fermano seduti
la notte attorno a quel bianco[2].
Stanno lì sino al domani,
col capo tra le due mani,
senza che nulla si senta,
sotto la lampada spenta.

È già grande la bambina;
la casa regge, e lavora:
fa il bucato e la cucina,
fa tutto al modo d'allora.
Pensa a tutto, ma non pensa
a sparecchiare la mensa.
Lascia che vengano i morti,
i buoni, i poveri morti.

1. **mai:** rafforzativo.
2. **quel bianco:** la tovaglia.

Oh! la notte nera nera,
di vento, d'acqua, di neve,
lascia ch'entrino da sera,
col loro anelito lieve;
che alla mensa torno torno
riposino fino a giorno,
cercando fatti lontani
col capo tra le due mani.

Dalla sera alla mattina,
cercando cose lontane,
stanno fissi, a fronte china,
su qualche bricia[3] di pane,
e volendo ricordare,
bevono lagrime amare.
Oh! non ricordano i morti,
i cari, i cari suoi morti!

— Pane, sì... pane si chiama,
che noi spezzammo concordi:
ricordate?... È tela, a dama[4]:
ce n'era tanta: ricordi?...
Queste?... Queste sono due,
come le vostre e le tue[5],
due nostre lagrime amare
cadute nel ricordare! —

(G. Pascoli, *Canti di Castelvecchio*, a cura di N. Ebani, La Nuova Italia, Firenze 2001)

3. bricia: *briciola*.
4. a dama: con il disegno, o l'ordito, a scacchi.
5. le vostre e le tue: di voi vivi e di te poeta.

CONSEGNA

1. Comprensione del testo

Sintetizza il contenuto della poesia in circa 80 parole.

2. Analisi del testo

2.1 Analizza la struttura della poesia e riconosci le due parti in cui si articola; individua quindi le corrispondenze e le differenze tra esse.

2.2 I morti, che costituiscono una presenza costante nella poesia di Pascoli, sono i protagonisti anche di questa lirica. Come li rappresenta il poeta? In che relazione stanno con i vivi?

2.3 Altro tema fondamentale nella produzione di Pascoli è quello del ricordo, presente in particolare nelle ultime due strofe. Quale funzione assume in questa poesia il "ricordare"? Quali sensazioni provoca?

3. Riflessioni e approfondimento

Trendo spunto dal testo proposto illustra il tema, tipicamente pascoliano, del ricordo e del rapporto tra vivi e defunti, collegandolo al complesso della sua produzione, alla sua elaborazione teorica e al contesto culturale del periodo.

PER ESERCITARTI

In vista dell'esame ti suggeriamo altri ambiti di interpretazione e approfondimento a partire dal brano proposto.

- Nello svolgersi della vicenda rappresentata nella poesia, fino alla conclusione, la presenza dei morti sulla scena è un modo di confermare la veridicità della credenza popolare in una situazione concreta, articolata in azioni, parole, gesti, espressione di sentimenti. In questo modo Pascoli dimostra di aderire alla cultura contadina, vista come la più vicina alle leggi di natura, adottandone usi e credenze; l'elemento folclorico può essere inoltre associato alle scoperte del fanciullino, rintracciando la presenza di una specie di fanciullino collettivo nella ripresa di riti e tradizioni popolari.
- Puoi sviluppare un confronto tra gli elementi di cultura contadina testimoniati da Pascoli e le credenze diffuse in tutto il mondo, relative ai morti che tornano sulla terra, che rivelano un'"affinità" antropologica tra le culture popolari. Tra le feste più celebri che si basano su tali credenze si citano: Halloween, festa celtica giunta negli Stati Uniti (e in tutto il mondo), il *Dia de los Muertos* in Messico, di origine azteca, la festa dei fantasmi affamati a Singapore, fino all'Ognissanti cattolico.

TIPOLOGIA A

Analisi e interpretazione di un testo letterario italiano

Gabriele d'Annunzio, *La sabbia del tempo*

Questa breve poesia fa parte della raccolta Alcyone *pubblicata da Gabriele d'Annunzio (1863-1938) nel 1903, diario mitico e lirico di un'estate trascorsa sulle rive del mare, a contatto con la natura. Alla fine dell'estate con le prime avvisaglie dell'autunno, segno del tempo che scorre inesorabilmente come la sabbia dal cavo della mano, sono dedicati i* Madrigali dell'estate, *uno dei quali è appunto* La sabbia del tempo.

Come[1] scorrea la calda sabbia lieve
per entro il cavo della mano in ozio,
il cor sentì che il giorno era più breve.

E un'ansia repentina il cor m'assalse[2]
per l'appressar dell'umido equinozio[3]
che offusca l'oro delle piagge salse.

Alla sabbia del Tempo urna la mano
era[4], clessidra il cor mio palpitante,
l'ombra crescente d'ogni stelo vano[5]
quasi ombra d'ago in tacito quadrante[6].

(G. d'Annunzio, *La sabbia del tempo*,
in *Versi d'amore e di gloria*,
Mondadori, Milano 1984)

1. Come: *mentre.*
2. il cor m'assalse: *assalì il mio cuore.*
3. umido equinozio: l'equinozio è detto **umido** perché prelude alle piogge autunnali.
4. urna … era: la mano del poeta è come un'urna, un vaso funerario.
5. vano: *esile.*
6. ago in tacito quadrante: la meridiana, o quadrante solare, non essendo mosso da meccanismi, e quindi non producendo alcun rumore, è qui definito **tacito**.

CONSEGNA

1. Comprensione del testo
Sintetizza la situazione rappresentata nella poesia in un testo di massimo 60-70 parole.

2. Analisi del testo

2.1 Analizza il titolo sia dal punto di vista formale sia da quello del significato. A quale immagine concreta rimanda la "sabbia"? A quale corrispondenza simbolica rimanda l'associazione di tale parola con il "tempo"?

2.2 Analizza la poesia strofa per strofa: su quale motivo è focalizzata la prima terzina? E su quale la seconda? Come si collegano tra loro queste prime due strofe? Nella quartina finale sono concentrate tre metafore: identificale e spiegane il significato.

2.3 Analizza il lessico e rileva le aree semantiche dominanti; riconosci il valore che hanno queste scelte linguistiche rispetto al significato della poesia.

2.4 La poesia dannunziana, in particolar modo quella di *Alcyone*, è caratterizzata da una forte musicalità, ottenuta attraverso scelte linguistiche e stilistiche: rileva queste caratteristiche nel madrigale in esame e gli effetti che producono nella sua ricezione da parte del lettore.

3. Riflessioni e approfondimento
Elabora una tua interpretazione del testo proposto che sviluppi un discorso coerente e organizzato attorno alla tematica qui dominante – lo scorrere inesorabile del tempo – e che collochi tale tema nel quadro della produzione letteraria dannunziana e di quella coeva.

PER ESERCITARTI

In vista dell'esame ti suggeriamo altri ambiti di interpretazione e approfondimento a partire dal brano proposto.

- *La sabbia del tempo* attua fin dal titolo la trasposizione del dato naturale in simbolo. Sviluppa questo spunto in relazione alla poesia analizzata e ad altri componimenti di *Alcyone*.
- Le immagini di questi versi, oltre a rappresentare delle metafore dense di significati simbolici, descrivono uno scenario surreale, con una visione quasi onirica e metafisica del rapporto tra l'uomo e il tempo, che ci riporta alla mente i quadri di De Chirico o di Dalì.
- D'Annunzio è il poeta dallo stile ricercato e solenne, che per antonomasia viene definito "dannunziano", e con le sue opere e le sue scelte di vita ha dato il nome anche a un atteggiamento, il dannunzianesimo, da lui stesso incarnato, che influenzò profondamente la vita pratica, letteraria e politica degli italiani del suo tempo. Secondo te, il dannunzianesimo sopravvive nell'Italia di oggi?

CONSEGNA

1. Comprensione del testo

Illustra in un testo espositivo di circa 150-200 parole la situazione rappresentata e narrata in questa novella.

2. Analisi del testo

2.1 Analizza le tecniche narrative adottate in questa novella, identificando narratore, punto di vista e tipologie di discorso e rilevando se si mantengano costanti oppure varino nel corso della narrazione. Fai riferimenti precisi a citazioni del testo.

2.2 Come è rappresentata la morte del protagonista nel corso della narrazione? A quali sentimenti e sensazioni si accompagna? In che modo corpo e spirito si relazionano in quel momento?

2.3 Quali sono le ambientazioni della novella? Hanno valore puramente descrittivo oppure suggeriscono significati simbolici? Come si relazionano con l'esperienza della morte che emerge dalle parole dell'io narrante?

3. Riflessioni e approfondimento

A partire dal testo proposto soffermati in particolare sulla condizione del protagonista, assimilabile a quella di altri personaggi pirandelliani. Delinea quindi gli elementi di novità e specificità sia tematici sia formali nel quadro della produzione complessiva di Pirandello.

PER ESERCITARTI

In vista dell'esame ti suggeriamo altri ambiti di interpretazione e approfondimento a partire dal brano proposto.

- In questo brano compare un motivo ricorrente in altre novelle dell'ultima produzione pirandelliana, vale a dire il motivo del sogno, o dello stato di semicoscienza di chi è sul limitare della vita e della morte, che fornisce un punto di osservazione privilegiato della psiche dei personaggi e introduce alla dimensione dell'inconscio. Sviluppa questo spunto analizzando come esso venga utilizzato da Pirandello in questa novella (ed eventualmente in altre di tua conoscenza).
- Come è da intendersi il tentativo dell'io narrante di immergersi nella natura fiorente del giardino? Come una forma di metamorfosi o di metempsicosi che permette la sopravvivenza in altre vite? Proponi una tua risposta e argomentala.
- La novella che hai letto fa parte della produzione pirandelliana definita da alcuni "surreale", in riferimento al Surrealismo, movimento d'avanguardia artistica e letteraria, nato in Francia negli anni Venti del Novecento. Pur non attribuendo a Pirandello le caratteristiche più tipiche ed estreme del Surrealismo, alcuni critici hanno tuttavia rilevato come nei suoi ultimi anni egli abbia ritenuto insufficienti gli strumenti di analisi del reale (psicologico e sociale) adoperati fino allora, e ne abbia cercati e saggiati altri, attingendoli al mitico, al fiabesco, al surreale. Sviluppa questo spunto ricercando nella novella letta, e in altre a te eventualmente note, elementi riconducibili al Surrealismo e confrontabili con le opere di letterati, quali i francesi André Breton, Paul Éluard, e di pittori quali Salvador Dalì, Max Ernst, Joan Mirò, René Magritte, Giorgio de Chirico.

Umberto Saba, *Inverno*

Umberto Saba nel 1921 pubblica la prima edizione della sua opera principale Il Canzoniere, *in cui ricerca un linguaggio semplice, vicino al parlato. La poesia* Inverno, *pubblicata nella seconda edizione del 1945 del* Canzoniere, *fa parte della sezione* Parole. *Tale sezione comprende i componimenti del 1933-34 e il suo titolo sottolinea la maggiore attenzione portata dall'autore al valore poetico delle parole rispetto ai moduli narrativi e colloquiali caratteristici della produzione precedente.*
In questa poesia viene rappresentata la condizione di profondo dolore di Saba, a cui il poeta aveva tentato di porre rimedio attraverso la terapia psicoanalitica e da cui sentiva, in quel momento, di essersi liberato.

È notte, inverno rovinoso. Un poco
sollevi le tendine, e guardi[1]. Vibrano
i tuoi capelli selvaggi, la gioia
ti dilata improvvisa l'occhio nero;
che[2] quello che hai veduto – era un'immagine
della fine del mondo – ti conforta
l'intimo cuore, lo fa caldo e pago.
Un uomo si avventura per un lago
di ghiaccio, sotto una lampada storta[3].

(U. Saba, *Tutte le poesie*, a cura di A. Stara,
Mondadori, Milano 1988)

1. e guardi: viene introdotto un soggetto, un "tu", che in *Storia e cronistoria del Canzoniere*, Saba afferma essere «una donna [...] che, affacciata alla finestra della sua casa, solleva la tendina e si gode quella notturna visione di squallore».
2. che: *poiché*.
3. storta: piegata dal vento (forse la bora, vento che spira in particolare a Trieste).

TIPOLOGIA A
Analisi e interpretazione di un testo letterario italiano

CONSEGNA

1. Comprensione del testo
Illustra la situazione rappresentata nella poesia in un testo espositivo di 50-60 parole circa.

2. Analisi del testo

2.1 Chi è il "tu" a cui il poeta si rivolge?

2.2 Che cosa accomuna e che cosa differenzia la situazione in cui si trovano il poeta e la donna? Può essere l'uno la proiezione, il rispecchiamento dell'altra?

2.3 Come è descritta la spettatrice che osserva alla finestra? Attraverso quali particolari fisici? Come vengono rappresentati i suoi sentimenti?

2.4 Che cosa rappresenta simbolicamente la tempesta che imperversa nella notte invernale di questa poesia? A quale condizione esistenziale del poeta va ricondotta? Che valore simbolico può assumere la finestra con le sue "tendine"?

3. Riflessioni e approfondimento
Illustra il significato psicologico del testo collegandolo al tema dello sdoppiamento e dell'io scisso in riferimento alle teorie psicoanalitiche coeve.

PER ESERCITARTI

In vista dell'esame ti suggeriamo altri ambiti di interpretazione e approfondimento a partire dal brano proposto.

- La novità delle poesie appartenenti alla sezione *Parole*, caratterizzate dall'introspezione e dall'uso di un linguaggio lirico particolarmente limpido, ricco di simboli e di analogie avvicinano Umberto Saba alla poesia ermetica. Sviluppa questo spunto a partire dalla poesia *Inverno* ed estendendolo ad altre poesie di Saba a te note.
- Nel leggere questa poesia hai riflettuto sulla condizione psicologica di chi si trova in una condizione di sicurezza e di tranquillità e di chi invece è tormentato da una tempesta interiore? Ti sei identificato con queste condizioni riferite a particolari momenti della tua vita? Hai trovato nella poesia spiegazioni delle tue eventuali reazioni a tali situazioni?

Giuseppe Ungaretti, *Vanità*

Giuseppe Ungaretti (1888-1970) allo scoppio della Prima guerra mondiale si arruolò volontario nell'esercito italiano e combatté sul Carso; da questa tragica esperienza nascono le prime raccolte di poesie. L'Allegria *(1931) comprende testi composti in trincea. La poesia* Vanità, *pubblicata fin dal 1917, trova collocazione nell'edizione del 1942 dell'*Allegria, *nella sezione* Naufragi.

D'improvviso
è alto
sulle macerie
il limpido
stupore
dell'immensità[1]

E l'uomo
curvato
sull'acqua
sorpresa
dal sole[2]
si rinviene[3]
un'ombra

Cullata e
piano
franta.

Vallone il 19 Agosto 1917

(G. Ungaretti, *Vita di un uomo. Tutte le poesie*, a cura di L. Piccioni, Mondadori, Milano 1969)

1. **il limpido ... dell'immensità:** la perifrasi indica il sole.

2. **sorpresa dal sole:** *illuminata dai raggi del sole.*

3. **si rinviene:** *si riconosce, si ritrova.*

TIPOLOGIA A
Analisi e interpretazione di un testo letterario italiano

CONSEGNA

1. Comprensione del testo
Illustra il contenuto della lirica strofa per strofa, quindi sintetizza la situazione rappresentata in un testo espositivo di massimo 30-40 parole.

2. Analisi del testo

2.1 Qual è il significato della parola che dà il titolo alla lirica in rapporto al suo contenuto? Fai riferimenti puntuali al testo nella risposta.

2.2 Su quali antitesi è costruita la situazione rappresentata in questa poesia?

2.3 Chi è l'«uomo curvato sull'acqua»? È l'autore stesso oppure rappresenta la condizione umana in generale? Ci sono indizi che suggeriscono una "storicizzazione" della situazione rappresentata nella poesia?

2.4 Facendo puntuali riferimenti al testo riconosci lo stile poetico di Ungaretti riguardo alla distruzione e destrutturazione del verso tradizionale, alla linearità della sintassi, alla essenzialità e purezza della parola.

3. Riflessioni e approfondimento
Il motivo della "vanità" è tema ricorrente nella letteratura e nell'arte, sviluppato nei secoli secondo diversi sistemi filosofici e morali e attribuendo al termine significati diversi. Che cos'è per te la vanità? È un valore o un disvalore? Ti riconosci nel messaggio che ritieni di aver ricavato dalla poesia di Ungaretti o hai da proporne un altro, tuo personale?

PER ESERCITARTI

In vista dell'esame ti suggeriamo altri ambiti di interpretazione e approfondimento a partire dal brano proposto.

- Nella visione di Ungaretti alla poesia è attribuito il compito di svelare il mistero della vita grazie alla forza intuitiva della parola, capace di improvvise e folgoranti "illuminazioni". Puoi sviluppare questo spunto in relazione alla poesia in esame, nella quale un'"illuminazione" compare «D'improvviso» al primo verso, o in riferimento ad altri testi da te letti.
- Possono anche essere messi in evidenza i precedenti poetici italiani ed europei da cui Ungaretti può essere stato ispirato per le sue innovazioni stilistiche (Futuristi, Mallarmé ecc.), oltre che i rapporti che Ungaretti continua a intrattenere con la tradizione letteraria italiana, di cui in questa poesia si possono riconoscere tracce (Dante, Petrarca, Leopardi).

Eugenio Montale, *Lo sai: debbo riperderti e non posso*

Eugenio Montale (1896-1981) nasce a Genova, città a cui rimane legato durante tutta la vita e a cui dedica molti dei suoi versi. Una delle sue raccolte più importanti è Le Occasioni, *pubblicata nel 1939, che ha come tematiche principali la vita interiore del poeta e il tema della donna. Questa poesia fa parte della seconda sezione delle* Occasioni, *titolata* Mottetti, *e ne costituisce una delle più antiche: fu composta infatti nel 1934. Per sua stessa dichiarazione, è dedicata a «una peruviana che però era d'origine genovese e abitava a Genova».*

Lo sai: debbo riperderti e non posso.
Come un tiro aggiustato[1] mi sommuove
ogni opera, ogni grido e anche lo spiro
salino[2] che straripa
dai moli e fa l'oscura primavera
di Sottoripa[3].
Paese di ferrame e alberature
a selva[4] nella polvere del vespro.
Un ronzìo lungo viene dall'aperto,
strazia com'unghia i vetri. Cerco il segno
smarrito, il pegno[5] solo ch'ebbi in grazia[6]
da te.
E l'inferno è certo.

(E. Montale, *Tutte le poesie*, a cura di E. Zampa, Mondadori, Milano 1984)

1. tiro aggiustato: *un colpo preciso,* che centra il bersaglio.
2. mi sommuove ... salino: *mi causano un turbamento profondo ogni azione, ogni grido e persino il soffio* (**spiro**) *del vento marino.*
3. *Sottoripa*: sono gli antichi e bui portici di Genova, vicini alla zona portuale.
4. Paese ... a selva: è la zona portuale, piena di oggetti di ferro (gru, ponti ecc.) e di alberi di navi fitti come quelli di una selva.
5. pegno: oggetto lasciato per ricordo.
6. in grazia: *in dono.*

TIPOLOGIA A
Analisi e interpretazione di un testo letterario italiano

CONSEGNA

1. Comprensione del testo
Esegui la parafrasi della poesia, rispettandone tutti i passaggi testuali, eventualmente ampliando la spiegazione di termini ed espressioni che aiutino a comprendere il significato letterale del testo.

2. Analisi del testo

2.1 Come in altri *Mottetti* di Montale l'"io" lirico si rivolge a un interlocutore: quale rapporto lega i due soggetti? Quale situazione è evocata?

2.2 La città, le cui immagini occupano largo spazio di questa poesia, è familiare al poeta: si tratta infatti di Genova, qui focalizzata nella zona portuale. È una rappresentazione "positiva" o "negativa"? In che rapporto si pone la città con il tema della relazione (separazione, ricerca di salvezza) tra il poeta e la donna?

2.3 Analizza come la città infernale rappresenti il correlativo oggettivo della condizione individuale del poeta e alluda a una condizione universale di infelicità.

2.4 Suoni e rumori hanno nel testo una notevole rilevanza: ciò corrisponde a scelte di procedimenti retorici di ambito fonico adottati dal poeta?

3. Riflessioni e approfondimento
Poni a confronto la donna di questo *Mottetto* con le tante figure femminili che popolano le poesie di Montale, facendo riferimento anche alla tradizione letteraria da cui il poeta trae ispirazione.

PER ESERCITARTI

In vista dell'esame ti suggeriamo altri ambiti di interpretazione e approfondimento a partire dal brano proposto.

- La presenza della parola «inferno» sigla la poesia e sembra rimandare a Dante e alle memorie dantesche care a Montale.
- In questa lirica la città, il luogo della separazione del poeta dalla donna amata, è connotata negativamente, tutto risulta sconvolgente (*mi sommuove*), fastidioso (*come un'unghia ai vetri*), minaccioso (*come un tiro aggiustato*). Rifletti su come la percezione di un luogo possa modificarsi in relazione a un particolare stato d'animo o a eventi vissuti.

Italo Calvino, da *Il visconte dimezzato*

In Il visconte dimezzato, *scritto nel 1952, primo dei racconti fantastico-allegorici che compongono la trilogia de* I nostri antenati *(insieme a* Il barone rampante *del 1957 e* Il cavaliere inesistente *del 1959), immagina la situazione paradossale di un uomo diviso da un colpo di cannone in due parti simmetriche, ciascuna delle quali continuerà a vivere autonomamente, incarnando rispettivamente il bene e il male, finché un medico riuscirà a ricongiungerle. Ambientata in un luogo e in un tempo genericamente identificati in zone della Boemia e dell'Italia tra il* XVII *e il* XVIII *secolo, all'epoca delle guerre austro-turche, questa storia inverosimile intende in realtà rappresentare la contemporaneità con le divisioni politiche e ideologiche del dopoguerra e con il disorientamento esistenziale e morale degli individui.*
Il passo che segue, tratto dal capitolo II del romanzo, narra l'episodio che costituisce la premessa a tutta la vicenda: il dimezzamento del visconte Medardo colpito in battaglia da una cannonata.

La battaglia cominciò puntualmente alle dieci del mattino. Dall'alto della sella il luogotenente Medardo contemplava l'ampiezza dello schieramento cristiano, pronto per l'attacco, e protendeva il viso al vento di Boemia, che sollevava odor di pula[1] come da un'aia polverosa.

«No, non si volti indietro, signore,» esclamò Curzio[2] che, col grado di sergente, era al suo fianco. E, per giustificare la frase perentoria, aggiunse piano: «Dicono che porti male, prima del combattimento.»

In realtà, non voleva che il visconte si scorasse, avvedendosi che l'esercito cristiano consisteva quasi soltanto in quella fila schierata, e che le forze di rincalzo erano appena qualche squadra di fanti male in gamba.

Ma mio zio[3] guardava lontano, alla nuvola che s'avvicinava all'orizzonte, e pensava: «Ecco, quella nuvola è i turchi, i veri turchi, e questi al mio fianco che sputano tabacco sono i veterani della cristianità, e questa tromba che ora suona è l'attacco, il primo attacco della mia vita, e questo boato e scuotimento, il bolide che s'insacca in terra guardato con pigra noia dai veterani e dai cavalli è una palla di cannone, la prima palla nemica che io incontro. Così non venga il giorno in cui dovrò dire: "E questa è l'ultima"».

A spada sguainata, si trovò a galoppare per la piana, gli occhi allo stendardo imperiale che spariva e riappariva tra il fumo, mentre le cannonate amiche ruotavano nel cielo sopra il suo capo, e le nemiche già aprivano brecce nella fronte cristiana e improvvisi ombrelli di terriccio. Pensava: «Vedrò i turchi! Vedrò i turchi!» Nulla piace agli uomini quanto avere dei nemici e poi vedere se sono proprio come ci s'immagina.

Li vide, i turchi. Ne arrivavano due proprio di lì. Coi cavalli intabarrati, il piccolo scudo tondo, di cuoio, veste a righe nere e zafferano. E il turbante, la faccia color ocra e i baffi come uno che a Terralba[4] era chiamato Miché il turco. Uno dei due turchi morì e l'altro uccise un altro. Ma ne stavano arrivando chissà quanti e c'era il combattimento all'arma bianca. Visti due turchi era come averli visti

1. **pula:** residuo della trebbiatura dei cereali utilizzato nell'alimentazione del bestiame.
2. **Curzio:** lo scudiero di Medardo.
3. **mio zio:** il narratore della storia è il nipote di Medardo, figlio illegittimo della sorella, ancora bambino.
4. **Terralba:** località immaginaria.

tutti. Erano militari pure loro, e tutte quelle robe erano dotazione dell'esercito. Le facce erano cotte e cocciute come i contadini. Medardo, per quel che era vederli, ormai li aveva visti; poteva tornarsene da noi a Terralba in tempo per il passo delle quaglie. Invece aveva fatto la ferma per la guerra. Così correva, scansando i colpi delle scimitarre, finché non trovò un turco basso, a piedi, e l'ammazzò. Visto come si faceva, andò a cercarne uno alto a cavallo, e fece male. Perché erano i piccoli, i dannosi. Andavano fin sotto i cavalli, con quelle scimitarre, e li squartavano. Il cavallo di Medardo si fermò a gambe larghe. «Che fai?» disse il visconte. Curzio sopraggiunse indicando in basso: «Guardi un po' lì». Aveva tutte le coratelle[5] di già in terra. Il povero animale guardò in su, al padrone, poi abbassò il capo come volesse brucare gli intestini, ma era solo un sfoggio d'eroismo: svenne e poi morì. Medardo di Terralba era appiedato. «Prenda il mio cavallo, tenente,» disse Curzio, ma non riuscì a fermarlo perché cadde di sella, ferito da una freccia turca, e il cavallo corse via. «Curzio!» gridò il visconte e s'accostò allo scudiero che gemeva in terra. «Non pensi a me, signore,» fece lo scudiero. «Speriamo solo che all'ospedale ci sia ancora della grappa. Ne tocca una scodella a ogni ferito.» Mio zio Medardo si gettò nella mischia. Le sorti della battaglia erano incerte. In quella confusione, pareva che a vincere fossero i cristiani. Di certo, avevano rotto lo schieramento turco e aggirato certe posizioni. Mio zio, con altri valorosi, s'era spinto fin sotto le batterie nemiche, e i turchi le spostavano, per tenere i cristiani sotto il fuoco. Due artiglieri turchi facevano girare un cannone a ruote. Lenti com'erano, barbuti, intabarrati fino ai piedi, sembravano due astronomi. Mio zio disse: «Adesso arrivo lì e li aggiusto io.» Entusiasta e inesperto, non sapeva che ai cannoni ci s'avvicina solo di fianco o dalla parte della culatta[6]. Lui saltò di fronte alla bocca da fuoco, a spada sguainata, e pensava di fare paura a quei due astronomi. Invece gli spararono una cannonata in pieno petto. Medardo di Terralba saltò in aria.

Alla sera, scesa la tregua, due carri andavano raccogliendo i corpi dei cristiani per il campo di battaglia. Uno era per i feriti e l'altro per i morti. La prima scelta si faceva lì sul campo. «Questo lo prendo io, quello lo prendi tu.» Dove sembrava ci fosse ancora qualcosa da salvare, lo mettevano sul carro dei feriti; dove erano solo pezzi e brani andava sul carro dei morti, per aver sepoltura benedetta; quello che non era più neanche un cadavere era lasciato in pasto alle cicogne. In quei giorni, viste le perdite crescenti, s'era data la disposizione che nei feriti era meglio abbondare. Così i resti di Medardo furono considerati un ferito e messi su quel carro.

La seconda scelta si faceva all'ospedale. Dopo le battaglie l'ospedale da campo offriva una vista ancor più atroce delle battaglie stesse. In terra c'era la lunga fila delle barelle con dentro quegli sventurati, e tutt'intorno imperversavano i dottori, strappandosi di mano pinze, seghe, aghi, arti amputati e gomitoli di spago. Morto per morto, a ogni cadavere facevan di tutto per farlo tornar vivo. Sega qui, cuci là, tampona falle, rovesciavano le vene come guanti e le rimettevano al suo posto, con dentro più spago che sangue, ma rattoppate e chiuse. Quando un paziente moriva, tutto quello che aveva di buono serviva a racconciare le membra di un altro, e così via. La cosa che imbrogliava di più erano gli intestini: una volta srotolati non si sapeva più come rimetterli.

Tirato via il lenzuolo, il corpo del visconte apparve orrendamente mutilato. Gli mancava un braccio e una gamba, non solo, ma tutto quel che c'era di torace e d'addome tra quel braccio e quella gamba era stato portato via, polverizzato da quella cannonata presa in pieno. Del capo restavano un occhio, un orecchio, una guancia, mezzo naso, mezza bocca, mezzo mento e mezza fronte: dell'altra metà del

5. **coratelle:** *interiora.*

6. **culatta:** la parte posteriore di una bocca di fuoco.

capo c'era più solo una pappetta. A farla breve, se n'era salvato solo metà, la parte destra, che peraltro era perfettamente conservata, senza neanche una scalfittura, escluso quell'enorme squarcio che l'aveva separata dalla parte sinistra andata in briciole. I medici: tutti contenti. «Uh, che bel caso!» Se non moriva nel frattempo, potevano provare anche a salvarlo. E gli si misero d'attorno, mentre i poveri soldati con una freccia in un braccio morivano di setticemia. Cucirono, applicarono, impastarono: chi lo sa cosa fecero. Fatto sta che l'indomani mio zio aperse l'unico occhio la mezza bocca, dilatò la narice e respirò. La forte fibra dei Terralba aveva resistito. Adesso era vivo e dimezzato. [...]

(I. Calvino, *Il visconte dimezzato*, in *Romanzi e racconti*,
a cura di M. Barenghi e B. Falcetto, Arnoldo Mondadori, Milano 1994-1995)

CONSEGNA

1. Comprensione del testo

Il brano risulta articolato in due parti, divise da un'interlinea: analizzale evidenziandone le sequenze narrative, quindi riassumi il testo in massimo 150 parole.

2. Analisi del testo

- **2.1** Quali informazioni relative a spazio e tempo in cui si svolge l'azione ricaviamo da questo capitolo?
- **2.2** Come sono rappresentati i personaggi in questo brano? Come interagiscono tra loro? Come si pone il narratore verso i personaggi?
- **2.3** Quali tecniche narrative sono adottate da Calvino in questo brano? I due blocchi di testo presentano caratteristiche linguistiche e stilistiche simili o diverse?
- **2.4** Individua gli elementi fiabeschi presenti in questo testo che riconducono il romanzo al filone "fantastico-allegorico" della produzione di Calvino.
- **2.5** Riconosci gli elementi comici, grotteschi e ironici che percorrono tutto il testo e le riflessioni critiche dell'autore (ad esempio sulla raffigurazione del nemico e sulla condanna della guerra).

3. Riflessioni e approfondimento

A partire dal testo letto considera Medardo come figura decisamente novecentesca, in quanto esempio di uomo destrutturato, dall'identità compromessa. Come tale può essere accostato ad altri personaggi esemplari, quali Mattia Pascal o Vitangelo Moscarda di Pirandello, o ad altre manifestazioni artistiche, come la pittura cubista.

PER ESERCITARTI

In vista dell'esame ti suggeriamo altri ambiti di interpretazione e approfondimento a partire dal brano proposto.

- Condividi le parole che Calvino pronunciò davanti a una classe nel 1983 parlando proprio de *Il visconte dimezzato*? Sviluppa una tua riflessione in relazione anche alla tua esperienza personale.

> Quando ho cominciato a scrivere 'Il visconte dimezzato', volevo soprattutto scrivere una storia divertente per divertire me stesso e possibilmente anche gli altri; avevo questa immagine di un uomo tagliato in due ed ho pensato che questo tema dell'uomo tagliato in due, dell'uomo dimezzato fosse un tema significativo, avesse un significato contemporaneo: tutti ci sentiamo in qualche modo incompleti, tutti realizziamo una parte di noi stessi e non l'altra.»
>
> (intervista con gli studenti di Pesaro dell'11 maggio 1983,
> trascritta e pubblicata in "Il gusto dei contemporanei", Quaderno n. 3, Italo Calvino, Pesaro 1987)

TIPOLOGIA A

Analisi e interpretazione di un testo letterario italiano

Mario Luzi, *Oscillano le fronde, il cielo invoca*

Mario Luzi (1914-2005) è un poeta e saggista cresciuto e formatosi intellettualmente a Firenze; egli pubblica numerose raccolte poetiche ed alcuni testi teatrali in forma di poemetti satirici. Questa lirica d'amore, ambientata in un paesaggio rarefatto in cui s'aggira una misteriosa presenza femminile, fu composta da nel 1945. Esempio di poesia ermetica, fa parte della raccolta Quaderno gotico, *una delle prime del poeta, che ha per tema dominante il sorgere e il manifestarsi nel poeta dell'amore, e il cui titolo allude, da una parte, all'origine quasi diaristica della raccolta, dall'altra, alla scelta del poeta di richiamarsi alla cultura e alla poesia trecentesca.*

Oscillano le fronde, il cielo invoca
la luna. Un desiderio vivo spira
dall'ombra costellata[1], l'aria giuoca
sul prato. Quale presenza s'aggira?

Un respiro sensibile fra gli alberi
è passato, una vaga essenza esplosa[2]
volge intorno ai capelli[3] carezzevole,
nel portico una musica riposa.

Ah questa oscura gioia t'è dovuta,
il segreto ti fa più viva, il vento
desto bel rovo sei[4], sei tu venuta
sull'erba in questo lucido fermento.

Hai varcato la siepe d'avvenire,
sei penetrata qui dove la lucciola
vola rapida a accendersi e sparire,
sfiora i bersò[5] e lascia intatta la tenebra.

(M. Luzi, *Quaderno gotico*, IV, in *Tutte le poesie*, I: *Il giusto della vita*, Garzanti, Milano 1979)

1. ombra costellata: il cielo oscuro illuminato dalle stelle.
2. essenza esplosa: questa essenza si è frammentata, improvvisamente dispersa.
3. ai capelli: del poeta.
4. il vento ... sei: *sei simile al vento leggero che si insinua in un arbusto appassito rendendolo vivo.*
5. bersò: pergolati.

CONSEGNA

1. Comprensione del testo

Analizza la situazione rappresentata, strofa per strofa. Al termine sintetizza il significato generale della poesia in un testo di massimo 100 parole.

2. Analisi del testo

- **2.1** In quale luogo e tempo è ambientata la poesia?
- **2.2** Soffermati sull'ultima strofa e sul significato che vi riveste l'immagine della lucciola. Può essere considerata un correlativo oggettivo del motivo dell'apparizione della donna?
- **2.3** Come sono rappresentati gli elementi naturalistici del paesaggio notturno? Che caratteristiche presenta il sistema di luce e ombre su cui è impostata la poesia?
- **2.4** Quali qualità Luzi attribuisce alla presenza femminile?
- **2.5** Analizza i verbi e la posizione che assumono nel verso: è regolare o presenta delle inversioni? Indicano azioni concrete o assumono significati metaforici?

3. Riflessioni e approfondimento

Luzi è considerato uno dei poeti più rappresentativi dell'ermetismo. Colloca la poesia da te analizzata nel contesto di tale poetica, oltre che della complessiva produzione del poeta.

PER ESERCITARTI

In vista dell'esame ti suggeriamo altri ambiti di interpretazione e approfondimento a partire dal brano proposto.

- Nella poesia sono presenti echi petrarcheschi e stilnovistici: approfondiscili in termini di scelte lessicali, di immagini, di rappresentazione della donna, di significato esistenziale. Opera eventualmente anche un confronto con l'arte trecentesca (evocata dal "gotico" del titolo della raccolta): ad esempio con la pittura senese, in particolare di Simone Martini.
- Opera un confronto tra la concezione dell'amore quale emerge da questa poesia e quella espressa da altri poeti a te noti, coevi o no di Luzi, e metti tali concezioni in relazione con quella che ti sembra prevalente al giorno d'oggi, oppure con la tua personale idea d'amore.

Primo Levi, da *La tregua*

Primo Levi, in anni successivi alla prima pubblicazione di Se questo è un uomo *(1947), narra ne* La tregua *l'avventuroso viaggio che, dopo la liberazione del campo di sterminio di Auschwitz, lo conduce attraverso i territori dell'Europa centro-orientale devastati dalla guerra e percorsi da profughi, verso casa, nella città natale di Torino. Il libro, scritto sulla base di una traccia dell'itinerario stesa da Levi nell'immediatezza degli eventi, è pubblicato nel 1963, anno in cui vince il Premio Campiello.*
Preceduto da una poesia (come già Se questo è un uomo*), è articolato in diciassette capitoli, del primo dei quali, intitolato* Il disgelo*, è qui di seguito riportata la parte iniziale.*

Nei primi giorni del gennaio 1945, sotto la spinta dell'Armata Rossa[1], i tedeschi avevano evacuato in tutta fretta il bacino minerario slesiano. Mentre altrove, in analoghe condizioni, non avevano esitato a distruggere col fuoco e con le armi i Lager insieme con i loro occupanti, nel distretto di Auschwitz operarono diversamente: ordini superiori (a quanto pare dettati personalmente da Hitler) imponevano di "recuperare", a qualunque costo, ogni uomo abile al lavoro. Perciò tutti i prigionieri sani furono evacuati, in condizioni spaventose, su Buchenwald e su Mauthausen[2], mentre i malati furono abbandonati a loro stessi. Da vari indizi è lecito dedurre la originaria intenzione tedesca di non lasciare nei campi di concentramento nessun uomo vivo, ma un violento attacco aereo notturno, e la rapidità dell'avanzata russa, indussero i tedeschi a mutare pensiero, e a prendere la fuga lasciando incompiuto il loro dovere e la loro opera.

Nell'infermeria del lager di Buna-Monowitz[3] eravamo rimasti in ottocento. Di questi, circa cinquecento morirono delle loro malattie, di freddo e di fame prima che arrivassero i russi, ed altri duecento, malgrado i soccorsi, nei giorni immediatamente successivi.

La prima pattuglia russa giunse in vista del campo verso il mezzogiorno del 27 gennaio 1945. Fummo Charles[4] ed io i primi a scorgerla: stavamo trasportando alla fossa comune il corpo di Sòmogyi, il primo dei morti fra i nostri compagni di camera. Rovesciammo la barella sulla neve corrotta, ché la fossa era ormai piena, ed altra sepoltura non si dava: Charles si tolse il berretto, a salutare i vivi e i morti.

Erano quattro giovani a cavallo, che procedevano guardinghi, coi mitragliatori imbracciati, lungo la strada che limitava il campo. Quando giunsero ai reticolati, sostarono a guardare, scambiandosi parole brevi e timide, e volgendo sguardi legati da uno strano imbarazzo sui cadaveri scomposti, sulle baracche sconquassate, e su noi pochi vivi.

A noi parevano mirabilmente corporei e reali, sospesi (la strada era più alta del campo) sui loro enormi cavalli, fra il grigio della neve e il grigio del cielo, immobili sotto le folate di vento umido minaccioso di disgelo.

Ci pareva, e così era, che il nulla pieno di morte in cui da dieci giorni ci aggiravamo come astri spenti avesse trovato un suo centro solido, un nucleo di condensazione: quattro uomini armati, ma non armati contro di noi; quattro messaggeri di pace, dai visi rozzi e puerili sotto i pesanti caschi di pelo.

Non salutavano, non sorridevano; apparivano oppressi, oltre che da pietà, da un confuso ritegno, che sigillava le loro bocche, e avvinceva i loro occhi allo scenario funereo. Era la stessa vergogna a noi ben

1. **sotto la spinta dell'Armata Rossa:** il campo di Auschwitz, dove Levi nel febbraio 1944 era stato deportato in seguito all'arresto in Italia per la sua attività di partigiano, venne abbandonato dai tedeschi e quindi liberato dall'Armata Rossa sovietica nel gennaio 1945.

2. **Buchenwald e Mauthausen:** sono altri due campi di concentramento e sterminio nazisti, il primo in Germania, il secondo in Austria.

3. **lager di Buna-Monowitz:** il campo di lavoro (*lager* in tedesco) presso Auschwitz, in Alta Slesia (un tempo prussiana, oggi polacca).

4. **Charles:** il maestro di scuola francese, proveniente dalla regione dei Vosgi, conosciuto da Levi nell'infermeria del Lager al momento del suo ricovero nel 1945, come l'autore narra nell'ultimo capitolo di *Se questo è un uomo*.

nota, quella che ci sommergeva dopo le selezioni, ed ogni volta che ci toccava assistere o sottostare a un oltraggio: la vergogna che i tedeschi non conobbero, quella che il giusto prova davanti alla colpa commessa da altrui, e gli rimorde che esista, che sia stata introdotta irrevocabilmente nel mondo delle cose che esistono, e che la sua volontà buona sia stata nulla o scarsa, e non abbia valso a difesa.

Così per noi anche l'ora della libertà suonò grave e chiusa, e ci riempì gli animi, ad un tempo, di gioia e di un doloroso senso di pudore, per cui avremmo voluto lavare le nostre coscienze e le nostre memorie della bruttura che vi giaceva: e di pena, perché sentivamo che questo non poteva avvenire, che nulla mai più sarebbe potuto avvenire di così buono e puro da cancellare il nostro passato, e che i segni dell'offesa sarebbero rimasti in noi per sempre, e nei ricordi di chi vi ha assistito, e nei luoghi ove avvenne, e nei racconti che ne avremmo fatti. Poiché, ed è questo il tremendo privilegio della nostra generazione e del mio popolo, nessuno mai ha potuto meglio di noi cogliere la natura insanabile dell'offesa, che dilaga come un contagio. È stolto pensare che la giustizia umana la estingua. Essa è una inesauribile fonte di male: spezza il corpo e l'anima dei sommersi, li spegne e li rende abietti; risale come infamia sugli oppressori, si perpetua come odio nei superstiti, e pullula in mille modi, contro la stessa volontà di tutti, come sete di vendetta, come cedimento morale, come negazione, come stanchezza, come rinuncia.

Queste cose, allora mal distinte, e avvertite dai più solo come una improvvisa ondata di fatica mortale, accompagnarono per noi la gioia della liberazione. Perciò pochi fra noi corsero incontro ai salvatori, pochi caddero in preghiera. Charles ed io sostammo in piedi presso la buca ricolma di membra livide, mentre altri abbattevano il reticolato; poi rientrammo con la barella vuota, a portare la notizia ai compagni.

(P. Levi, *La tregua*, Einaudi, Torino 1962)

CONSEGNA

1. Comprensione del testo
Riassumi il contenuto del testo in non più di 100 parole.

2. Analisi del testo
2.1 Riconosci le parti in cui è scandito il testo: qual è il tema dominante di ciascuna e come si differenziano? Distingui le parti più propriamente narrative da quelle a carattere riflessivo.

2.2 Soffermati sulle parole «vergogna» (rr. 29 e 31) e «sommersi» (r. 42; «ci sommergeva», r. 30), e sviluppane il significato.

2.3 Riconosci i procedimenti espositivi propri della descrizione e dell'argomentazione scientifica (lessico, nessi logici ecc.). Metti in relazione le scelte formali con il contenuto del testo e con il messaggio che l'autore intende trasmettere.

2.4 Analizza l'episodio dell'arrivo dei soldati a cavallo: dove assume un andamento epico e dove esso si smorza? Con quali elementi descrittivi sono rappresentati i cavalieri? Da quale o quali punti di vista sono descritti?

2.5 Qual è il significato che il termine «sommersi» assume in questo testo, anche in relazione all'uso che Levi ne fa in altre opere.

3. Riflessioni e approfondimento
La pagina che hai letto contiene una profonda riflessione sul male assoluto, di cui l'olocausto nazista degli ebrei è stato una terribile manifestazione: rifletti sulla sua capacità di contagio e sugli effetti che esso produce, elencati da Primo Levi, e chiediti se condividi l'amara sua convinzione relativa alla incoercibile irrimediabilità del male, eventualmente facendo appello alle tue convinzioni morali, filosofiche, religiose e alle tue conoscenze storiche e culturali. Applica tali riflessioni anche ad altre situazioni storiche e all'attualità.

TIPOLOGIA A
Analisi e interpretazione di un testo letterario italiano

PER ESERCITARTI

In vista dell'esame ti suggeriamo altri ambiti di interpretazione e approfondimento a partire dal brano proposto.

- La poesia con cui Levi introduce *La tregua*, e a cui dà lo stesso titolo, fu scritta il 2 luglio 1945, al termine del tortuoso viaggio di ritorno, il giorno dopo quello in cui aveva composto *Voi che vivete sicuri*, la poesia che fa da introduzione a *Se questo è un uomo*: elemento che conferma la stretta relazione tra i due libri. Leggi la poesia e commentala in relazione al contenuto del brano sopra analizzato e, se conosci *Se questo è un uomo*, cogli gli elementi di contiguità e di continuità tra i due libri.

La Tregua
Sognavamo nelle notti feroci
Sogni densi e violenti
Sognati con anima e corpo:
tornare; mangiare; raccontare.
Finché suonava breve sommesso
Il comando dell'alba;
«Wstawać»[1];
E si spezzava in petto il cuore.
Ora abbiamo ritrovato la casa,
il nostro ventre è sazio.
Abbiamo finito di raccontare.
È tempo. Presto udremo ancora
Il comando straniero:
«Wstawać».

1. **Wstawać:** "Alzarsi", in polacco.

Giorgio Caproni, *Preghiera*

Giorgio Caproni (1912-1990) nasce a Livorno ma ben presto si trasferisce a Genova entrando in contatto con Eugenio Montale e esponenti di spicco della poesia ligure.
Durante la Seconda guerra mondiale è chiamato a combattere sul fronte occidentale, ma dopo l'8 settembre 1943 si arruola tra i partigiani. Dopo la guerra insegna, collabora con alcune riviste letterarie e soprattutto inizia a comporre poesie.

La poesia Preghiera *apre i* Versi livornesi, *prima sezione della raccolta* Il seme del piangere, *pubblicata nel 1959 e dedicata a elaborare il lutto per la morte della madre, Anna Picchi, avvenuta nel 1950. In essa il poeta si rivolge alla propria anima e la prega di recarsi a Livorno (la città natale, lasciata con la famiglia nel 1922 per recarsi a Genova e quindi a Roma), una Livorno del passato, per incontrare sua madre, quand'era una giovane donna, ancora prima di sposarsi.*

Anima mia, leggera
va' a Livorno, ti prego.
E con la tua candela
timida, di nottetempo
fa' un giro; e, se n'hai il tempo,
perlustra e scruta, e scrivi
se per caso Anna Picchi
è ancora viva tra i vivi.

Proprio quest'oggi torno,
deluso, da Livorno.
Ma tu, tanto più netta[1]
di me, la camicetta
ricorderai, e il rubino
di sangue[2], sul serpentino[3]
d'oro che lei portava
sul petto, dove s'appannava[4].

Anima mia, sii brava
e va' in cerca di lei.
Tu sai cosa darei
se la incontrassi per strada.

(G. Caproni, *Poesie 1932-1986*, Garzanti, Milano 1989)

1. **netta:** *pura.*
2. **di sangue:** color rosso sangue.
3. **serpentino:** spilla a forma di serpente.
4. **s'appannava:** il metallo della spilla s'appannava al calore del corpo, al sollevarsi del petto.

CONSEGNA

1. Comprensione del testo
Sintetizza in un testo di massimo 100 parole la situazione rappresentata in questa poesia.

2. Analisi del testo

2.1 La "scena" di questa poesia è occupata da tre personaggi: il poeta, la sua anima, la madre. In quale situazione è rappresentato ciascuno dei tre personaggi? In movimento o statica?

2.2 Attraverso quali scelte linguistiche il poeta esprime lo sdoppiamento dell'"io"?

2.3 Caproni dà molta importanza a oggetti reali e concreti, spesso d'uso quotidiano: riconosci tale caratteristica in particolare nella descrizione della madre.

2.4 Individua e analizza le figure di suono: quale effetto ritmico contribuiscono a creare?

2.5 Riconosci in questa poesia l'intrecciarsi dei temi caratteristici della produzione poetica di Caproni: la città, la madre e il viaggio (inteso anche in senso allegorico).

3. Riflessioni e approfondimento
Rifletti su come, diversamente da quanto solitamente accade nei testi che rappresentano il rapporto figlio-madre, nei quali il figlio ormai adulto si relaziona alla madre già vecchia (o addirittura defunta), Caproni ricordi o immagini sua madre da giovane, addirittura ancora non sposata; il che gli consente di porsi da un punto di vista autonomo rispetto a lei, indipendente dai successivi legami affettivi e quindi anche da quello con il futuro figlio.

PER ESERCITARTI

In vista dell'esame ti suggeriamo altri ambiti di interpretazione e approfondimento a partire dal brano proposto.

- È stato rilevato da molti critici, e lo stesso Caproni lo conferma, che questa canzonetta trae ispirazione dalla ballata di Guido Cavalcanti (1258-1300), scritta probabilmente nel 1300, durante un periodo di allontanamento da Firenze e di angoscioso presentimento di morte, la cui prima strofa recita: "Perch'i' no spero di tornar giammai, / ballatetta, in Toscana, / va' tu, leggera e piana, / dritt'a la donna mia, / che per sua cortesia / ti farà molto onore" (*Rime*, 35). Se ricordi questo celebre testo, un classico della nostra letteratura medievale, identifica gli elementi di più evidente confronto di situazione e scopo.
- La relazione madre-figlio è tema ricorrente nella letteratura, da Jacopone da Todi a Pasolini e oltre, e variamente interpretabile alla luce di vari sistemi ideologici e di pensiero (filosofici, religiosi, esperienziali, psicoanalitici ecc.). Limitando la tua indagine al Novecento, riconosci questo tema in alcuni importanti poeti che hanno dedicato alla madre loro poesie e metti a confronto le diverse soluzioni adottate. Ti indichiamo alcuni testi che puoi prendere in esame: di Umberto Saba, *Preghiera alla madre*; di Giuseppe Ungaretti, *La madre*; di Eugenio Montale, *A mia madre*; di Pier Paolo Pasolini, *Supplica a mia madre*.

CAPITOLO 6

La tipologia B

Analisi e produzione di un testo argomentativo

Caratteristiche della prova di tipologia B

In questa prova viene offerta al candidato la possibilità di scegliere fra tre testi di **ambiti culturali diversi** (artistico, letterario, storico, filosofico, scientifico, tecnologico, economico e sociale), di genere saggistico o giornalistico, di **tipologia argomentativa**, di senso compiuto e sufficientemente ampi da consentire il riconoscimento del percorso di ragionamento seguito dall'autore.

Questa prova è suddivisa in due parti:

1. **Analisi**: la prima parte richiede la **comprensione**, l'**analisi** e l'**interpretazione** del testo scelto – sia di singoli passaggi (anche in questo caso possono essere richiesti riassunti e sintesi) sia dell'insieme – attraverso domande tese a indirizzare l'attenzione dello studente soprattutto sul procedimento argomentativo dell'autore e sugli snodi testuali.
2. **Commento**: nella seconda parte lo studente espone le sue riflessioni intorno alle tesi e alle argomentazioni espresse dall'autore del testo, anche sulla base delle conoscenze acquisite nel suo specifico percorso di studio, ed esprime, eventualmente, accordo o disaccordo con esse oppure una diversa linea di ragionamento.

La tipologia B a confronto con la precedente normativa

Rispetto alla tipologia B della precedente normativa (Saggio breve o articolo di giornale, a partire da una documentazione data), i principali elementi di **novità** sono i seguenti:

- fatta la scelta fra le tre opzioni offerte, lo studente esegue la prova a partire da un **singolo testo**, e non riferendosi a una pluralità di testi come nella precedente normativa;
- il testo di partenza è **argomentativo**, così come argomentativo deve essere il commento prodotto dallo studente: la nuova normativa, dunque, valorizza questa tipologia testuale per verificare le capacità di ragionamento del candidato;
- il campo dei modelli di scrittura a cui appartiene il testo di partenza è limitato ai generi **saggistico** o **giornalistico** (di firme qualificate), nei quali più propriamente si esprime la tipologia testuale argomentativa, mentre nella precedente normativa la documentazione era rappresentata da testi verbali e figurativi di più svariati modelli di scrittura e tipologie testuali;

Nel *Documento di lavoro* elaborato dalla commissione Serianni si dichiara esplicitamente la volontà di superare due limiti del "saggio breve" previsto dalla precedente normativa: la proposta di testi numerosi e disparati, che potevano indurre lo studente a redigere "un centone" dal quale non era possibile valutare la sua capacità di formulare un discorso autonomo e ben strutturato; la richiesta di produrre un testo argomentativo su temi che avrebbero richiesto una preparazione specifica.

Suggerimenti per lo svolgimento della prova

- Nella scelta all'interno della **terna di opzioni** offerte, è opportuno che lo studente tenga conto delle sue effettive conoscenze dell'ambito cui appartiene il testo e anche delle differenze che possono sussistere nella formulazione della consegna tra un'opzione e l'altra.
- È infatti importante rispettare in modo puntuale le indicazioni della **consegna**, che possono essere più o meno **vincolanti**, riguardo, per esempio, al riconoscimento della struttura argomentativa del testo in esame, oppure alle tecniche e strategie argomentative da utilizzare nel proprio commento.
- Bisogna verificare di avere ben **compreso** il testo da analizzare e di aver individuato correttamente la **tesi** e le **argomentazioni** dell'autore, nonché le **strategie** argomentative utilizzate.
- Nel commento lo studente espone un suo punto di vista argomentandolo e utilizzando conoscenze e riferimenti culturali corretti e coerenti.
- Il commento deve contenere elementi che attestino le **conoscenze** del candidato relative all'argomento affrontato e testimonino la capacità di **rielaborazione critica** personale, attraverso l'espressione e la motivazione di giudizi e valutazioni.
- Il testo va organizzato in modo **coerente e coeso** con il corretto impiego dei **connettivi** pertinenti.
- Come di consueto, va prestata la massima attenzione alla **correttezza grammaticale** (ortografia, morfosintassi, punteggiatura, lessico ecc.).

PROVA SVOLTA

con spunti per l'elaborazione del testo

Ambito storico

Maurizio Bettini, *La memoria culturale*

Maurizio Bettini, filologo e antropologo del mondo antico, docente universitario di Latino, in un suo saggio intitolato A che servono i Greci e i Romani? L'Italia e la cultura umanistica, *affronta il tema della memoria culturale come elemento fondamentale per la formazione di una coscienza civile. Ti proponiamo l'inizio del capitolo intitolato appunto* La memoria culturale.

Come ben sappiamo, o almeno dovremmo sapere, il rapporto privilegiato che il nostro paese ha con il proprio passato culturale è sancito esplicitamente dalla Costituzione. L'articolo 9 recita infatti: «La Repubblica […] tutela il paesaggio e il patrimonio storico e artistico della Nazione». L'Italia è stato il primo paese a introdurre un articolo del genere fra i principi della propria carta fondativa, e per lungo tempo è rimasto l'unico ad averlo fatto. […] Sancendo esplicitamente il fatto che la Repubblica si impegna a tutelare il patrimonio culturale distribuito sul territorio italiano, questa scelta dei padri fondatori segnala, già di per sé stessa, in modo inequivocabile, l'eccezionalità della situazione italiana dal punto di vista della cultura. A questo punto però chiediamoci: *come*? in che forma? con quali mezzi? Impedendo che i suoi monumenti crollino o vengano saccheggiati, naturalmente, ossia attraverso la loro conservazione, certo. Ma anche attraverso la loro conoscenza, ossia conoscenza della cultura all'interno della quale tutto ciò è stato creato e che attraverso di essi ci è stata tramandata. E questo costituisce un aspetto fondamentale della questione.

Non può esistere infatti conservazione senza memoria: i monumenti e le opere d'arte muoiono se le generazioni ne ignorano il contesto e il significato, così come le ragioni che li hanno prodotti e la cultura che nel tempo da essi è scaturita. Sarebbe come esporre *I bari* e *Narciso*[1] in una stanza completamente buia. Si avrebbe un bel dire che i dipinti di Caravaggio sprigionano luce propria, al buio ne emanerebbe comunque ben poca. L'impegno che, come sancito dall'articolo 9 della Costituzione, la Repubblica contrae con il patrimonio storico e artistico della Nazione non può riguardare solo la tutela materiale dei monumenti, ma anche (e forse soprattutto) la *memoria culturale* che a tali monumenti si lega presso i cittadini: la luce necessaria perché essi risultino visibili. Che cosa intendiamo con «memoria culturale»? Quella consapevolezza diffusa del passato, condivisa da una certa comunità, che risulta non soltanto dalla conoscenza storica degli eventi trascorsi (una memoria che, nelle sue forme più elaborate, appartiene soprattutto ai frequentatori di archivi e biblioteche); ma anche dal patrimonio di racconti, tradizioni, immagini, che formano la sostanza condivisa del passato nella consapevolezza di una comunità.

(M. Bettini, *A che servono i Greci e i Romani? L'Italia e la cultura umanistica*, Einaudi, Torino 2017)

1. ***I bari e Narciso*:** sono opere di Michelangelo Merisi, detto il Caravaggio (1571-1610), celebre per il particolare uso della luce nella sua pittura.

CONSEGNA

Dopo un'attenta lettura, elabora un testo di analisi e commento che non superi le cinque colonne di metà di foglio protocollo, sviluppando i seguenti punti:

1. **Analisi**
   - 1.1 Individua i due paragrafi in cui si articola il testo e sintetizza il contenuto di ciascuno in una breve frase.
   - 1.2 Qual è la tesi di fondo dell'autore? In quale punto del testo è esplicitata?
   - 1.3 Quale funzione ha dal punto di vista argomentativo il riferimento alla Costituzione italiana?
   - 1.4 Individua nel testo i connettivi e i segni di interpunzione che indicano gli snodi argomentativi fondamentali.
   - 1.5 Nel testo l'autore ricorre a un paragone: individualo e spiegalo con parole tue. Quale funzione riveste nell'argomentazione?
   - 1.6 In entrambi i paragrafi l'autore ricorre a delle domande a cui dà immediatamente risposta. Individuale e indica quale funzione hanno.

2. **Commento**

Spiega se condividi la tesi di Maurizio Bettini sul valore della memoria culturale ed esponi le tue opinioni sulla questione anche sulla base delle conoscenze acquisite nel tuo percorso di studio e delle tue personali esperienze.

GUIDA ALLO SVOLGIMENTO

Per ciascuno dei punti della traccia ti proponiamo alcuni suggerimenti operativi che potrebbero esserti utili per l'elaborazione del tuo testo.

1. Analisi	**Suggerimenti di metodo operativo**	**Spunti di risposta per l'elaborazione del testo**
1.1 Individua i due paragrafi in cui si articola il testo e sintetizza il contenuto di ciascuno in una breve frase.	• Leggi attentamente il testo e individua i due paragrafi di cui è composto. • Sottolinea le informazioni principali e le parole chiave del testo. • Riassumi il contenuto di ciascun paragrafo.	*Il testo è composto da due paragrafi (rr. 1-12 e rr. 13-25).* *Le informazioni principali e le parole chiave sono sottolineate nel testo.* *Possibili frasi di sintesi:* *1. Per tutelare l'eccezionale patrimonio culturale italiano è necessario conservarlo ma anche conoscerlo (rr. 9-12).* *2. Non può esistere conservazione del patrimonio senza memoria culturale, intesa come consapevolezza condivisa dalla comunità di cittadini della cultura elaborata nel passato (rr. 13-25).*
1.2 Qual è la tesi di fondo dell'autore? In quale punto del testo è esplicitata?	• Individua il punto del testo in cui viene esplicitata chiaramente la tesi principale dell'autore. • Ricorda che, generalmente, la tesi è collocata in una posizione di rilievo (all'inizio del testo o di un paragrafo, alla fine ecc.).	*La tesi di fondo dell'autore è condensata nella frase "Non può esistere [...] conservazione senza memoria", ovvero per tutelare il nostro patrimonio culturale è necessario conoscere il nostro passato, le nostre tradizioni culturali, non solo conservarne i monumenti.*

TIPOLOGIA B
Analisi e produzione di un testo argomentativo

PROVA SVOLTA

con spunti per l'elaborazione del testo

1.3 Quale funzione ha dal punto di vista argomentativo il riferimento alla Costituzione italiana?	• Considera quale funzione hanno in genere le citazioni da documenti autorevoli in un testo argomentativo. • Rifletti sul rapporto tra la natura del documento citato e l'argomento del testo.	*La Costituzione è l'insieme delle norme fondamentali su cui si basa l'ordinamento di uno stato: farvi riferimento serve a ribadire l'importanza fondamentale del patrimonio culturale, e quindi della memoria culturale necessaria a tutelarlo, per il nostro paese.*
1.4 Individua nel testo i connettivi e i segni di interpunzione che indicano gli snodi argomentativi fondamentali.	----	*I connettivi sono evidenziati in verde nel testo.*
1.5 Nel testo l'autore ricorre a un paragone: individualo e spiegalo con parole tue. Quale funzione riveste nell'argomentazione?	Ricorda che il paragone è una figura retorica di significato che instaura un confronto tra due termini o situazioni basato sulla somiglianza o sulla differenza.	*La conservazione materiale dei monumenti senza la conoscenza del contesto in cui sono stati prodotti e del loro significato è paragonata all'esposizione al buio di due quadri di Caravaggio (noti per il ruolo fondamentale giocato dalla luce). L'autore utilizza questo paragone per sottolineare l'importanza di tutelare e tramandare la memoria culturale, indispensabile per comprendere e condividere il nostro patrimonio culturale.*
1.6 In entrambi i paragrafi l'autore ricorre a delle domande a cui dà immediatamente risposta. Individuale e indica quale funzione hanno.	Per valutare l'effetto ottenuto dall'autore attraverso questa scelta, prova a immaginare il testo senza le domande: ritieni che l'argomentazione sarebbe altrettanto efficace? Quali aspetti si perderebbero dal punto di vista comunicativo?	*Le domande (evidenziate in giallo nel testo) hanno la funzione di sottolineare alcuni snodi fondamentali e di sviluppare l'argomentazione:* *- come si può tutelare il nostro patrimonio culturale?* *- che cos'è la memoria culturale?* *L'interrogazione, inoltre, è una forma dialogica: in questo caso le domande poste dall'autore potrebbero essere quelle di un interlocutore ideale, in cui il lettore si può immedesimare. In questo modo il lettore viene coinvolto e chiamato a partecipare a una riflessione di valore civile e di interesse comune.*
2. Commento	**Suggerimenti di metodo operativo**	**Spunti di risposta per l'elaborazione del testo**
Spiega se condividi la tesi di Maurizio Bettini sul valore della memoria culturale ed esponi le tue opinioni sulla questione anche sulla base delle conoscenze acquisite nel tuo percorso di studio e delle tue personali esperienze.	Puoi argomentare se secondo te la memoria culturale ha effettivamente un valore civile. Se sei d'accordo porta nuovi argomenti a sostegno di questa tesi e confuta possibili obiezioni. Puoi fare riferimento a esempi relativi alla situazione italiana.	----

Ambito letterario

Eugenio Montale, *Impegno, disimpegno, astensione dell'intellettuale: un'intervista radiofonica all'autore*

In più occasioni Eugenio Montale (1896-1981) si è espresso sul rapporto tra arte e politica, tra poesia e attualità, sia agli inizi dell'affermazione del fascismo (nel 1925, sul "Baretti", egli polemizzava contro l'uso strumentale della cultura), sia in pieno fascismo (nel 1940, sul "Primato" di Bottai, rivendicò l'autonomia del fatto artistico dalle finalità non artistiche).
Nel 1951, in un'intervista radiofonica, di cui si riporta parte della trascrizione, alle domande dell'intervistatore ("Vuol parlarci della sua esperienza umana in questi anni?"; "Come un poeta ha veduto e vissuto gli avvenimenti che fra le due guerre mondiali hanno straziato l'umanità?"; "Come pensa di aver reso attraverso la sua poesia questa acquisita esperienza?") così Montale risponde, esprimendo la propria idea del ruolo del poeta e della poesia nel periodo oscuro e tragico della dittatura fascista e negli anni successivi.

L'argomento della mia poesia (e credo di ogni possibile poesia) è la condizione umana in sé considerata, non questo o quell'avvenimento storico. Ciò non significa estraniarsi da quanto avviene nel mondo; significa solo coscienza, e volontà, di non scambiare l'essenziale col transitorio. Non sono stato indifferente a quanto è accaduto negli ultimi 30 anni; ma non posso dire che se i fatti fossero stati diversi anche la mia poesia avrebbe avuto un volto totalmente diverso. Un artista porta in sé un particolare atteggiamento di fronte alla vita e una certa attitudine formale a interpretarla secondo schemi che gli sono propri. Gli avvenimenti esterni sono sempre più o meno preveduti dall'artista; ma nel momento in cui essi avvengono cessano, in qualche modo, di essere interessanti. Fra questi avvenimenti che oso dire esterni c'è stato, e preminente per un italiano della mia generazione, il fascismo. Io non sono stato fascista e non ho cantato il fascismo; ma neppure ho scritto poesie in cui quella pseudo rivoluzione apparisse osteggiata. Certo, sarebbe stato impossibile pubblicare poesie ostili al regime d'allora; ma il fatto è che non mi sarei provato neppure se il rischio fosse stato minimo o nullo. Avendo sentito fin dalla nascita una totale disarmonia con la realtà che mi circondava, la materia della mia ispirazione non poteva essere che quella disarmonia. Non nego che il fascismo dapprima, la guerra più tardi, e la guerra civile più tardi ancora mi abbiano reso infelice; tuttavia esistevano in me ragioni di infelicità che andavano molto al di là, e al di fuori di questi fenomeni. Ritengo si tratti di un inadattamento, di un *maladjustement*[1] psicologico e morale che è proprio a tutte le nature a sfondo introspettivo, cioè a tutte le nature poetiche. Coloro per i quali l'arte è un prodotto delle condizioni ambientali e sociali dell'artista potranno obiettare: il male è che vi siete estraniato dal vostro tempo; dovevate optare per l'una o per l'altra delle parti in conflitto. Mutando o migliorando la società si curano anche gli individui; nella società ideale non esisteranno più scompensi o inadattamenti ma ognuno si sentirà perfettamente a suo posto; e l'artista sarà un uomo come un altro che avrà in più il dono del canto, l'attitudine a scoprire e a creare la bellezza. Rispondo che io ho optato come uomo; ma come poeta ho sentito subito che il combattimento avveniva su un altro fronte, nel quale poco contavano i grossi avvenimenti che si stavano svolgendo. L'ipotesi di una società futura migliore della presente non è punto disprezzabile, ma è un'ipotesi economica-politica che non autorizza illazioni d'ordine estetico, se non in quan-

1. ***maladjustement***: disadattamento (in francese).

to diventi mito. Tuttavia un mito non può essere obbligatorio. Sono disposto a lavorare per un mondo migliore; ho sempre lavorato in questo senso; credo persino che lavorare in questo senso sia il dovere primario di ogni uomo degno del nome di uomo. Ma credo altresì che non sono possibili previsioni sul posto che occuperà l'arte in una società migliore della nostra. [...]

Dopo questa premessa posso dirvi, in risposta alla vostra domanda, che io gli avvenimenti che fra le due guerre hanno straziato l'umanità li ho vissuti standomene seduto e osservandoli. Non avevo altro da fare. Nel mio libricino *Finisterre* (e basta il titolo a dimostrarlo) occupa tutto lo sfondo anche l'ultima grande guerra, ma riflesso. Nondimeno la mia reazione era tale che il libro sarebbe stato impubblicabile in Italia. La stampai a Lugano nel 1943. La sola epigrafe iniziale sarebbe stato fumo agli occhi dei censori fascisti. Essa dice: *Les princes* (cioè i dittatori) *n'ont point d'yeux pour voir ces grandes merveilles, leurs mains ne servent plus qu'à nous persécuter.*[2] Sono versi di un uomo che di stragi e di lotte s'intendeva: Agrippa d'Aubigné[3]. In definitiva, dettero al mio isolamento quell'alibi di cui esso aveva forse bisogno. La mia poesia di quel tempo non poteva che farsi più chiusa, più concentrata (non dico più oscura). Dopo la liberazione ho scritto poesie di ispirazione più immediata che per certi lati sembrano un ritorno all'impressionismo degli *Ossi di seppia*, ma di un più cauto controllo stilistico. Non vi mancano accenni a cose e fatti d'oggi. In ogni modo sarebbe impossibile il pensarle scritte dieci anni fa. E perciò, a parte il loro valore, che non posso giudicare, debbo concludere che mi sento perfettamente a posto col cosiddetto spirito del nostro tempo.

(*Confessioni di scrittori*, in "Quaderni della Radio", XI, Eri, Torino 1951, ora in E. Montale, *Sulla poesia*, Mondadori, Milano 1976)

2. *Les princes ... persécuter*: «i dittatori non hanno occhi per vedere queste grandi meraviglie; le loro mani servono a nient'altro che a perseguitarci» (A. d'Aubigné, *A Dieu*).
3. Agrippa d'Aubigné: Théodore Agrippa d'Aubigné è un poeta francese (1552-1630) politicamente impegnato e perseguitato.

CONSEGNA

Dopo un'attenta lettura, elabora un testo di analisi e commento che non superi le cinque colonne di metà di foglio protocollo, sviluppando i seguenti punti:

1. Analisi

1.1 In apertura del testo, prima di rispondere alle domande dell'intervistatore, Montale fa la sua dichiarazione di poetica, che rappresenta la sua tesi. Questa tesi è articolata in sottotesi? In queste prime righe è espressa un'antitesi? Come si sviluppano le argomentazioni del poeta?

1.2 Pur consapevole che la trasmissione in radio dell'intervista era destinata a un pubblico non specialistico, Montale non rinuncia a usare termini che in lui acquistano particolare valenza. Ricercali nel testo e spiegane il significato.

1.3 Quale rapporto Montale afferma di aver avuto con il fascismo? Quale fu in effetti? E quale rapporto esiste per Montale tra la sua infelicità e il fascismo?

1.4 Qual è il giudizio di Montale sulla poesia di ispirazione sociale?

2. Commento

Spiega la tua posizione nei confronti della tesi espressa da Montale. Argomenta in particolare se condividi che «la condizione umana in sé considerata» sia il vero argomento della poesia e se condividi che la poesia debba rifiutare le ideologie, qualunque esse siano, con attenzione al periodo storico in cui Montale rilasciò questa intervista. Fai riferimento alle conoscenze acquisite nel tuo percorso di studio.

GUIDA ALLO SVOLGIMENTO

Per ciascuno dei punti della traccia ti proponiamo alcuni suggerimenti operativi che potrebbero esserti utili per l'elaborazione del tuo testo.

1. Analisi	**Suggerimenti di metodo operativo**
1.1 In apertura del testo, prima di rispondere alle domande dell'intervistatore, Montale fa la sua dichiarazione di poetica, che rappresenta la sua tesi. Questa tesi è articolata in sottotesi? In queste prime righe è espressa un'antitesi? Come si sviluppano le argomentazioni del poeta?	Riporta la citazione della tesi espressa da Montale in apertura del testo. È ribadita in altre parti? Montale ne fornisce delle specificazioni che possono considerarsi sottotesi? L'antitesi è espressa esplicitamente oppure è implicita e sottintesa? Riconosci le argomentazioni prodotte dal poeta a sostegno della sua tesi e a confutazione dell'antitesi. Riporta le relative citazioni.
1.2 Pur consapevole che la trasmissione in radio dell'intervista era destinata a un pubblico non specialistico, Montale non rinuncia a usare termini che in lui acquistano particolare valenza. Ricercali nel testo e spiegane il significato.	Per esempio: che significato hanno «transitorio» (r. 3) ed «essenziale» (r. 3)? In che cosa consiste la loro differenza? Che cosa significa per lui «disarmonia»? Che cosa intende con «*maladjustement* … proprio … a tutte le nature poetiche» (rr. 17-18)?
1.3 Quale rapporto Montale afferma di aver avuto con il fascismo? Quale fu in effetti? E quale rapporto esiste per Montale tra la sua infelicità e il fascismo?	Ricerca nel testo tutti i riferimenti espliciti o impliciti al fascismo e ai comportamenti tenuti dal poeta nei suoi confronti. Eventualmente amplia la tua risposta con informazioni in tuo possesso su episodi che confermano oppure no le risposte di Montale alle domande dell'intervistatore su tale questione.
1.4 Qual è il giudizio di Montale sulla poesia di ispirazione sociale?	In quali passaggi del testo si fa riferimento alla poesia di ispirazione sociale?
2. Commento	**Suggerimenti di metodo operativo**
Spiega la tua posizione nei confronti della tesi espressa da Montale. Argomenta in particolare se condividi che «la condizione umana in sé considerata» sia il vero argomento della poesia e se condividi che la poesia debba rifiutare le ideologie, qualunque esse siano, con attenzione al periodo storico in cui Montale rilasciò questa intervista. Fai riferimento alle conoscenze acquisite nel tuo percorso di studio.	Sulla base delle tue esperienze di studio soffermati su come veniva affrontato in Italia e in altri Paesi (Francia, Inghilterra, Stati Uniti) il dilemma tra impegno e disimpegno dell'intellettuale in particolare negli anni del Secondo dopoguerra. Cita eventualmente alcuni degli intellettuali che hanno preso posizione a riguardo.

Ambito scientifico

Claudio Bartocci, *Invenzioni scientifiche tra casualità e intelligenza*

Questo passo, tratto da un saggio sull'invenzione scientifica scritto da Claudio Bartocci (1962), docente universitario di matematica e fisica, è dedicato alla "serendipità", il cui significato è il seguente: «dall'inglese serendipity*, coniato (1754) dallo scrittore inglese Horace Walpole che lo trasse dal titolo della fiaba* The three princes of Serendip*: era questo l'antico nome dell'isola di Ceylon, l'odierno Sri Lanka – La capacità o fortuna di fare per caso inattese e felici scoperte, spec. in campo scientifico, mentre si sta cercando altro» (da www.treccani.it).*

Il concetto di *serendipity* [...] si rivela particolarmente appropriato a descrivere quell'imponderabile fattore di "caso e sagacia"[1] che è caratteristico del processo di scoperta scientifica – così sottolineano, da diversi punti di vista, sociologi della conoscenza [...], epistemologi e storici della scienza – almeno fin dall'inizio degli anni Quaranta del secolo scorso. Gli esempi a questo riguardo certamente non fanno difetto: la scoperta dei raggi X da parte di Röntgen o quella della radioattività da parte di Becquerel sono entrambe "*serendipitous*", cioè dovute ad avvenimenti accidentali e ad osservazioni fortuite, così come il rilevamento dell'inaspettato "potere selettivo dei neutroni lenti" che vale a Fermi il premio Nobel per la Fisica nel 1938 o l'individuazione della "penicillina" a opera di Fleming. Insomma, chimici, fisici, biologi, medici trovano di continuo, nel corso della loro attività sperimentale e delle loro speculazioni teoriche, "cose di cui non vanno in cerca"[2]. Ma che dire dei matematici?

I meccanismi dell'invenzione matematica [...] rimangono in larga misura ancora indecifrati. Ma sembra fuor di dubbio che la genesi di nuove idee algebriche e geometriche non avvenga in accordo con schemi preordinati, e che il loro sviluppo non segua percorsi lineari: come ha scritto André Weil[3], "niente è più fecondo, tutti i matematici lo sanno, di quelle oscure analogie, di quelle ambigue corrispondenze fra una teoria e l'altra, quelle furtive carezze, quelle discordanze inesplicabili, e niente dà più piacere al ricercatore".

Proprio per queste ragioni, si potrebbe argomentare, la *serendipity* si annida non di rado nel più profondo dell'aggrovigliata complessità del processo di creazione matematica. Il matematico "trova cose che non va cercando" semplicemente perché, spesso, queste cose non esistono *ab initio*[4], ma prendono forma e sostanza soltanto nel corso di un avventuroso percorso di ricerca, in cui non sono esclusi errori, tentativi a vuoto, ragionamenti euristici, congetture azzardate, interrogativi senza risposta. Altrettante occasioni, per i principi di Serendip, di mettere alla prova la loro perspicacia, sfidare i capricci del caso e continuare, attraverso il mondo reale, la loro cavalcata[5].

(C. Bartocci, *Dimostrare l'impossibile. La scienza inventa il mondo*, Raffaello Cortina Editore, Milano 2014)

1. caso e sagacia: traduzione dell'espressione *by accidents and sagacity* usata da Walpole nella lettera a un amico nella quale fa per la prima volta uso del termine *serendipity*.
2. cose ... cerca: anche questa è una traduzione, dalla medesima lettera di Walpole, dall'inglese *things which they were not in quest of*.
3. André Weil: matematico francese (1906-1998).
4. *ab initio*: significa "dall'inizio", "in origine".
5. per i principi ... cavalcata: riferimento al contenuto della fiaba persiana.

CONSEGNA

Dopo un'attenta lettura, elabora un testo di analisi e commento che non superi le cinque colonne di metà di foglio protocollo, sviluppando i seguenti punti:

1. Analisi

1.1 Riassumi il contenuto di questo testo in circa 40-50 parole.

1.2 Definisci il concetto di *serendipity* con parole tue in una breve frase, rivolta a un destinatario non esperto. Inoltre prova a "tradurre" il neologismo inglese in italiano con un altro termine o espressione.

1.3 Oltre al caso quali altri elementi agiscono nella *serendipity*? In che cosa consiste a tuo parere la «sagacia»? In base alle informazioni fornite dal testo possiamo ritenere che le scoperte ottenute in tal modo siano sempre inconsapevoli?

1.4 Analizza il procedimento argomentativo, riconoscendo la tesi che esprime e le argomentazioni prodotte a favore. Individua anche i connettivi che segnalano i principali snodi del ragionamento.

2. Commento

A partire dalla questione affrontata nel testo di Claudio Bartocci, esponi le tue opinioni sulla *serendipity* e sulla funzione da essa svolta in campo scientifico e tecnologico. Rifletti anche sul ruolo che attualmente la *serendipity* svolge come metodo di ricerca applicato o applicabile a vari campi.

GUIDA ALLO SVOLGIMENTO

Per ciascuno dei punti della traccia ti proponiamo alcuni suggerimenti operativi che potrebbero esserti utili per l'elaborazione del tuo testo.

1. Analisi	**Suggerimenti di metodo operativo**
1.1 Riassumi il contenuto di questo testo in circa 40-50 parole.	Il testo può essere suddiviso in due blocchi. Qual è il tema dominante del primo e quale quello del secondo?
1.2 Definisci il concetto di *serendipity* con parole tue in una breve frase, rivolta a un destinatario non esperto. Inoltre prova a "tradurre" il neologismo inglese in italiano con un altro termine o espressione.	Sulla base delle informazioni che ricavi dal testo ed eventualmente aiutandoti con il dizionario formula una nuova definizione di *serendipity*, indicando i campi ai quali il vocabolo suole essere applicato. Per tradurre il termine inglese, prova a inventare un nuovo neologismo, oppure trova una forma estremamente sintetica (per esempio sostantivo + aggettivo, oppure sintagma con specificazione) per esprimere il concetto.
1.3 Oltre al caso quali altri elementi agiscono nella *serendipity*? In che cosa consiste a tuo parere la «sagacia»? In base alle informazioni fornite dal testo possiamo ritenere che le scoperte ottenute in tal modo siano sempre inconsapevoli?	Le scoperte ottenute in modo *serendipitous* sono solo casuali e fortunate? Davvero il ricercatore, lo scienziato non ne hanno nessun merito? Che cosa significa, anche etimologicamente, «sagacia»? Dopo che si sono verificate le scoperte citate nel testo, pensi che la *serendipity* continui a essere un atteggiamento inconsapevole?
1.4 Analizza il procedimento argomentativo adottato, riconoscendo la tesi che esprime e le argomentazioni prodotte a favore. Individua anche i connettivi che segnalano i principali snodi del ragionamento.	Segui il ragionamento dell'autore frase dopo frase, distinguendo tra premesse del ragionamento, enunciazione della tesi e argomentazioni a favore. Individua anche i connettivi che segnalano i principali snodi del ragionamento, sia semantici sia grammaticali, e riconosci la funzione che svolgono ai fini dell'argomentazione.
2. Commento	**Suggerimenti di metodo operativo**
A partire dalla questione affrontata nel testo di Claudio Bartocci, esponi le tue opinioni sulla *serendipity* e sulla funzione da essa svolta in campo scientifico e tecnologico. Rifletti anche sul ruolo che attualmente la *serendipity* svolge come metodo di ricerca applicato o applicabile a vari campi.	Per formulare la tua tesi al riguardo e sostenerla con argomentazioni valide puoi riferirti a conoscenze acquisite nel tuo percorso di studio (soprattutto in ambito scientifico e tecnologico), a eventuali letture di articoli di divulgazione scientifica e a notizie di cronaca.

TIPOLOGIA B Analisi e produzione di un testo argomentativo

Ambito economico e tecnologico

Luca De Biase, *Il lavoro del futuro*

Questo testo è tratto da un saggio pubblicato nel 2018 e intitolato Il lavoro del futuro.
L'autore, il giornalista economico Luca De Biase (1956), vi riporta i risultati di un'indagine condotta attraverso analisi, interviste e case studies, *anticipati nei mesi precedenti in numerosi servizi per il quotidiano "Il Sole 24 Ore", riguardanti uno dei temi più caldi e urgenti della nostra società: l'incidenza delle trasformazioni tecnologiche sul mondo dell'economia e del lavoro.*

Il futuro è la conseguenza della storia che si scrive nel presente. E poiché si tratta di una storia di trasformazione piuttosto radicale, è bene diffidare di qualunque formula preconfezionata che pretende di descrivere l'avvenire. Specie se si parla di lavoro del futuro, questione maledettamente concreta e responsabilizzante, che impone di pensare all'educazione dei figli, alla polarizzazione tra chi ce la fa e chi resta indietro, alla qualità della vita di tutti.

Occorre evitare le impostazioni estreme: da una parte, i tecnofili convinti che la crescita esponenziale della potenza degli strumenti digitali sia la garanzia che i problemi saranno risolti dalle versioni future della tecnologia; dall'altra, i pessimisti secondo cui le macchine miglioreranno tanto da distruggere il lavoro degli uomini. Gli estremi si toccano: in realtà, a oggi le tecnologie digitali mostrano una chiara capacità di accrescere in maniera esponenziale soprattutto i problemi, mentre le soluzioni emergono ancora a una velocità più modestamente "culturale".

Di certo, l'innovazione consuma i mestieri legati alle tecnologie obsolete e allo stesso tempo crea nuove opportunità. E a preoccupare è la diversa dinamica di queste due facce del cambiamento. Tuttavia, si va delineando una prospettiva che parte da un'osservazione: l'innovazione può eliminare alcune (e forse molte) vecchie mansioni, ma di sicuro la mancanza di innovazione distrugge occupazione, mentre ciò che crea nuove imprese ha bisogno di nuove persone. Le soluzioni non sono scritte sui ricettari. Il lavoro del futuro si conquista centimetro dopo centimetro. [...]

Nell'indagine sul futuro del lavoro che ho condotto è emersa un'umanità che non ha paura delle macchine che ha creato, ma che casomai fa paura all'altra umanità, quella che le macchine proprio non sa come sono fatte e quindi non le comprende. Il problema non è che l'economia è disumana perché investe su macchine che sostituiscono gli uomini, ma che non investe abbastanza sulle persone e sulla loro formazione affinché sappiano creare, distribuire, utilizzare le macchine per esprimere appieno la propria umanità.

(L. De Biase, *Il lavoro del futuro*, Codice Edizioni, Torino 2018)

CONSEGNA

Dopo un'attenta lettura, elabora un testo di analisi e commento che non superi le cinque colonne di metà di foglio protocollo, sviluppando i seguenti punti:

1. Analisi

1.1 Riassumi in massimo 60-70 parole il contenuto del brano, sintetizzando le problematiche in esso sollevate e la proposta di soluzione da parte dell'autore.

1.2 Qual è il tema generale del testo?

1.3 Quali interpretazioni del tema in questione sono riferite nel testo?

1.4 Qual è la tesi dell'autore? È espressa un'antitesi?

1.5 Analizza il lessico e segnala le aree semantiche dominanti e corrispondenti ai temi trattati; inoltre individua nel testo i connettivi che segnalano gli snodi argomentativi fondamentali.

2. Commento

Spiega se condividi la tesi di Luca De Biase e se le sue argomentazioni sono a tuo parere valide. Esponi le tue opinioni sul tema del rapporto tra innovazioni digitali e mondo del lavoro, in particolare sul dilemma se lo sviluppo tecnologico e le conseguenti trasformazioni economiche favoriscano oppure no le prospettive di lavoro nell'attuale fase storica e nel prossimo futuro.

PER ESERCITARTI

In vista dell'esame ti suggeriamo altri spunti di riflessione e approfondimento a partire dal testo proposto.

- Commenta la frase di apertura del testo: «Il futuro è la conseguenza della storia che si scrive nel presente», applicandola eventualmente ad altre tematiche, oltre a quella oggetto del testo proposto.

Ambito artistico

Carlo Bertelli, *Il museo come nuova frontiera dell'architettura*

Lo storico d'arte Carlo Bertelli (1930), illustra in questo testo, tratto da un manuale scolastico di storia dell'arte, le nuove caratteristiche dei musei d'arte contemporanea, ospitati in edifici progettati da "archistar" che costituiscono essi stessi opere d'arte.

Il museo come tipologia edilizia vanta una lunga storia nell'architettura moderna del secolo scorso [...]. Tuttavia è negli ultimi trent'anni del Novecento che il tema è diventato di primo piano. Ciò è dovuto anzitutto al nuovo ruolo attribuito agli edifici museali, che abbandonano la tradizionale immagine di "scrigno" riservato a un'élite di amatori e ampliano le proprie funzioni. Il museo diventa un contenitore complesso, che deve sapere rispondere alle necessità non più solo espositive ma anche performative[1] dell'arte contemporanea, nonché dialogare con un pubblico più vasto e diversificato. Inoltre, come accade per le architetture della metropoli, all'edificio-museo viene spesso chiesto di assumere una valenza simbolica e spettacolare. Due esempi emblematici: il Guggenheim Museum di Bilbao[2], in cui il "contenitore" richiede e merita un'autonoma fruizione estetica; il Museo Ebraico di Berlino[3], in cui è la funzione simbolica a essere privilegiata. Gli architetti che progettano i musei contemporanei, infine, si trovano a dover immaginare un'estetica che sappia dialogare con il contesto metropolitano, come nel caso del Centre Pompidou a Parigi[4], progettato da Renzo Piano (n. 1937) e Richard Rogers (n. 1933) e spesso a dover fronteggiare problematiche legate al riuso e al cambio di destinazione di edifici già esistenti, molto spesso di origine industriale, come nel caso della Tate Modern di Londra[5].

(C. Bertelli, *Il museo come nuova frontiera dell'architettura*, in C. Bertelli, *Invito all'arte*, 3, Edizioni Scolastiche Bruno Mondadori, Pearson Italia, Milano-Torino 2017)

1. **necessità ... performative:** cioè di coinvolgimento fisico ed emozionale del visitatore nell'edificio museale e relazionale con tutti gli altri soggetti che vi interferiscono: architetto progettista, curatore delle collezioni, opere d'arte esposte, altri visitatori ecc.
2. **Guggenheim Museum di Bilbao:** progettato dall'architetto canadese Frank O. Gehry (1929) e inaugurato nel 1997 a Bilbao, città basca nel nord della Spagna, di cui è divenuto il simbolo. Edificato sulle rive di un fiume, tutto linee curve, coperto da piastre di titanio luccicanti al sole, assomiglia, a seconda del punto di vista, a una nave, a un gigantesco pesce o a un fiore.
3. **Museo Ebraico di Berlino:** è il più grande museo ebraico d'Europa, progettato dall'architetto ebreo polacco naturalizzato statunitense Daniel Libeskind, subito dopo la caduta del Muro di Berlino (1989), e dedicato alla storia degli Ebrei in Germania. La sua forza evocativa della tragedia dell'Olocausto risiede nella stessa struttura architettonica tutta linee dritte, oblique, spazi claustrofobici, buio e luci soffuse.
4. **Centre Pompidou a Parigi:** conosciuto anche come Beaubourg, dal nome della strada in cui è ubicato, è un edificio polifunzionale. Ispirato dal presidente della Repubblica francese Georges Pompidou, progettato nel 1971, fu inaugurato nel 1977. Allora rappresentò una radicale innovazione architettonica per l'esibizione in facciata degli impianti strutturali (tubazioni, travi, pilastri, scala mobile ecc.), che rimandano a un edificio industriale piuttosto che museale e che sono enfatizzati dalla vivace colorazione.
5. **Tate Modern di Londra:** progettato dallo studio svizzero di architetti Herzog & de Meuron come riconversione di una ex centrale elettrica nella zona un tempo industriale di Bankside sulle rive del Tamigi, inaugurato nel 2000, è il museo d'arte moderna più visitato al mondo.

CONSEGNA

Dopo un'attenta lettura, elabora un testo di analisi e commento che non superi le cinque colonne di metà di foglio protocollo, sviluppando i seguenti punti:

1. Analisi

1.1 Riassumi in un massimo di 30-40 parole il contenuto del brano.

1.2 Il tema oggetto di questo testo corrisponde al titolo?

1.3 Qual è la tesi dell'autore riguardo al tema in discussione? Quali sono le sottotesi? È espressa un'antitesi?

1.4 Quali argomentazioni sono prodotte dall'autore a favore della sua tesi? Di che tipo sono (deduttiva, induttiva, abduttiva, analogica ecc.)?

1.5 Riconosci l'articolazione del discorso in blocchi di testo e individua i connettivi che segnalano la coerenza tra un blocco e l'altro e la coesione grammaticale e semantica interna a ciascuno di essi.

2. Commento

Spiega se condividi la tesi di Carlo Bertelli e le sue argomentazioni, riferite a quattro esempi di musei contemporanei. Esponi la tua opinione sul tema dell'attuale configurazione dei musei, specie di quelli dedicati all'arte contemporanea. Esprimi una tua tesi interpretativa sul ruolo che essi svolgono oggi e sostienila con argomentazioni tratte, oltre che dalle conoscenze acquisite, anche dalle tue personali esperienze di fruitore di musei e dalle riflessioni che ne hai sviluppato.

PER ESERCITARTI

In vista dell'esame ti suggeriamo altri spunti di riflessione e approfondimento a partire dal testo proposto.

- Secondo alcuni critici, i visitatori dei musei d'arte contemporanea sono sottoposti a una pluralità di stimoli e di informazioni, a una contaminazione di percezioni multisensoriali, analoga a quella che vivono i navigatori della rete. Ti sembra un paragone sostenibile? Motiva la tua risposta.

Ambito letterario

Italo Calvino, *L'esattezza*

Nel 1985 Italo Calvino aveva preparato per l'Università di Harvard una serie di conferenze – che però non poté tenere per la morte sopraggiunta a settembre di quell'anno – per illustrare quelli che per lui erano i valori fondamentali della letteratura per il nuovo millennio. Le lezioni furono successivamente pubblicate sotto il titolo Lezioni americane. Sei proposte per il prossimo millennio.

La terza di queste lezioni è dedicata all'esattezza in letteratura, alla quale egli attribuiva il compito di contrastare quella tendenza all'approssimazione e alla superficialità, a suo parere dilagante – come una «epidemia pestilenziale» – non solo in letteratura ma nella società in generale.

Come esempio di riferimento di questo valore Calvino indica, sorprendentemente, Giacomo Leopardi, cioè colui che – sono sue parole – «sosteneva che il linguaggio è tanto più poetico quanto più è vago, impreciso».

Nel passo che segue riportiamo la definizione calviniana di esattezza e le argomentazioni portate a sostegno della scelta di Leopardi come suo testimone esemplare.

Esattezza vuol dire per me soprattutto tre cose:

1) un disegno dell'opera ben definito e ben calcolato;

2) l'evocazione d'immagini visuali nitide, incisive, memorabili;

3) un linguaggio il più preciso possibile come lessico, e come resa delle sfumature del pensiero e dell'immaginazione.

[...]

Per mettere alla prova il mio culto dell'esattezza, andrò a rileggermi i passi dello *Zibaldone*, in cui Leopardi fa l'elogio del «vago». Dice Leopardi: «Le parole *lontano*, *antico* e simili sono poeticissime e piacevoli, perché destano idee vaste, e indefinite [...]» (25 settembre 1821). «Le parole *notte*, *notturno*, ec., le descrizioni della notte sono poeticissime, perché la notte confondendo gli oggetti, l'animo non ne concepisce che un'immagine vaga, indistinta, incompleta, sì di essa che di quanto essa contiene. Così *oscurità*, *profondo*, ec. ec.» (28 settembre 1821).

Le ragioni di Leopardi sono perfettamente esemplificate dai suoi versi, che danno loro l'autorità di ciò che è provato dai fatti. [...] Continuo a sfogliare lo *Zibaldone* cercando altri esempi di questa sua passione ed ecco trovo una nota più lunga del solito, un elenco di situazioni propizie allo stato d'animo dell'«indefinito»:

... la luce del sole o della luna, veduta in luogo dov'essi non si vedano e non si scopra la sorgente della luce; un luogo solamente in parte illuminato da essa luce; il riflesso di detta luce, e i vari effetti materiali che ne derivano; il penetrare di detta luce in luoghi dov'ella divenga incerta e impedita, e non bene si distingua, come attraverso un canneto, una selva, per li balconi socchiusi ec. ec.; la detta luce veduta in luogo, oggetto, ec. dov'ella non entri e non percota dirittamente, ma vi sia ribattuta e diffusa da qualche altro luogo od oggetto ec. dov'ella venga a battere; in un andito veduto al di dentro o al di fuori, e in una loggia parimente ec. quei luoghi dove la luce si confonde ec. ec. colle ombre, come sotto un portico, in una loggia elevata e pensile, fra le rupi e i burroni, in una valle, sui colli veduti dalla parte dell'ombra, in modo che ne siano indorate le cime; il riflesso che produce, per esempio, un vetro colorato su quegli oggetti insomma che per diverse materiali e menome circostanze giungono alla nostra vita, *udito* ec. in modo incerto, mal distinto, imperfetto, incompleto, o fuor dell'ordinario ec.[1]

Ecco dunque cosa richiede da noi Leopardi per farci gustare la bellezza dell'indeterminato e del vago! È una attenzione estremamente precisa e meticolosa che egli esige nella composizione d'ogni immagine, nella definizione minuziosa dei dettagli, nella scelta degli oggetti, dell'illuminazione, dell'atmosfera, per raggiungere la vaghezza desiderata. Dunque Leopardi, che avevo scelto come contraddittore ideale della mia apologia dell'esattezza, si rivela un deciso testimone a favore.

(I. Calvino, *Lezioni americane. Sei proposte per il prossimo millennio*, Garzanti, Milano 1988, poi Arnoldo Mondadori Editore, Milano 1993)

1. la luce ... ec.: dallo *Zibaldone*, 20 Settembre 1821.

CONSEGNA

Dopo un'attenta lettura, elabora un testo di analisi e commento che non superi le cinque colonne di metà di foglio protocollo, sviluppando i seguenti punti:

1. Analisi

1.1 Riformula con parole tue la definizione di "esattezza" in letteratura secondo il significato che le attribuisce Calvino.

1.2 Sintetizza in una breve frase la tesi dell'autore e indica il punto del testo in cui è enunciata.

1.3 Qual è l'antitesi? È espressa esplicitamente oppure è implicita? Quali sono le argomentazioni (esplicite o implicite) a favore dell'antitesi? Come le confuta Calvino?

1.4 Individua nel testo i connettivi che rendono evidenti i passaggi dell'argomentazione.

2. Commento

Sulla base delle osservazioni fin qui svolte, oltre che delle conoscenze acquisite nel corso dei tuoi studi, scrivi un testo argomentativo in cui esponi le tue riflessioni sulla questione proposta, esprimendo e argomentando il tuo personale punto di vista rispetto a quello di Italo Calvino.

TIPOLOGIA B Analisi e produzione di un testo argomentativo

Ambito letterario

Andrea Battistini, *Pinocchio*

Il testo che proponiamo è tratto da un manuale di storia letteraria, precisamente dal capitolo dedicato alla letteratura per l'infanzia nell'Italia postunitaria, ed espone un'interpretazione de Le avventure di Pinocchio. Storia di un burattino *(1883) di Carlo Collodi. Curatore del manuale è Andrea Battistini (1947), docente universitario e saggista.*

Il fiorentino Carlo Collodi (pseudonimo di Carlo Lorenzini, 1826-1890), uno specialista di narrativa per l'infanzia, crea con *Le avventure di Pinocchio* (1883) un divertente romanzo fiabesco che, travalicando gli intenti pedagogici, immerge il lettore in un incantato e variopinto universo fantastico, congeniale alla fantasia e all'anarchica voglia di libertà dell'immaginario infantile. Pinocchio è un burattino di legno, misteriosamente vivo e animato dai sentimenti e dal carattere di un piccolo monello: capriccioso, bugiardo, ribelle, egoista, pigro, incline a cedere a qualsiasi tentazione gli si presenti, ma, in fondo, generoso, pieno di affetto e pronto a sacrificarsi per chi gli sta a cuore. La sua storia è tutto un frenetico, vertiginoso concatenarsi di episodi sempre nuovi e sorprendenti, talvolta bislacchi o addirittura surreali. Solo la sua macrostruttura narrativa si attiene a un progetto educativo. Pinocchio, a causa delle sue disubbidienze ai saggi consigli del padre e di due figure magiche della coscienza adulta (il Grillo Parlante e la Fata Turchina), deve affrontare una sequela di prove, pericoli, peripezie e metamorfosi di ogni genere, verso una faticosa e progressiva maturazione, che culmina nella metamorfosi finale. Nelle ultime pagine, infatti, il pupazzo di legno, fabbricato da un falegname-papà poverissimo, diventa per magia un vero bambino in carne e ossa, diligente, rispettoso del genitore e perfino economicamente benestante.

È una sintesi inedita tra il genere adulto e realistico del romanzo di formazione e quello infantile e fantastico della favola, popolata da animali fantastici, fate, orchi, mostri, incantesimi. La straordinaria attrattiva di questo capolavoro quasi involontario, che all'epoca ebbe meno successo di *Cuore*[1] ma è diventato un classico della letteratura mondiale, tra i più amati dai bambini, dipende dall'inesauribile ricchezza di motivi romanzeschi, invenzioni fantastiche nonché veri e propri archetipi dell'immaginario occidentale che Collodi ha saputo brillantemente innestare su questo brogliaccio narrativo. Di qui la varietà degli episodi, che spaziano da situazioni tipiche del *gothic novel*[2], come l'impiccagione, a quelle del mito biblico (la balena[3]), dalla leggenda popolare (il Paese dei Balocchi[4]) ai miti classici (le metamorfosi[5]), e l'ampiezza dei registri, dal macabro all'inquietante, dal sentimentale al tragico, dal

1. ***Cuore*:** romanzo di Edmondo De Amicis (1846-1908), pubblicato nel 1886, uno dei testi più popolari della letteratura pedagogica per ragazzi.
2. ***gothic novel*:** romanzo gotico, è un genere narrativo sviluppatosi dal XVIII-XIX secolo in Inghilterra, attualmente ripreso in molta letteratura e filmografia di consumo, caratterizzato dalla mescolanza di elementi romantici e dell'orrore, in ambienti considerati "medievali", come castelli, grotte, paesaggi tenebrosi ecc.
3. **la balena:** riferimento all'episodio biblico (divenuto un *tòpos* letterario), narrato nel *Libro di Giona*, nel quale Giona viene inghiottito e poi vomitato da un grande pesce, simbolo dell'abisso in cui era sprofondato con la sua disobbedienza.
4. **Paese dei Balocchi:** il luogo immaginario descritto da Collodi rimanda ad altri miti popolari di luoghi felici, dove regnano l'abbondanza e il benessere, come il paese di Cuccagna e il paese di Bengodi, e altri ancora che hanno archetipi in ogni cultura (vedi il biblico Eden), ampiamenti ripresi in letteratura e nelle arti figurative (basti citare gli esempi di Boccaccio nella novella di *Calandrino e l'elitropia* e di Bruegel il Vecchio nel dipinto *Il Paese di cuccagna*).
5. **metamorfosi:** numerosi sono i miti classici basati sulla metamorfosi, cioè sulla trasformazione da una forma a un'altra (vegetale, animale, umana ecc.). Opera letteraria fondamentale è *Le Metamorfosi* del poeta latino Ovidio (43 a.C.-17 o 18 d.C.).

favoloso al quotidiano. D'altra parte la dimensione fiabesca non offusca lo sguardo crudamente realistico gettato sulla vita sociale contemporanea, vista dal basso di una condizione semiproletaria: il burattino patisce la miseria più nera, i morsi concreti della fame, la prepotenza e i soprusi incomprensibili delle autorità costituite. Ma le peripezie di Pinocchio, anche quando sono commoventi o tragiche, non riescono lacrimose, perché la sua è una storia vivace e scanzonata di avventure e vagabondaggi, mentre la sua gioiosa voglia di divertirsi, l'inestinguibile vitalità e il rifiuto dello studio gli fanno incarnare la mentalità ribelle dei bambini e la loro distanza dal mondo degli adulti.

(da *Il decollo industriale della narrativa e la letteratura per l'infanzia*, a cura di A. Battistini, in *Letteratura italiana*, II, il Mulino, Bologna 2014)

CONSEGNA

Dopo un'attenta lettura, elabora un testo di analisi e commento che non superi le cinque colonne di metà di foglio protocollo, sviluppando i seguenti punti:

1. Analisi

- **1.1** Riassumi il contenuto dell'articolo in un testo di circa 50 parole.
- **1.2** Qual è l'interpretazione data dall'autore all'opera in esame?
- **1.3** Riconosci le argomentazioni addotte a sostegno della tesi sostenuta.
- **1.4** Analizza la struttura del testo e la sua articolazione interna in blocchi, individuando i connettivi che collegano un blocco di testo all'altro e le parole chiave di ciascuno.

2. Commento

Spiega se condividi la tesi di Battistini: integralmente, o in parte, oppure no. Argomenta il tuo punto di vista, facendo riferimento all'eventuale conoscenza di altre tesi interpretative, oppure sviluppando un ragionamento teorico generale.

PER ESERCITARTI

In vista dell'esame ti suggeriamo altri spunti di riflessione e approfondimento a partire dal testo proposto.

- A sostegno della tua argomentazione, puoi fare riferimento al seguente passo del critico letterario Alberto Asor Rosa (1933):

> Il destino di un libro come *Le avventure di Pinocchio* è d'esser nato come un fantastico libro per bambini, per diventare poi, cammin facendo, un grande libro per grandi, senza smettere mai d'essere un fantastico libro per bambini. In questa duplicità, a tal punto ricorrente da divenire, se così si può dire, permanente, stanno il suo fascino, la sua illimitata disponibilità alla lettura, la sua capacità di parlare a popoli e generazioni diversi e di rivestire, al di là della versione originaria, altre forme e altri linguaggi in movimento (dai balocchi ai cartoons, dai films di animazione, celebre una reinterpretazione disneyana, ai films veri e propri, recente e volenterosa, anche se non pienamente riuscita, la rielaborazione di Roberto Benigni) [...].
>
> (A. Asor Rosa, *L'ambiguità di Pinocchio*, in www.repubblica.it, 4 gennaio 2005)

Ambito letterario

Giuliana Rotondi, *Siamo tutti futuristi*

Il testo che proponiamo è costituito da ampi stralci di un articolo della giornalista, scrittrice e blogger Giuliana Rotondi (1981) comparso sulla versione digitale della rivista "Focus Storia" nel 2009, nel centenario della pubblicazione del Manifesto del Futurismo *sul quotidiano "Le Figaro" di Parigi nel 1909. Al movimento futurista è per l'appunto dedicato questo articolo a carattere divulgativo che lo interpreta da una prospettiva poco consueta.*

Cos'hanno in comune Topolino, Tex Willer[1] e il movimento futurista? Apparentemente niente. Eppure un sottile filo rosso unisce i loro linguaggi. Questo per esempio: *zang tumb tumb tuuuuuuuumb tuuuuuum tuum*. Furono i futuristi i primi a intuire e sviluppare i potenziali inespressi del linguaggio, quelli alla base della nostra pubblicità e della comunicazione di massa. Li sperimentarono in opere per i tempi rivoluzionarie come il *Bombardamento di Adrianopoli*[2], un testo d'avanguardia scritto dal poeta Filippo Tommaso Marinetti (1876-1944), in cui lo scrittore faceva ricorso a frasi come questa: "*5 secondi cannoni da assedio sventrrrrare spazio con un accordo ZZZANG TUMB TUM ammutinamento*". L'idea, in questo caso, era trasformare i colpi di mitragliatrice in "parola-suono": *taratatatatata*. E gli schiaffi e i pugni in *pic-pac-pum-tumb*. Proprio come nelle nuvolette (balloon) dei fumetti[3].

Le idee provocatorie dei futuristi sono ormai vecchie di cent'anni: il primo manifesto del movimento fu infatti pubblicato a Parigi il 20 febbraio 1909. Eppure le loro visioni sono diventate la nostra realtà. Non solo nei fumetti.

Tutto da rifare

«Molti elementi architettonici del nostro tempo sono stati pensati, progettati o semplicemente immaginati dai futuristi» spiega Elio Grazioli, critico d'arte e docente di Storia dell'arte contemporanea all'Università di Bergamo. «Pensiamo per esempio alle sopraelevate. O ai *tapis roulant* di aeroporti e metropolitane: progetti visionari che partivano dal desiderio di trasformare le città in luoghi più moderni, al passo con le evoluzioni della tecnica e della società industriale. Centri urbani in cui il flusso da uno spazio all'altro potesse essere non solo agevolato, ma esaltato».

Cambiare tutto, a partire dalle città: era questo l'obiettivo dei futuristi. Le loro parole d'ordine erano velocità, dinamismo e attivismo in ogni ambito della società: dall'arte alla letteratura e all'architettura, dalla politica alla musica fino alla vita quotidiana, moda e cucina comprese. Per i futuristi, il "logorio della vita moderna"[4] non era un problema, ma un obiettivo da raggiungere.

1. **Topolino, Tex Willer:** sono i nomi di due celeberrimi personaggi di fumetti: Topolino, il *Mickey Mouse* creato da Walt Disney nel 1928, e Tex Willer, protagonista di Tex, ideato da Luigi Bonelli e Aurelio Galleppini nel 1948.
2. ***bombardamento di Adrianopoli*:** si intende il poemetto *Zang tumb tuuum*, ispirato all'assedio della città di Adrianopoli del 1912 durante la prima guerra balcanica, pubblicato da Filippo Tommaso Marinetti nel 1914. Per riprodurre l'effetto sensoriale ed emotivo della battaglia l'autore utilizza la tecnica di scrittura futurista delle "parole in libertà" in un contesto di stampa con caratteri di varie dimensioni e colori a forte impatto visivo.
3. **nuvolette (balloon) dei fumetti:** con il termine inglese *balloon* (letteralmente "palloncino") si indica il segno grafico convenzionalmente usato nei fumetti e nei fotoromanzi per contenere i testi pronunciati o pensati da un personaggio, o emessi da una fonte sonora.
4. **"logorio della vita moderna":** si tratta di uno slogan celebre negli anni Sessanta del Novecento, pronunciato in un "Carosello" per la pubblicità di un liquore amaro.

Grandi mutamenti

Del resto, lo sfondo era un Paese in frenetica crescita, che dal 1860 al 1900 era passato da 22 milioni di abitanti a 33 milioni e che fra il 1901 e il 1914 era stato travolto dall'industrializzazione e dalla diffusione di novità assolute come la radio, l'energia elettrica e le prime tramvie e metropolitane.

«I futuristi erano consapevoli di vivere un periodo di profonde trasformazioni» continua Grazioli. «E le intercettarono e le rielaborarono in maniera costruttiva e propositiva. Furono per esempio tra i primi a promuovere un uso moderno e intelligente della pubblicità. Non a caso scelsero di pubblicare il loro manifesto programmatico sul *New York Times*[5] dei tempi: *Le Figaro*, il quotidiano di Parigi, in quegli anni capitale internazionale dell'arte». E anche l'idea di "dare scandalo" per ottenere visibilità mediatica fu una loro intuizione.

L'arte dello scandalo

Le loro esibizioni si trasformavano regolarmente in risse, più o meno organizzate. E si concludevano con l'arrivo delle forze dell'ordine. Con un inevitabile contraccolpo (positivo) mediatico, perché le pagine di cronaca dei giornali riprendevano la notizia e la segnalavano ai lettori, dando rilievo all'evento.

"Grande serata futurista" recitava la prima pagina della rivista Lacerba[6] del 12 dicembre 1913, un "resoconto sintetico (fisico e spirituale) della serata". "Coraggio, strafottenza, disinvoltura, idee nuove, insulti necessari" le armi messe in campo dai futuristi. "Patate, carote, acciughe, sardine e uova" quelle usate dal pubblico. E poi la rissa: "Un ferito (Marinetti) tra i futuristi" con "molti feriti in platea (dai loro compagni dei palchi)". E un esito inevitabilmente incendiario: "Risultati: irritazione del pubblico che voleva ascoltare. Aumento di simpatie per il futurismo. Conversioni immediate al futurismo".
«I pubblicitari oggi sanno che una delle regole per ottenere successo sul mercato è far circolare il marchio del proprio prodotto e fare in modo che la gente ne parli. I futuristi lo scoprirono per primi». [...]

(G. Rotondi, *Siamo tutti futuristi*, in "Focus Storia" n. 32, 8 giugno 2009)

5. ***New York Times***: attualmente è considerato il quotidiano più autorevole al mondo.

6. **Lacerba**: rivista letteraria fondata a Firenze da Giovanni Papini a gennaio del 1913, su posizioni vicine a quelle dei futuristi.

TIPOLOGIA B

Analisi e produzione di un testo argomentativo

CONSEGNA

Dopo un'attenta lettura, elabora un testo di analisi e commento che non superi le cinque colonne di metà di foglio protocollo, sviluppando i seguenti punti:

1. Analisi

1.1 Sintetizza il contenuto dell'articolo formulando un brevissimo testo in linguaggio giornalistico, nella forma dell'occhiello, come se dovesse essere pubblicato sotto il titolo.

1.2 Quali informazioni ricaviamo sul Futurismo da questo articolo?

1.3 Qual è la tesi sostenuta dall'autrice? Quali argomentazioni sono prodotte a favore della tesi?

1.4 Individua nel testo i connettivi grammaticali e semantici che segnalano gli snodi argomentativi fondamentali.

2. Commento

A partire dall'articolo di Giuliana Rotondi, esponi una tua interpretazione sull'influenza del movimento futurista nella cultura e nello stile di vita e di comunicazione del '900 e del tempo attuale.

PER ESERCITARTI

In vista dell'esame ti suggeriamo altri spunti di riflessione e approfondimento a partire dal testo proposto.

- Commenta la frase conclusiva del testo: «I pubblicitari oggi sanno che una delle regole per ottenere successo sul mercato è far circolare il marchio del proprio prodotto e fare in modo che la gente ne parli. I futuristi lo scoprirono per primi».

Ambito letterario ed economico

Fabrizio Galimberti, *Perché «i bei tempi andati» non erano affatto belli*

Fabrizio Galimberti, economista e giornalista, ha dedicato al tema "Economia e letteratura" una serie di articoli pubblicati su "Il Sole 24 Ore", nella sezione "Junior 24 - L'economia spiegata ai ragazzi".

Ritorniamo sul filone "Economia e letteratura" con le novelle del «Marcovaldo» di Italo Calvino. Una raccolta di novelle per ragazzi ma anche per adulti, in cui si ritrovano spunti per il tema «economia e ambiente» sotto angolature diverse dal solito. Si tratta di venti novelle che hanno come protagonista Marcovaldo, un "uomo qualunque" che fa un mestiere poco qualificato in un'impresa qualunque di una città qualunque. Marcovaldo, sempre alle prese con pochi soldi e una famiglia numerosa, sogna, seguendo il ritmo delle stagioni, le gioie semplici della natura; si estasia di fronte a dei funghi che crescono accanto agli alberi del viale, vuole addormentarsi su una panchina del parco, vicino a fiori odorosi o, seguendo ragionamenti più terra-terra, vorrebbe mettere in tavola un grassottello e bianco coniglio invece delle scialbe salsicce preparate dalla moglie Domitilla.

A chi non è successo di sentir lodare i bei tempi andati, la vita campestre semplice e sana, il cibo genuino... Il fatto è che i tempi andati non erano affatto belli. Il cielo sa se oggi non ci sono problemi e tensioni, disgrazie e disastri. Ma nei bei tempi andati la mortalità infantile era altissima, la vita media molto più bassa, la protezione sociale (dalla sanità alle pensioni ai sussidi di disoccupazione) praticamente inesistente...

A chi non è successo di sentir deplorare lo sfruttamento del lavoro minorile nel Terzo mondo di oggi, quando bambini vengono pagati pochi soldi per lunghe ore di lavoro a cucire palloni di calcio. Le cose non erano diverse nei "bei tempi andati", poco dopo la Rivoluzione industriale in Inghilterra, quando nelle fabbriche, senza sindacati e senza regole, imperava lo sfruttamento più bieco, bambini di dieci anni o anche meno dovevano lavorare dall'alba al tramonto. [...] Una Commissione d'inchiesta del Parlamento inglese riporta, nel primo Ottocento, che nelle campagne si trovavano nei fossi adulti e bambini che letteralmente morivano di fame. E i sospiri sui bei tempi andati spesso diventano anche sospiri, al tempo nostro, sulla vita in campagna, senz'altro più piacevole (?) della vita in città.

Nella novella n. 10, «Un viaggio con le mucche», Michelino, uno dei figli di Marcovaldo, segue una mandria che è passata, per le vie polverose nella città deserta di un agosto afoso, diretta verso le montagne. Michelino, che solo conosce l'asfalto, affascinato segue mandria e mandriani, attratto dal verde agognato e dall'aria pura degli alpeggi. La famiglia, che non lo trova più, è però rassicurata quando qualcuno gli dice che è andato coi mandriani. «Beato lui, sta al fresco, e si riempie di burro e formaggio» diceva Marcovaldo, e ... gli pareva di veder scintillare fronde d'aceri e castagni, e ronzare api selvatiche, e Michelino lassù, pigro e felice, tra il latte e il miele e le more di siepe.

Ma un giorno Michelino torna. Le cose non erano quelle sognate: «Lavoravo come un mulo – disse... Ogni sera spostare i secchi ai mungitori da una bestia all'altra, da una bestia all'altra, e poi vuotarli nei bidoni, in fretta, sempre più in fretta, fino a tardi. E al mattino presto, rotolare i bidoni fino ai camion che li portano in città… E contare, contare sempre: le bestie, i bidoni»…

«Ma sui prati ci stavi? Quando le bestie pascolavano?»…

«Non s'aveva mai tempo. Sempre qualcosa da fare. Per il latte, le lettiere, il letame. E tutto per che cosa? Con la scusa che non avevo il contratto di lavoro, quanto m'hanno pagato? Una miseria».

(F. Galimberti, *Perché «i bei tempi andati» non erano affatto belli*, in "Il Sole 24 Ore", 24 aprile 2016)

CONSEGNA

Dopo un'attenta lettura, elabora un testo di analisi e commento che non superi le cinque colonne di metà di foglio protocollo, sviluppando i seguenti punti:

1. Analisi

1.1 Scrivi la sintesi del testo in circa 100 parole.

1.2 Qual è la tesi di fondo sostenuta nel testo?

1.3 Per dimostrare la sua tesi, l'autore ricorre a una precisa strategia stilistica: introduce due concetti antitetici ripetendo la stessa espressione. Individua l'espressione nel testo e spiega per quale scopo Galimberti usi tale strategia.

1.4 L'autore argomenta la sua critica all'elogio dei «bei tempi andati» con una serie successiva di esempi che ne evidenziano gli aspetti negativi e si sofferma in particolare su uno di essi. Di quale aspetto si tratta?

1.5 Nel discorso di Michelino sono presenti alcune ripetizioni; individuale e indicane la funzione.

2. Commento

A partire dall'articolo di Fabrizio Galimberti, esponi le tue opinioni seguendo queste indicazioni.

- Se sei d'accordo con la sua tesi, prosegui il tuo discorso adducendo nuovi argomenti a favore, anche toccando aspetti ancora non presi in considerazione.
- Se intendi sostenere la tesi opposta, confuta la sua argomentazione e porta elementi a favore della tua posizione.
- Organizza il discorso in modo che l'enunciazione della tua tesi si trovi all'inizio della trattazione.

Ambito letterario

Gianluigi Simonetti, *Quanto è ibrido questo romanzo*

Questo testo è costituito da ampi stralci di un articolo (più brevi citazioni tratte da altri due) del critico letterario e docente universitario Gianluigi Simonetti (1973), facente parte di una serie dedicata alle tendenze attuali della narrativa italiana, poi entrata a far parte del saggio La letteratura circostante. Narrativa e poesia nell'Italia contemporanea *(il Mulino, Bologna, 2018).*
Tra le caratteristiche rilevate da Simonetti nella «letteratura che ci circonda», vi sono la velocità narrativa e l'ibridazione di generi.

Una delle categorie più utili per descrivere il romanzo contemporaneo è indubbiamente la velocità. [...] Servirsi di un ritmo narrativo serrato serve innanzitutto per far risparmiare tempo a un lettore sempre meno interessato alle descrizioni, alle analisi, al lento svilupparsi di situazioni e personaggi.

Più in generale, però, scrivere veloce serve a scavalcare i recinti della letterarietà stessa, che convenzionalmente si identifica con la lentezza (e con la durata, e con la profondità). La velocità, nelle sue diverse declinazioni stilistiche, pare insomma l'ingrediente essenziale di una formula estetica che metta il lettore in contatto con il maggior numero possibile di elementi, temi e scenari non letterari. L'altra faccia di una letteratura sempre più veloce è dunque una letteratura sempre più *ibrida*, ansiosa di contaminarsi con linguaggi, nodi, ambiti e spesso anche supporti diversi: i suoni, le immagini. Mentre la modernità viveva soprattutto del progetto di arti autonome [...], oggi l'ipermodernità invita linguaggi estetici lontani a collaborare tra loro, a sostenersi l'un l'altro, a uscire dai propri mondi specializzati e circoscritti per confluire nell'ambito più vasto e inclusivo della comunicazione.

L'ibridazione è infatti, come la velocità, una caratteristica della comunicazione di massa; come la velocità serve a surrogare i limiti spettacolari della letteratura lenta, profonda e «solo scritta» cui ci aveva idealmente abituato la cultura moderna. Come la velocità, anche l'ibridazione diventa culturalmente egemone a partire dagli anni Novanta. Nel 1996, ad esempio, un professore di inglese di nome Gordon Ball comincia a raccogliere firme per sostenere la candidatura di Bob Dylan[1] al Nobel per la letteratura. Venti anni dopo Dylan vince effettivamente il premio, preceduto nel 2015 da Svjatlana Aleksievič[2], autrice acclamata di reportage e libri d'inchiesta. Come ha notato Walter Siti[3], le due affermazioni sono solidali tra loro: tanto Aleksievič quanto Dylan valorizzano parole non letterarie - la canzone pop, il giornalismo d'inchiesta – che incontrano la letteratura per rafforzarla e rafforzarsi. Entrambi segnalano che nel profluvio attuale di storie la letteratura tradizionalmente intesa – quella «solo scritta» che è la nostra da cinquecento anni almeno – fa sempre più fatica a bastare a se stessa, e che torna a pensarsi come forma espressiva da integrare ad altre forme.

1. **Bob Dylan:** cantautore statunitense (1941) celebre soprattutto per le sue composizioni degli anni Sessanta del Novecento, quando si affermò come esponente dei movimenti pacifisti e di protesta sociale americani.
2. **Svjatlana Aleksievič:** bielorussa di lingua russa (1948), esponente di rilievo della *non fiction novel*, narrativa di confine con l'inchiesta giornalistica.
3. **Walter Siti:** docente universitario di letteratura italiana e saggista (1947), autore di romanzi di successo, tra cui *Resistere non serve a niente*, Premio Strega nel 2013.

Più o meno così la si pensava e praticava in epoca classica, ad esempio, o nel medioevo, quando era normale si contaminasse con la melodia o la pittura. [...] Qualcosa di antico e già noto ritorna insomma in un contesto inedito, ultracontemporaneo; come è contemporaneo il sospetto, sempre più diffuso, che le convenzioni letterarie, da sole, siano diventate insufficienti, per non dire impotenti; non per difetto, ma per eccesso di spessori. [...]

Se proiettiamo quest'ordine di riflessioni sulla letteratura circostante sarà facile trovare numerosi esempi della contaminazione in corso. Mentre fumettisti affermati come Gipi[4] o Zerocalcare[5] e registi cinematografici come Paolo Sorrentino[6] corteggiano con successo la scrittura letteraria, un romanziere da sempre attratto dal fumetto come Niccolò Ammaniti[7] scrive un graphic novel, gira un documentario, sceneggia videogiochi e serie tv. Ma non si tratta tanto di praticare arti diverse, né di fondere diversi generi discorsivi (o letterari, come nella moda attuale dell'autofiction[8], che incrocia il romanzo all'autobiografia). Si tratta di non precludersi nessuna potenzialità espressiva, mescolando, se occorre, tutti i segni: parole, suoni, immagini. [...]

Ricerca di velocità narrativa e tendenza all'ibridazione sono due dominanti formali che si identificano osservando dall'alto il paesaggio della letteratura circostante. Si tratta, a ben guardare, di due spinte complementari. Il bisogno di un ritmo serrato e di scansioni narrative agili e brevi (anche all'interno di romanzi lunghi) si mette facilmente al servizio di opere, se non proprio ipertestuali – fatte cioè non solo di parole, ma anche di immagini – almeno modulari, costruite per accumulo di inserti di varia natura, spesso extra letterari.

(G. Simonetti, *Quanto è ibrido questo romanzo*, in "Il Sole 24 ore", 13 agosto 2017; *Romanzi ad alta velocità*, in "Il Sole 24 ore", 6 agosto 2017; *Narrazioni affamate di realtà* in "Il Sole 24 ore", 20 agosto 2017)

4. Gipi: pseudonimo di Gian Alfonso Pacinotti (1963), tra i più importanti autori a livello internazionale di *graphic novel* ("romanzo grafico"), cioè di un genere di fumetto con una struttura narrativa.

5. Zerocalcare: pseudonimo di Michele Rech (1983), autore di *graphic novel* di grande successo, tra cui la serie intitolata *Kobane calling*, ambientata tra la popolazione curda in conflitto contro l'Isis; è stato anche finalista del Premio Strega del 2015.

6. Paolo Sorrentino: (1970) regista di punta del cinema italiano, vincitore nel 2014 dell'Oscar per il miglior film straniero con *La grande bellezza*; è anche sceneggiatore e romanziere: il suo romanzo *Hanno tutti ragione* è stato finalista del Premio Strega 2010.

7. Niccolò Ammaniti: (1966) romanziere di successo, vincitore del Premio Strega 2007, è anche sceneggiatore, riduttore di sue opere in film e serie tv, videomaker, autore di *graphic novel*.

8. autofiction: è un nuovo genere letterario, misto tra l'autobiografia e il romanzo di finzione.

CONSEGNA

Dopo un'attenta lettura, elabora un testo di analisi e commento che non superi le cinque colonne di metà di foglio protocollo, sviluppando i seguenti punti:

1. Analisi

1.1 Formula, in un sintagma o una breve frase nominale, la sintesi di ogni paragrafo.

1.2 Individua il tema generale del testo e riassumine il contenuto complessivo in un massimo di cinquanta parole.

1.3 Individua nel testo i passaggi nei quali l'autore espone la sua tesi. Si articola in sottotesi?

1.4 Analizza il testo, paragrafo per paragrafo, individuando i connettivi che collegano un blocco di testo all'altro e segnalano gli snodi argomentativi. Analizza inoltre il lessico per riconoscere parole chiave e aree semantiche.

2. Commento

A partire dal brano proposto, scrivi un testo argomentativo in cui sviluppi una tua interpretazione delle tendenze in atto nella narrativa contemporanea. Esprimi una tesi al riguardo e sostienila con argomentazioni tratte, oltre che dalle tue conoscenze letterarie e competenze interpretative acquisite nel percorso di studio, anche dalle tue personali letture di testi narrativi contemporanei.

Ambito storico

Pierluigi Battista, *Tra memoria storica e oblio*

In un articolo comparso nel 2015 su "La Lettura", inserto del "Corriere della Sera", il giornalista e saggista Pierluigi Battista (1955) si interroga sul ruolo della memoria storica nelle vicende di popoli e stati, portando alcuni esempi, tratti dalla recente storia europea ed extra-europea. Della situazione attuale di ciascuno di essi l'autore dà un giudizio che si basa, appunto, sul rapporto instaurato tra memoria e oblio del proprio passato. Riportiamo qui di seguito, suddivisi schematicamente, i sintetici giudizi espressi su Spagna, Russia, Irlanda, Serbia, Turchia, Germania e Sudafrica.

(Spagna) «Il "patto dell'oblio" ha consentito alla Spagna una transizione pacifica alla democrazia dopo decenni di dittatura franchista nata dalle atrocità della guerra civile»[1]. [...]

(Russia) «La Russia di Putin esemplifica alla perfezione la doppia tragedia della smemoratezza che cerca di riscattarsi attraverso un abuso politico perverso del passato storico, una ossessiva retorica della memoria piegata ad *instrumentum regni*. Prima il grande oblio sulla lunga notte sovietica, [...] poi, tutt'a un tratto, la Russia risveglia le sue smanie imperiali. [...] Si erano dimenticati dell'Ucraina e della Crimea: ora se ne sono ricordati, nel nome della memoria riscoperta, e il richiamo della memoria accende la miccia dello scontro, della rivendicazione territoriale, dell'atto di forza»[2]. [...]

(Irlanda) «Troppo oblio e troppa memoria possono andare a braccetto, collaborando allo stesso obiettivo: una pace duratura, che si fonda sempre su una sana pacificazione della memoria. Senza la pacificazione della memoria non avrebbe potuto esserci pace tra protestanti e cattolici in Irlanda»[3]. [...]

(Serbia) «Ricordando ossessivamente una sconfitta, la battaglia della Piana dei Merli addirittura del 1389, Milosevic ha scatenato il suo fanatismo panserbo, con il corollario della conquista violenta del Kosovo e della persecuzione degli albanesi»[4]. [...]

(Turchia) «Bisogna stare a mezza strada tra dimenticanza e ricordo. Se si esagera nella rimozione forzata del passato si finisce come in Turchia, dove è reato persino nominare il genocidio degli armeni»[5]. [...]

1. Spagna: parlando di "transizione" il giornalista si riferisce al periodo storico in cui la Spagna è passata dal regime dittatoriale del Generale Francisco Franco, attraverso vari passaggi istituzionali, a un regime democratico di monarchia parlamentare, sancito dalla Costituzione nel 1978. Franco aveva governato dal 1939 (anno della fine della guerra civile iniziata nel 1936) fino alla morte (1975).

2. Russia: Vladimir Putin è il presidente della Federazione Russa dal 2012 (al suo quarto mandato non consecutivo). La Repubblica autonoma di Crimea è una repubblica dell'Ucraina che, a seguito di un referendum considerato non valido dalla comunità internazionale, si è dichiarata indipendente e si è annessa alla Federazione russa.

3. Irlanda: l'Irlanda del Nord, creata nel 1921 dalla separazione con l'Irlanda del Sud, fa parte del Regno Unito; nei decenni scorsi un aspro conflitto civile ha diviso la forte minoranza cattolica dalla maggioranza protestante; un accordo di pace è stato raggiunto nel 1998.

4. Serbia: in seguito alla dissoluzione della Yugoslavia, il Kosovo si dichiarò indipendente dallo stato della Serbia, la quale reagì con azioni militari (la cosiddetta guerra del Kosovo, 1998-99). Oggi la Repubblica del Kosovo, autoproclamatasi indipendente nel 2008, è sotto amministrazione dell'ONU. Il nazionalismo serbo ricorda la vittoria nella battaglia della Piana dei Merli riportata dai serbi nel 1389 contro l'esercito ottomano.

5. Turchia: con il genocidio degli armeni si indicano le deportazioni ed eliminazioni, tra il 1915 e il 1916, di circa un milione e mezzo di armeni, perpetrate dall'impero ottomano, su iniziativa dei militari del gruppo dei "giovani turchi", in cui militava anche Ataturk, che dopo la Prima guerra mondiale avrebbe assunto il potere e creato la repubblica laica e moderna della Turchia. Ancor oggi le autorità turche negano la responsabilità di tale genocidio.

(Germania) «Ma non si deve esagerare nemmeno nell'ossessione del ricordo inteso come punizione perenne, un ergastolo della memoria. Un luogo comune molto frequente sostiene che i tedeschi non abbiano fatto i conti con il passato nazista. Ne siamo proprio sicuri? Decenni di una nazione spaccata in due e gli obblighi di risarcimenti di entità colossale non sono stati forse un prezzo ragguardevole per staccare finalmente il biglietto del necessario oblio? [...] Invece siamo spesso noi, incatenati agli stereotipi della memoria, prigionieri del passato, vittime di una sopravvalutazione dei luoghi comuni sulla "memoria condivisa", a misurare anche oggi, a tanti decenni di distanza, ogni scelta tedesca come ripetizione puntuale di un identico copione, finendo ridicolmente per equiparare la pur discutibile ortodossia euro-finanziaria della Merkel ai panzer di Hitler, e le sanzioni pur severe nei confronti della Grecia insolvente alla minaccia dei campi di concentramento con la svastica»[6]. [...]
(Sudafrica) «La grandezza di Nelson Mandela, che pure aveva patito ventisette anni nelle galere della Sudafrica dell'apartheid segregazionista, è di aver impedito che un eccesso di memoria annegasse il Sudafrica liberato dai razzisti bianchi in un bagno di sangue, in un gorgo di vendette come pegno da pagare al ricordo delle vessazioni subite. Una commissione ha indagato, raccolto testimonianze, ricostruito storie e vicende personali non lasciando impunite le atrocità commesse, ma senza instaurare il regno del terrore, delle esecuzioni sommarie, dei processi farsa. La "memoria" non è servita a restare prigionieri del passato, ma per chiudere un'epoca»[7].

(P. Battista, *La dittatura della memoria*, in "La Lettura", "Corriere della Sera", 27 settembre 2015)

6. **Germania:** dopo la Seconda guerra mondiale, nel clima della guerra fredda, la Germania venne divisa in due. In seguito al crollo dell'URSS e dei regimi comunisti dell'est, venne riunificata nel 1989. Oggi è la più potente (economicamente e politicamente) delle nazioni dell'Unione Europea. Angela Merkel è dal 2005 Cancelliere, cioè capo del governo.

7. **Sudafrica:** Nelson Mandela protagonista della lotta contro l'aparheid in Sudafrica, incarcerato per 26 anni, premio Nobel per la pace nel 1993, ha guidato la riconciliazione tra bianchi e neri ed è stato il primo presidente nero dal 1994 al 1999.

TIPOLOGIA B
Analisi e produzione di un testo argomentativo

CONSEGNA

Dopo un'attenta lettura, elabora un testo di analisi e commento che non superi le cinque colonne di metà di foglio protocollo, sviluppando i seguenti punti:

1. Analisi

1.1 Dai un titolo a ogni estratto (segnalato dalle parentesi tonde in apertura di paragrafo) in cui si suddivide l'articolo.

1.2 Qual è la tesi dell'autore? In quali punti del testo è espressa? Si articola in sottotesi? Ricerca nel testo citazioni nelle quali esse siano riconoscibili e che costituiscano argomentazioni a favore.

1.3 Analizza il testo dal punto di vista lessicale e retorico. In particolare ricerca tutte le parole facenti parte delle aree semantiche della memoria e della pace (e dei rispettivi contrari oblio e guerra). Individua nel testo le numerose metafore presenti, che contribuiscono a definire lo stile brillante di questo articolo di giornale.

2. Commento

Esponi le tue opinioni sulla memoria storica, riprendendo gli esempi riportati dal giornalista ed eventualmente allargandoli ad altri, relativi alla storia dell'Italia o di altri Paesi. Esprimi una tua tesi al riguardo, sostenendola con argomentazioni che puoi trarre dalle conoscenze acquisite, da quelle ricavate dalle informazioni della cronaca recente, oltre che dalle tue personali riflessioni ed esperienze.

Ambito storico

Umberto Eco, *Le radici dell'Europa*

Il testo che proponiamo è di Umberto Eco (1932-2016) ed è costituito da una "Bustina di Minerva", la rubrica, oggi raccolta in volume, da lui tenuta settimanalmente sulla rivista "L'Espresso" dal 1985 fino all'anno della sua morte.
Pubblicato a settembre del 2003, l'articolo si collocava nel dibattito in corso sul progetto di una Costituzione europea che avrebbe dovuto unificare e riformare i trattati fondativi dell'Unione europea, ma che fu abbandonato nel 2007, a seguito dell'esito negativo dei referendum svoltisi a tale riguardo in alcuni Paesi.
Tra le questioni in discussione, oltre a quelle di natura squisitamente politica e istituzionale, v'era l'opportunità o meno di citare nel testo le radici culturali dell'Europa, che taluni identificavano nella tradizione cristiana, mentre altri, in nome della laicità dello stato, si opponevano a espliciti riferimenti religiosi.
L'intervento del noto semiologo e romanziere italiano, sia pure contestualizzato in quel preciso momento storico, propone riflessioni sull'identità e la cultura europea sempre attuali.

Le cronache estive sono state animate dalla discussione sull'opportunità di citare, in una Costituzione europea, le origini cristiane del continente. Chi esige la citazione si appoggia al fatto, certamente ovvio, che l'Europa è nata su di una cultura cristiana, anche prima della caduta dell'Impero Romano, almeno dai tempi dell'editto di Costantino[1]. Così come non si può concepire il mondo orientale senza il buddhismo[2], non si può concepire l'Europa senza tener conto del ruolo della chiesa, dei vari re cristianissimi, della teologia scolastica o dell'azione e dell'esempio dei suoi grandi santi.

Chi si oppone alla citazione tiene conto dei principi laici su cui si reggono le democrazie moderne. Chi vuole la citazione ricorda che il laicismo è conquista europea recentissima, eredità della Rivoluzione Francese: nulla a che fare con le radici che affondano nel monachesimo o nel francescanesimo. Chi vi si oppone pensa soprattutto all'Europa di domani, che si avvia fatalmente a diventare continente multietnico, e dove una citazione esplicita delle radici cristiane potrebbe bloccare sia il processo di assimilazione dei nuovi venuti, sia ridurre altre tradizioni e altre credenze (che pure potrebbero diventare di cospicua entità) a culture e culti minoritari soltanto tollerati.

Quindi, come si vede, questa non è soltanto una guerra di religione, perché coinvolge un progetto politico, una visione antropologica, e la decisione se disegnare la fisionomia dei popoli europei in base al loro passato o in base al loro futuro.

Occupiamoci del passato. L'Europa si è sviluppata soltanto sulla base della cultura cristiana? Non sto pensando agli arricchimenti di cui la cultura europea si è avvantaggiata nel corso dei secoli, a cominciare dalla matematica indiana, la medicina araba[3] o addirittura i contatti con l'Oriente più remoto, non solo dai tempi di Marco Polo ma da quelli di Alessandro Magno. Ogni cultura assimila elementi di culture vicine o lontane, ma poi si caratterizza per il modo in cui li fa propri. Non basta dire che dobbiamo lo zero agli indiani o agli arabi, se poi è stato in Europa che si è affermato per la

1. editto di Costantino: firmato a Milano nel 313 dall'imperatore Costantino l'editto, dopo le lunghe persecuzioni anticristiane, sanciva la "tolleranza", ovvero la libertà per tutti di professare la propria religione.

2. buddhismo: religione, o insieme di credenze, sistemi di pensiero, pratiche e tecniche spirituali, originato dall'insegnamento di Buddha (VI-V sec. a.C.) e dall'India diffusosi in larga parte dell'Asia, e in seguito anche altrove.

3. matematica ... medicina araba: di origine indiana e persiana, si diffusero durante l'espansione araba.

prima volta che la natura è scritta in caratteri matematici. È che ci stiamo dimenticando della cultura greco-romana.

L'Europa ha assimilato la cultura greco-romana sia sul piano del diritto che su quello del pensiero filosofico, e persino sul piano delle credenze popolari. Il cristianesimo ha inglobato, spesso con molta disinvoltura, riti e miti pagani e forme di politeismo che sopravvivono nella religiosità popolare. Non è solo il mondo rinascimentale che si è popolato di Veneri e Apolli, ed è andato a riscoprire il mondo classico, le sue rovine e i suoi manoscritti. Il Medioevo cristiano ha costruito la sua teologia sul pensiero di Aristotele, riscoperto attraverso gli arabi[4], e se ignorava in massima parte Platone non ignorava il neoplatonismo, che ha grandemente influenzato i Padri della chiesa. Né si potrebbe concepire Agostino, massimo tra i pensatori cristiani, senza l'assorbimento del filone platonico. La nozione stessa di impero, su cui si è svolto lo scontro millenario tra gli stati europei, e tra gli stati e la chiesa, è di origine romana. L'Europa cristiana ha eletto il latino di Roma a lingua dei riti sacri, del pensiero religioso, del diritto, delle dispute universitarie.

D'altra parte non è concepibile una tradizione cristiana senza il monoteismo giudaico. Il testo su cui la cultura europea si è fondata, il primo testo che il primo stampatore[5] ha pensato di stampare, il testo traducendo il quale Lutero ha praticamente fondato la lingua tedesca, il testo principe del mondo protestante, è la Bibbia. L'Europa cristiana è nata e cresciuta cantando i salmi, recitando i profeti, meditando su Giobbe o Abramo. Il monoteismo ebraico è stato anzi il solo collante che ha permesso un dialogo tra monoteismo cristiano e monoteismo musulmano.

Ma non finisce qui. Infatti la cultura greca, almeno dai tempi di Pitagora, non sarebbe pensabile senza tener conto della cultura egizia, e al magistero degli egizi o dei caldei si è ispirato il più tipico tra i fenomeni culturali europei, vale a dire il Rinascimento, mentre l'immaginario europeo, dalle prime decifrazioni degli obelischi a Champollion[6], dallo stile impero alle fantasticherie New Age[7], modernissime e molto occidentali, si è nutrito di Nefertiti, misteri delle piramidi, maledizioni del faraone e scarabei d'oro.

Io non vedrei inopportuno, in una Costituzione, un riferimento alle radici greco-romane e giudaico-cristiane del nostro continente, unito all'affermazione che, proprio in virtù di queste radici, così come Roma ha aperto il proprio pantheon a dei d'ogni razza e ha posto sul trono imperiale uomini dalla pelle nera (né si dimentichi che Sant'Agostino era africano), il continente è aperto all'integrazione di ogni altro apporto culturale ed etnico, considerando questa disposizione all'apertura proprio una delle sue caratteristiche culturali più profonde.

(U. Eco, *Le radici dell'Europa*, in "L'Espresso", settembre 2003, pubblicato in U. Eco, *Pape Satàn Aleppe. Cronache di una società liquida*, La nave di Teseo, Milano 2016)

4. Aristotele... arabi: dall'XI al XIII secolo d.C. le traduzioni di Arabi e Persiani diffusero in Europa le opere di importanti scienziati e filosofi greci, tra cui Aristotele.
5. il primo stampatore: Johannes Gutenberg è il tipografo tedesco cui è attribuita l'invenzione della stampa a caratteri mobili; la prima opera stampata fu, nel 1453, la Bibbia, la cui diffusione in lingua tedesca contribuì, secondo gli storici, al successo della Riforma protestante, avviata da Martin Lutero nel 1517.
6. Champollion: Jean François Champollion (1790-1832), archeologo, filologo, decifratore dei geroglifici egizi, è considerato il padre dei moderni studi di egittologia, cui diede inizio quando visitò l'Egitto al seguito di Napoleone.
7. New Age: traducibile letteralmente come "Nuova era", è un movimento psicologico, spirituale, tendente all'irrazionale, diffuso dagli ultimi decenni del Novecento in varie aree del mondo.

CONSEGNA

Dopo un'attenta lettura, elabora un testo di analisi e commento che non superi le cinque colonne di metà di foglio protocollo, sviluppando i seguenti punti:

1. **Analisi**
   - **1.1** Riassumi il contenuto dell'articolo in un testo di circa 50-70 parole.
   - **1.2** Eco inserisce nel testo molti riferimenti che sintetizzano gran parte della storia culturale europea. Che cosa vuole sottolineare in questo modo?
   - **1.3** Qual è la tesi che Eco si prefigge di dimostrare? In quale parte del testo si trova?
   - **1.4** Ripercorrendo il testo, paragrafo per paragrafo, individua i connettivi grammaticali e semantici che collegano un blocco di testo all'altro e segnalano gli snodi argomentativi fondamentali.

2. **Commento**

Spiega se condividi la tesi di Umberto Eco, producendo le argomentazioni a favore del tuo punto di vista e a confutazione di eventuali obiezioni. Fai riferimento a fenomeni e vicende storiche intercorse nell'arco di tempo successivo al 2003, data di composizione del testo di Eco.

PER ESERCITARTI

In vista dell'esame ti suggeriamo altri spunti di riflessione e approfondimento a partire dal testo proposto.

- Puoi sviluppare un ragionamento sul medesimo tema dell'identità culturale europea ponendoti dal punto di vista di un non europeo che osserva la storia e il patrimonio culturale del nostro continente quali si sono configurati nei millenni fino ai tempi più recenti.

Ambito filosofico

Nigel Warburton, *La filosofia è per tutti*

Nigel Warburton (1953) insegna filosofia alla Open University di Oxford. Il passo che segue è costituito da tre paragrafi tratti dall'introduzione a Il primo libro di filosofia *pubblicato in Italia nel 1999.*

Perché studiare la filosofia?

Si dice talvolta che studiare la filosofia non è di nessuna utilità perché tutto ciò che i filosofi fanno è di starsene lì a cavillare sul significato delle parole. Sembra che essi non raggiungano mai nessuna conclusione importante e che il loro contributo alla società sia pressoché nullo. I filosofi stanno ancora discutendo degli stessi problemi che avevano interessato gli antichi greci. Sembra perciò che la filosofia non sia in grado di cambiare nulla, e che lasci tutto così com'è.

Quali sono dunque le ragioni per studiare la filosofia? Iniziare a mettere in discussione le assunzioni fondamentali della nostra vita può anche essere pericoloso: potremmo finire per sentirci incapaci di fare qualunque cosa, paralizzati dalle troppe domande. La caricatura del filosofo è infatti quella di una persona che è brillante quando ha a che fare con il pensiero astratto in una comoda poltrona nella sala comune di un college di Oxford e di Cambridge, ma estremamente impacciata quando ha a che fare con gli aspetti pratici della vita: una persona che sa spiegare i passaggi più complicati della filosofia di Hegel, ma che non sa cuocere un uovo.

La vita sotto esame

Un importante motivo per studiare la filosofia è che tratta di questioni fondamentali che riguardano il significato della nostra vita. Molti di noi in qualche momento della propria esistenza si sono posti delle domande filosofiche. Perché siamo qui? Esiste una prova dell'esistenza di Dio? Le nostre vite hanno uno scopo? Che cos'è che rende qualcosa giusto o sbagliato? Potremmo in qualche caso essere giustificati a violare le leggi? La nostra vita potrebbe essere solo un sogno? La mente è distinta dal corpo, o siamo esseri puramente fisici? Come progredisce la scienza? Che cos'è l'arte? E così via.

La maggior parte di coloro che studiano filosofia pensa che sia importante che ciascuno di noi esamini tali questioni. Alcuni sostengono anche che una vita che non sia passata attraverso un simile esame non sia degna di essere vissuta. Condurre un'esistenza di routine senza mai esaminare i princìpi su cui è basata può essere come guidare un'automobile che non è mai controllata. Può darsi che la fiducia che si ripone nei freni, nello sterzo e nel motore sia giustificata, in quanto finora hanno sempre funzionato abbastanza bene; ma questa fiducia potrebbe anche essere del tutto infondata: i dischi dei freni potrebbero essere difettosi e venire meno proprio nel momento in cui se ne avrebbe maggiore bisogno. Analogamente i princìpi su cui si basa la propria vita possono essere ottimi, ma finché non li si è esaminati non se ne può essere sicuri.

E anche se non si dubita seriamente della bontà delle assunzioni su cui è basata la propria vita, può darsi che questa risulti impoverita se non si esercita il pensiero. Molti trovano che questo sia uno sforzo eccessivo, o che porsi queste domande fondamentali possa turbare più del lecito: può darsi che queste persone riescano a vivere comode e felici con i loro pregiudizi. Ma altri provano un forte desiderio di trovare risposte alla sfida posta dalle domande filosofiche.

Imparare a pensare

Un'altra ragione per studiare la filosofia è che essa costituisce un buon modo per imparare a pensare più chiaramente riguardo a una vasta gamma di questioni. I metodi del pensiero filosofico possono essere utili in un'ampia varietà di situazioni, poiché analizzando gli argomenti a favore o contro certe posizioni si acquistano abilità che possono essere trasferite ad altre sfere della vita. Molte persone che studiano filosofia applicano le loro abilità filosofiche in campi molto diversi come la giurisprudenza, la programmazione di computer, la consulenza aziendale, l'amministrazione pubblica, il giornalismo – tutti lavori in cui la chiarezza di pensiero costituisce un grande vantaggio.

(N. Warburton, *Il primo libro di filosofia*, trad. di G. Bonino, Einaudi, Torino 1999)

CONSEGNA

Dopo un'attenta lettura, elabora un testo di analisi e commento che non superi le cinque colonne di metà di foglio protocollo, sviluppando i seguenti punti:

1. Analisi

1.1 Scrivi la sintesi del testo in circa 70 parole.

1.2 Qual è la tesi che l'autore intende dimostrare?

1.3 Qual è la tecnica argomentativa adottata dall'autore per la costruzione del testo?

1.4 Quali sono gli argomenti che l'autore porta a sostegno della propria tesi?

1.5 Per sostenere uno degli argomenti a favore della propria tesi l'autore si serve di un lungo parallelismo. Individualo nel testo e spiega perché, secondo te, l'autore è ricorso a un ambito lontano dalla disciplina filosofica. Per rispondere può essere utile fare riferimento al titolo del libro da cui questo brano è tratto.

1.6 Che relazione hanno i titoli del secondo («*La vita sotto esame*», r. 14) e del terzo paragrafo («*Imparare a pensare*», r. 35) con la tesi sostenuta nel testo?

2. Commento

A partire dalle tue riflessioni intorno al testo che hai letto, esponi le tue opinioni dichiarando se sei d'accordo con la tesi dell'autore. Prosegui il suo discorso adducendo nuovi argomenti a favore, anche toccando aspetti ancora non presi in considerazione. Se invece intendi sostenere la tesi opposta, confuta l'argomentazione dell'autore anche a partire dalle antitesi presenti nel testo, portando nuovi elementi a favore della tua posizione.

Ambito filosofico

Massimo Recalcati, *Ulisse e il valore di ciò che resta nascosto*

Il brano che proponiamo è tratto dal saggio I tabù del mondo *dello psicoanalista Massimo Recalcati (1959), precisamente dal capitolo* Ulisse e il valore di ciò che resta nascosto.
*È appunto dedicato alla figura di Ulisse, l'eroe omerico protagonista dell'*Odissea *e ispirazione nei secoli di infinite rielaborazioni letterarie, artistiche, filosofiche, qui presentato a partire dalla celebre interpretazione di Dante Alighieri nel canto XXVI dell'*Inferno, *messa a confronto con due interpretazioni novecentesche, rispettivamente di Elias Canetti e di Martin Heidegger.*

Ulisse è l'eroe della mitologia che più di tutti ha forse incarnato la tendenza umana a oltrepassamento di ogni tabù[1]. [...] Ulisse incarna la spinta positiva della conoscenza che sa trasformare ogni ostacolo in uno stimolo a proseguire la sua ricerca. Non ci siamo forse riconosciuti tutti in questa spinta, si chiede Roberto Benigni commentando con il suo solito estro lo straordinario canto XXVI dell'*Inferno* di Dante che ha proprio in Ulisse il suo maggiore protagonista? Non siamo noi tutti divisi tra la brama di conoscere l'ignoto e l'attrazione nostalgica verso le nostre radici, il suolo familiare, la nostra identità, Itaca?

L'interpretazione dantesca del desiderio di Ulisse sembra però sbilanciare a senso unico questa divisione: non il padre Laerte, non il figlio Telemaco, non la moglie Penelope e nemmeno la propria terra, sono in grado di quietare l'irrequieta brama di conoscenza di Ulisse. Il suo "folle volo"[2] coincide dunque con la sua massima colpa: la conoscenza non rispetta il suo limite umano, non riconosce la sua insufficienza. Secondo Dante è questo il nucleo del dramma di Ulisse: l'*hybris*[3] del vincitore di Troia è, infatti, per il sommo poeta tragicamente colpevole. [...] La vera colpa di Ulisse, secondo Dante, non è lo stratagemma fraudolento del cavallo di Troia, ma la superbia di voler accedere all'inaccessibile, di sfidare con la propria intelligenza il mistero della vita e della morte, di non saper mai realizzare il proprio desiderio fatalmente destinato all'insoddisfazione perpetua. Per questa ragione Dante, alla fine del Canto XXVI, immagina che la morte di Ulisse accada proprio nel momento in cui egli oltrepassa il tabù delle colonne d'Ercole inoltrandosi in un viaggio impossibile, destinato al naufragio.

Nella raffigurazione dantesca Ulisse è alle prese con un problema narcisistico[4] che non gli consentirebbe di fare mai a meno del proprio Io. In totale contrasto con questo ritratto Elias Canetti[5] in

1. tabù: termine utilizzato in etnologia, storia delle religioni e antropologia per indicare un'interdizione o divieto sacrale di avere contatto con determinate persone, di frequentare certi luoghi, di cibarsi di alcuni alimenti, di pronunciare determinate parole ecc.

2. "folle volo": è quello compiuto, nel racconto dantesco, dalla nave di Ulisse e dei suoi compagni, travolta da un vortice di vento nell'appressarsi alle Colonne d'Ercole (*Inferno*, XXVI, v. 125)

3. *hybris*: traslitterazione del termine greco antico che significa "superbia, tracotanza"; *tòpos* della tragedia greca, rappresenta l'orgoglio di chi, confidando oltre misura nella propria potenza o fortuna, viene per questo punito dagli dèi.

4. problema narcisistico: il narcisismo è l'atteggiamento psicologico di chi fa di se stesso il centro esclusivo e preminente del proprio interesse e l'oggetto di una compiaciuta ammirazione, mentre resta più o meno indifferente agli altri, di cui ignora o disprezza il valore e le opere. Secondo la psicoanalisi (a partire dal saggio *Introduzione al narcisismo* di Sigmund Freud del 1914) tale atteggiamento, se supera certi limiti, può assumere significato patologico tale da interferire seriamente sulla vita di relazione.

5. Elias Canetti: scrittore di origine ebrea (1905-1994), di lingua tedesca (benché bulgaro di nascita e naturalizzato britannico), insignito del Premio Nobel per la letteratura nel 1981, autore di importanti romanzi e saggi, tra cui *La lingua salvata*, sua autobiografia.

La lingua salvata indica il fascino di Ulisse in tutt'altra dimensione. Al centro del suo brevissimo ritratto è l'immagine della diminuzione. Ulisse non è vittima della superbia del proprio Io, non è sedotto dalla potenza del proprio intelletto, ma è colui che sa salvarsi perché rinuncia al proprio prestigio, finanche al proprio nome, alla propria individualità, come accade nell'avventura con il Ciclope. È solo facendosi *Nessuno* che l'eroe riesce a scongiurare la vendetta dei Ciclopi invocata dall'ira di Polifemo accecato[6].

Su questa stessa linea troviamo anche una straordinaria lettura di Heidegger[7] in un breve scritto titolato *Aletheia*, contenuto in *Saggi e discorsi*. La scena è quella di Ulisse che assiste al racconto della guerra di Troia del cantore Demodoco nel palazzo dei re dei Feaci. A ogni passo della narrazione che gli rammenta l'atroce risultato della sua astuzia, colpito dall'emozione, egli nasconde il proprio capo per piangere in segreto.

Quanto è diversa questa immagine di Ulisse da quella dantesca del "folle volo"? Ulisse non incarna qui la spinta indomita alla conoscenza del mondo, quanto il valore di ciò che resta nascosto, che non appare. L'esatto contrario dell'orgogliosa affermazione narcisistica di sé che Dante gli imputa. Nel mezzo di una festa, Ulisse, l'esiliato, il senza patria, il naufrago, si ritira in solitudine nel pianto e nella vergogna. Il sapere non è qui potere, ma, se vuole avere un qualche rapporto con la verità, deve saper arretrare. Non è questa un'altra versione di Ulisse che entra in attrito con quella più nota che lo ha consacrato come eroe tragico e superbo della conoscenza? Non è questo gesto di ritegno in contrasto con l'orgoglio di colui che oltrepassa ogni divieto? Ecco tutto il valore del passo indietro, del rinunciare al nome proprio, della diminuzione sulla quale insiste anche Canetti. Non è forse per questa capacità di sottrarsi alla presenza che Ulisse può respingere l'offerta di Calipso che in cambio del suo amore è disposta a promettergli la vita eterna? Cosa rende possibile a Ulisse, il superbo, scegliere di ritornare da Penelope, da suo figlio Telemaco e alla sua terra?

In questa scelta Ulisse – come accadde alla corte dei Feaci – si rivela un soggetto capace di riconoscere il profondo debito che lo lega all'Altro. Non cancella Penelope, non dimentica Telemaco, non scorda Laerte. Non la vita eterna, l'oltrepassamento della morte, ma la vita dell'amore che vuole restare fedele alla sua promessa è ciò che più conta. Questo *altro Ulisse* non cancella ovviamente l'Ulisse del desiderio infinito e della curiosità insaziabile che Dante ha supremamente scolpito, ma ne esalta piuttosto, con ancora più forza, la divisione tragica che lo attraversa.

(M. Recalcati, *I tabù del mondo*, Einaudi, Torino 2017)

6. *Nessuno* ... Polifemo accecato: il riferimento è all'episodio dell'*Odissea*, in cui Ulisse, per fuggire dalla grotta di Polifemo, in cui è rimasto imprigionato con i suoi compagni, ubriaca il gigante non prima di avergli detto di chiamarsi "Nessuno": e questo nome sarà dal ciclope invocato quando riusciranno a sfuggirgli.
7. Heidegger: Martin Heidegger (1889-1976), filosofo tedesco, esponente dell'esistenzialismo; tra le numerose pubblicazioni vi sono i *Saggi e discorsi*, raccolta di conferenze e seminari sul pensiero presocratico, tra cui *Aletheia* (in greco "verità").

TIPOLOGIA B
Analisi e produzione di un testo argomentativo

CONSEGNA

Dopo un'attenta lettura, elabora un testo di analisi e commento che non superi le cinque colonne di metà di foglio protocollo, sviluppando i seguenti punti:

1. Analisi

1.1 Riassumi il contenuto del brano proposto in un testo espositivo di circa 80-100 parole.

1.2 L'autore riferisce tre diverse interpretazioni del personaggio di Ulisse: di Dante Alighieri, di Elias Canetti, di Martin Heidegger. In quale rapporto sono collocate le tre interpretazioni nello svolgimento del discorso? L'autore si limita a riferire le tre interpretazioni o le interpreta egli stesso, esprimendo giudizi su di esse?

1.3 Soffermati sull'interpretazione dantesca. Quali argomentazioni sono riferite dall'autore a sostegno dell'interpretazione, o delle interpretazioni del personaggio di Ulisse attribuite o attribuibili a Dante?

1.4 Individua una parola chiave che, secondo Recalcati, sintetizza l'interpretazione di Elias Canetti del personaggio omerico di Ulisse. Rileva quindi in quale relazione questa interpretazione si ponga con quella dantesca.

1.5 In quale relazione si pone l'interpretazione di Martin Heidegger rispetto a quelle di Canetti e di Dante?

1.6 A conclusione di questa analisi qual è la tesi di Recalcati? In quale o quali passaggi del testo la individui? Come si collega (in continuità oppure in opposizione) alle altre tesi interpretative presentate nel testo? Che valore assume la figura di Ulisse nel suo pensiero?

2. Commento

A partire dall'analisi interpretativa e dalle riflessioni condotte sul brano di Massimo Recalcati, esponi le tue riflessioni sul dilemma tra i limiti imposti all'essere umano e la sua volontà di superarli. Trai spunto dal personaggio emblematico di Ulisse, oppure fa' riferimento ad altri modelli culturali. Esprimi una tua tesi al riguardo e produci le relative argomentazioni a sostegno di essa e a confutazione di eventuale antitesi.

Ambito scientifico

Elena Cattaneo e Andrea Grignolio, *Scienziati che spiegano la scienza*

Il testo che proponiamo è costituito da ampi stralci di un articolo pubblicato sull'inserto culturale di un quotidiano, a firma di due illustri scienziati: Elena Cattaneo (1962), farmacologa e biologa, docente universitaria, nominata senatrice a vita per i suoi meriti scientifici nel 2013 dal Presidente della Repubblica Giorgio Napolitano, e Andrea Grignolio (1974), storico e filosofo della scienza, docente universitario e divulgatore di tematiche scientifiche attraverso i mezzi di comunicazione di massa.

Il rapporto tra scienza e società sta cambiando. Di recente, il noto biologo e antropologo Jared Diamond suggeriva agli scienziati di non perdere il "buon senso" e mantenere un'ampia visione delle proprie ricerche, evitando di perdersi nei dettagli. [...]

Su *Nature*[1] dello scorso febbraio un interessante articolo dedicato alle generazioni di giovani ricercatori affrontava lo stesso tema, aggiungendo un ulteriore spunto: l'iperspecializzazione disciplinare rischia di allontanare gli scienziati dalla loro missione originale. Si argomentava come essi non possano occuparsi solo della correttezza dei dati, dei geni espressi dopo un trattamento o di allineare correttamente i laser[2] perché, altrimenti, rischiano di perdere la visione globale della scienza, cioè il ruolo sociale delle proprie scoperte. Intendiamoci, è fondamentale che gli scienziati ricerchino negli ambiti più difficili e visionari e producano dati condivisi, ripetibili, basati su solide evidenze. Metodo e dati affidabili sono ineludibili. Solo che tutto ciò, oggi, non è più sufficiente. E quel che manca potrebbe non essere "una perdita di tempo" per lo scienziato ma un modo per valorizzare la straordinarietà del suo impegno e del suo coraggio nell'aprire nuove frontiere. E, proprio perché parte integrante della società, lo scienziato non può percorrere la sua strada in solitudine.

L'articolo di Diamond e quello di *Nature* ci dicono che "buon senso" e ampiezza di vedute non solo aiutano a capire la validità delle proprie ipotesi di ricerca, ma servono anche a non escludere il mondo dalla fatica, dai fallimenti e dalle gioie dello scoprire, affinché ci si possa tutti preparare alle prossime sfide e conquiste. Lo scienziato che pensa che il suo compito sia "fornire dati inoppugnabili", "mettere la propria scoperta sul bancone del laboratorio" o "consegnare dati e risultati nelle mani della politica, affinché decida cosa farne", magari dichiarando di "voler restare fuori dalla discussione pubblica", specie se complessa, o entrandovi solo con l'intento di coltivare privilegi e un ritorno personale, reca un grave danno alla scienza e alla società. [...]

Questo elenco[3] impressiona (e addolora), ma aiuta a capire quanto sia ingenua la visione di quanti ritengono che il ruolo dello studioso si possa fermare dentro il laboratorio. E dovrebbe suggerire agli studiosi che i risultati della scienza vanno costantemente spiegati, accompagnati e presidiati (non solo i propri) contro manipolazioni, mode e pregiudizi antiscientifici. Per farlo, gli studiosi devono essere percepiti come una risorsa per la società, capaci di non abbassare mai la guardia sulla propria etica

1. ***Nature*:** una delle più antiche e prestigiose riviste scientifiche (insieme a *Science*).
2. **dati ... laser:** sono citate alcune tra le più diffuse operazioni compiute dagli scienziati nei laboratori moderni.
3. **Questo elenco:** nel paragrafo precedente (qui omesso) gli autori hanno elencato alcuni esempi di comportamenti che esprimono resistenze sociali verso le innovazioni scientifiche, tra cui il "caso Stamina", episodi di distruzione di coltivazioni Ogm, i movimenti d'opinione contro l'obbligo vaccinale ecc.

pubblica, coltivando l'interesse generale come il proprio, per aiutare il Paese e la politica con un incremento di dibattito, di risultati e di progresso.

Questa nuova alleanza tra scienza e società, molto sentita anche a livello internazionale, non può avvenire dall'oggi al domani, per il semplice fatto che storicamente è una novità[4].

[...]

Perciò, mentre la società e i cittadini hanno fatto ingresso come spettatori (per ora) sulle riviste scientifiche e nei laboratori, gli scienziati non hanno "opposto" una spinta uguale e contraria alla chiamata – che riteniamo giusta nei suoi termini partecipativi – della società. E invece, tutte le indagini internazionali dimostrano che le resistenze sociali verso le innovazioni scientifiche si attenuano quando migliora il rapporto di fiducia tra cittadini e istituzioni politiche e scientifiche.

Siamo a pieno titolo nella società della conoscenza e della post-verità[5], all'estero lo hanno ben capito. Accanto all'*accountability*[6] della scienza, non dobbiamo dimenticare il *critical thinking*[7] e l'*engagement* sociale[8]. Crediamo, come suggeriva l'articolo di *Nature*, che sia necessario chiamare a raccolta anche quel "nuovo umanesimo" auspicato da Rita Levi Montalcini[9], capace di fare da collante tra le visioni e le conquiste della scienza e la necessità partecipativa dei cittadini. Per realizzarlo gli scienziati devono cessare le lamentele private e partecipare alla costruzione pubblica, sapendo che "il giusto" non si materializzerà automaticamente senza la fatica di distillarlo, insieme, dalle complessità quotidiane. [...]

(E. Cattaneo, A. Grignolio, *Scienziati che spiegano la scienza*, in "Domenica", "Il Sole 24 Ore", 15 aprile 2018)

4. storicamente è una novità: il riferimento è al fatto che si sta passando da una fase in cui la scienza era appannaggio di pochi, a quella di più larga alfabetizzazione della popolazione, fino all'odierna diffusione del web, che permette ai cittadini l'accesso virtuale ai laboratori e induce una presunta competenza in settori specialistici.

5. post-verità: traduzione dell'inglese *post-truth*, indica quella condizione secondo cui una notizia viene percepita e accettata come vera dal pubblico sulla base di emozioni e sensazioni, senza un'analisi dell'effettiva veridicità di ciò che è raccontato. Il termine coincide o viene associato a *fake-news*, o "bufale", notizie fasulle deliberatamente inventate allo scopo di disinformare o distorcere la corretta informazione.

6. *accountability*: si intende l'obbligo di fornire ("dar conto di") elementi di informazione necessari a poter esprimere una valutazione degli atti compiuti o delle decisioni prese da chi detiene un potere o una competenza; applicato solitamente al campo della politica, come aspetto inscindibile del processo di delega dell'elettore nei confronti dell'eletto, il termine si può estendere, come fanno gli autori di questo articolo, al campo della scienza, come impegno dello scienziato a rendere noti e comprensibili i risultati delle sue ricerche alla popolazione anche non esperta del settore.

7. *critical thinking*: o pensiero critico, è una metodologia di ragionamento che si propone di raggiungere un giudizio attraverso processi mentali di discernimento, analisi, valutazione, inferenza; diffuso nella didattica dei Paesi anglosassoni, si ispira al pensiero socratico e ha nella filosofa Martha Nussbaum una delle massime esponenti.

8. *engagement* sociale: o *social engagement*, significa "coinvolgimento sociale" e indica i fenomeni di condivisione attuati attraverso i social media (Facebook, Twitter ecc.) e sfruttati a fini di marketing per una fidelizzazione dei clienti verso determinati prodotti. In questo contesto può darsi, tuttavia, che gli autori rimandino al significato di *engagement* come coinvolgimento in un impegno culturale, sociale, politico, quale si è espresso da parte dell'intellettualità in certi momenti storici: vedi, per esempio, i letterati, artisti e filosofi *engagés* nel Secondo dopoguerra (come Sartre in Francia, la casa editrice Einaudi in Italia, i cantanti americani contro la guerra in Vietnam ecc.).

9. Rita Levi Montalcini: è stata una grande scienziata italiana (1909-2012) insignita del premio Nobel per la medicina nel 1986 per le sue scoperte sul fattore di crescita nervoso noto come NGF; nominata senatrice a vita dal Presidente della Repubblica Carlo Azeglio Ciampi nel 2001, ha profuso il suo impegno non solo in campo scientifico ma anche sociale.

CONSEGNA

Dopo un'attenta lettura, elabora un testo di analisi e commento che non superi le cinque colonne di metà di foglio protocollo, sviluppando i seguenti punti:

1. Analisi

1.1 Qual è il tema generale dell'articolo?

1.2 Qual è la tesi degli autori? È indicata subito oppure è preceduta da una serie di argomentazioni? In quali sottotesi si articola?

1.3 Analizza, paragrafo per paragrafo, il procedimento argomentativo degli autori. Quale o quali metodologie di argomentazione adotta: deduttiva, induttiva, abduttiva ecc.? Individua, facendo opportuni riferimenti al testo, il punto in cui la tipologia argomentativa cambia.

1.4 Individua nel testo i connettivi grammaticali e semantici e i segni di interpunzione che segnalano gli snodi argomentativi fondamentali.

1.5 Qual è lo scopo di questo articolo? In quale punto del testo è esplicitato?

2. Commento

Spiega se condividi la tesi di Cattaneo e Grignolio e argomenta il tuo punto di vista, facendo riferimento a episodi o fenomeni recenti o passati; oppure sviluppando un ragionamento teorico generale su quale dovrebbe essere il rapporto tra scienza e società nell'attuale momento storico.

PER ESERCITARTI

In vista dell'esame ti suggeriamo altri spunti di riflessione e approfondimento a partire dal testo proposto.

- Esprimi la tua opinione circa l'opportunità dell'appello rivolto al termine dell'articolo dai due autori ai loro colleghi scienziati. Quale appello rivolgeresti tu?

TIPOLOGIA B Analisi e produzione di un testo argomentativo

Ambito economico

Commissione europea, *L'economia circolare*

Il testo che proponiamo è costituito da ampi stralci di un documento approntato dalla Commissione europea per far conoscere i vantaggi dell'economia circolare e le misure adottate a suo sostegno. Va precisato che nell'aprile 2018 il Parlamento europeo di Strasburgo ha approvato a larghissima maggioranza un ambizioso pacchetto di misure finanziarie per aiutare le imprese e i consumatori europei a compiere la transizione verso un'economia circolare, grazie alla quale i rifiuti entrano nel ciclo di riciclaggio e riutilizzo arrecando vantaggi sia all'ambiente sia all'economia.

Il concetto di economia circolare risponde al desiderio di crescita sostenibile, nel quadro della pressione crescente a cui produzione e consumi sottopongono le risorse mondiali e l'ambiente. Finora l'economia ha funzionato con un modello "produzione-consumo-smaltimento", modello lineare dove ogni prodotto è inesorabilmente destinato ad arrivare a "fine vita".

Per produrre il cibo, costruire le case e le infrastrutture, fabbricare beni di consumo o fornire l'energia si usano materiali pregiati. Quando sono stati sfruttati del tutto o non sono più necessari, questi prodotti sono smaltiti come rifiuti. L'aumento della popolazione e la crescente ricchezza, tuttavia, spingono più che mai verso l'alto la domanda di risorse (scarseggianti) e portano al degrado ambientale. Sono saliti i prezzi dei metalli e dei minerali, dei combustibili fossili, degli alimenti per uomo e animali, così come dell'acqua pulita e dei terreni fertili. [...]

La transizione verso un'economia circolare sposta l'attenzione sul riutilizzare, aggiustare, rinnovare e riciclare i materiali e i prodotti esistenti. Quel che normalmente si considerava come "rifiuto" può essere trasformato in una risorsa.

[...]

La transizione verso un'economia circolare richiede la partecipazione e l'impegno di diversi gruppi di persone. Il ruolo dei decisori politici è offrire alle imprese condizioni strutturali, prevedibilità e fiducia, valorizzare il ruolo dei consumatori e definire come i cittadini possono beneficiare dei vantaggi dei cambiamenti in corso. Il mondo delle imprese può riprogettare completamente le catene di fornitura, mirando all'efficienza nell'impiego delle risorse e alla circolarità. A questa transizione sistemica sono d'aiuto gli sviluppi delle TIC (Tecnologie dell'Informazione e della Comunicazione) e i cambiamenti sociali. L'economia circolare può quindi aprire nuovi mercati, che rispondano ai cambiamenti dei modelli di consumo: dalla convenzionale proprietà all'utilizzo, riutilizzo e condivisione dei prodotti. Inoltre, può concorrere a creare maggiore e migliore occupazione. [...]

Al timone del passaggio a un'economia circolare si trova il mondo delle imprese. I prodotti a vita breve sono stati, in passato, un'impostazione chiave per molte aziende. Adesso il mondo industriale può cogliere l'opportunità di prolungare le vite dei prodotti e di creare prodotti concorrenziali a lunga durata.

Un progetto di tipo circolare è il punto di partenza per l'elaborazione di qualsiasi nuovo prodotto o servizio dell'economia circolare. Con l'idea della durata, del riutilizzo, della riparazione, della ricostruzione e del riciclaggio si possono progettare auto, computer, elettrodomestici, imballaggi e molti altri prodotti. [...] Alcune aziende scopriranno nuovi mercati. [...]

La promozione dell'economia circolare richiede un ampio sostegno politico sul piano europeo, nazionale, regionale e locale. È determinante, poiché le catene di fornitura si estendono su scala globale, anche la dimensione politica internazionale. Il passaggio a un'economia circolare è un elemento fondamentale della visione definita dall'UE e dai suoi Stati membri nel 7° programma d'azione per l'ambiente. [...]

In questa direzione, l'UE ha già adottato provvedimenti. È stata istituita una gerarchia dei rifiuti, dando la priorità alla riduzione e al riciclaggio dei rifiuti stessi. La politica in materia di sostanze chimiche si ripropone di eliminare le sostanze tossiche estremamente preoccupanti in maniera graduale. I progetti legati all'economia circolare sono sostenuti dai Fondi europei.

[...] Comprendere rapidamente le opportunità dell'economia circolare e affrontarne le sfide dipende dal sostegno diffuso della società. È essenziale coinvolgere le organizzazioni di imprese e di consumatori, i sindacati, il mondo scolastico e universitario, gli istituti di ricerca e le altre parti interessate, a tutti i livelli di governo. Nella transizione verso un'economia circolare, questi soggetti possono operare come soggetti facilitatori, capifila e moltiplicatori. [...]

Le misure come la migliore progettazione ecocompatibile, la prevenzione e il riutilizzo dei rifiuti possono generare, in tutta l'UE, risparmi netti per le imprese fino a 604 miliardi di euro, ovvero l'8% del fatturato annuo, riducendo al tempo stesso le emissioni totali annue di gas a effetto serra del 2-4%. In generale, attuare misure aggiuntive per aumentare la produttività delle risorse del 30% entro il 2030 potrebbe far salire il PIL quasi dell'1% e creare oltre 2 milioni di posti di lavoro rispetto a uno scenario economico abituale. [...]

I cittadini europei sono convinti dell'esistenza di un solido collegamento positivo fra la crescita, l'occupazione e l'efficienza nell'impiego delle risorse. Un recente sondaggio Eurobarometro[1] ha svelato che una forte maggioranza di persone pensa che l'impatto di un impiego delle risorse più efficiente produrrebbe un effetto positivo sulla qualità della vita nel loro paese (86%), sulla crescita economica (80%), e sulle opportunità di lavoro (78%). Questa maggioranza considera inoltre la riduzione e il riciclaggio dei rifiuti nelle case (51%) e nel settore industriale ed edile (50%) come le misure che maggiormente influiscono sull'efficienza nell'uso delle risorse.

(Commissione europea, Direzione generale dell'ambiente, *L'economia circolare. Collegare, generare e conservare il valore*, 21 marzo 2017)

1. **recente sondaggio Eurobarometro:** si fa riferimento all'inchiesta Eurobarometro flash 388: "Opinioni dei cittadini europei sulla gestione dei rifiuti e l'efficienza nell'impiego delle risorse".

TIPOLOGIA B
Analisi e produzione di un testo argomentativo

CONSEGNA

Dopo un'attenta lettura, elabora un testo di analisi e commento che non superi le cinque colonne di metà di foglio protocollo, sviluppando i seguenti punti:

1. **Analisi**

   1.1 Analizza il testo, riconoscendo il tema complessivo e riassumendo il contenuto di ciascun paragrafo.

   1.2 Qual è la tesi espressa in questo documento? Con quali dati e argomentazioni è sostenuta?

   1.3 Analizza la struttura del testo e la sua articolazione interna in blocchi. Individua in particolare i connettivi semantici che collegano un blocco di testo all'altro.

2. **Commento**

A partire dal documento proposto, esponi le tue opinioni sul tema dell'economia circolare. Condividi oppure no la tesi espressa in questo documento della Commissione europea? Argomenta il tuo punto di vista toccando eventualmente aspetti non ancora presi in considerazione. Fai riferimento a casi di riconversione di aziende verso l'economia circolare, se ne sei a conoscenza.

Ambito economico

The Economist, *Il modo giusto per aiutare chi è rimasto indietro*

Il testo che proponiamo è costituito da una porzione di un articolo comparso sulla rivista londinese "The Economist", specializzata in contenuti economici e finanziari, pubblicato sul settimanale italiano "Internazionale", in uscita ogni venerdì con articoli della stampa straniera tradotti nella nostra lingua. Gli argomenti qui trattati si riferiscono a dati relativi agli Stati Uniti d'America e al Regno Unito, ma le considerazioni svolte possono essere confrontate anche con la situazione italiana ed europea, oltre che con il contesto globale.

Secondo la teoria economica, le diseguaglianze regionali dovrebbero diminuire quando le aree povere attirano investimenti e crescono più rapidamente di quelle ricche. Il novecento ha confermato questa teoria, ma oggi le cose non stanno così: le zone ricche si allontanano sempre di più da quelle povere. Le conseguenze sono drammatiche. Negli Stati Uniti un bambino nato in una famiglia che rientra nel 20 per cento di reddito più basso a San Francisco ha il doppio delle possibilità, rispetto a un bambino nato nelle stesse condizioni a Detroit, di ritrovarsi da adulto nel 20 per cento di reddito più alto del paese. Nel Regno Unito i bambini nati nel ricco quartiere di Chelsea, a Londra, hanno un'aspettativa di vita più lunga rispetto a quelli nati a Blackpool.

Questa divergenza è il risultato di grandi forze. Nell'economia moderna le dimensioni sono importanti: le aziende che dispongono di più dati addestrano meglio le loro macchine; il social network usato da tutti attira di più i nuovi utenti; la borsa con il più ampio bacino di investitori raccoglie più capitali. Questi vantaggi danno vita a poche grandi aziende concentrate in pochi posti. E man mano che le disparità regionali si allargano, le persone si spostano meno: la percentuale di statunitensi che si trasferiscono ogni anno da uno stato all'altro si è dimezzata rispetto agli anni novanta. L'aumento del costo degli alloggi nelle città più ricche tiene alla larga i nuovi arrivati. In Europa la scarsità di case popolari spinge le persone a vivere in appartamenti di bassa qualità. Per assurdo, le politiche ideate per aiutare i poveri peggiorano, senza volerlo, le condizioni nelle aree più arretrate. I sussidi per la disoccupazione e l'assistenza sanitaria consentono alle persone di sopravvivere nei posti più difficili, mentre un tempo non avrebbero avuto altra scelta che quella di trasferirsi.

Una risposta è aiutare le persone a muoversi. Le zone più ricche potrebbero fare di più per costruire gli alloggi e le infrastrutture necessarie ad accogliere i nuovi arrivati. Una maggiore mobilità, però, ha un perverso effetto collaterale: privare le zone arretrate dei lavoratori migliori aggrava i loro problemi. Per evitare questo scenario, i politici hanno provato a lungo a sostenere le aree più arretrate con i sussidi. Ma i risultati sono stati contrastanti. Nel 1992 il South Carolina ha convinto la Bmw a realizzare un polo automobilistico sul suo territorio. La California, invece, ha 42 zone industriali, ma nessuna di queste ha fatto crescere l'occupazione. I politici farebbero meglio ad accelerare la diffusione delle tecnologie e delle pratiche economiche delle zone più efficienti. Un rafforzamento della concorrenza potrebbe ridurre la concentrazione industriale, che fa convergere i vantaggi della crescita su un numero ristretto di aziende e di luoghi. Ma sarebbe meglio rafforzare le università locali. Nel novecento gli Stati uniti istituirono molte università tecniche pubbliche, il cui scopo era insegnare le pratiche migliori agli agricoltori e ai direttori di fabbrica nelle aree rurali. Oggi queste istituzioni potrebbero rivelarsi ancora importanti per diffondere le nuove tecnologie. I governi potrebbero assegnare centri di ricerca pubblici alle città che propongono i migliori progetti di riforme e di investimenti pubblici. Questo contribuirebbe alla diffusione di nuove idee e darebbe alle regioni in difficoltà un incentivo a migliorarsi.

Più di ogni altra cosa, però, i politici hanno bisogno di una nuova mentalità. Secondo i progressisti, per alleviare la povertà era necessario il welfare, per i liberali invece serviva un'economia più libera. In entrambi i casi ci si è concentrati sulle persone. Ma, a causa della complessa interazione tra demografia, stato sociale e globalizzazione, questo non basta più.

(*Il modo giusto per aiutare chi è rimasto indietro*, in "Internazionale", 3 novembre 2017)

CONSEGNA

Dopo un'attenta lettura, elabora un testo di analisi e commento che non superi le cinque colonne di metà di foglio protocollo, sviluppando i seguenti punti:

1. Analisi

1.1 Riassumi in un testo di circa 60-80 parole il contenuto dell'articolo, quindi sintetizzalo ulteriormente in un titolo diverso da quello assegnato nella pubblicazione.

1.2 Analizza il testo, paragrafo per paragrafo, riconoscendo i temi trattati in ciascuno e lo sviluppo consequenziale del discorso.

1.3 Qual è la tesi dell'autore? In quale punto del testo è espressa? Riconosci le argomentazioni addotte a sostegno della tesi.

1.4 Individua i connettivi che collegano un blocco di testo all'altro e segnalano gli snodi argomentativi. Riconosci anche le parole che appartengono alla medesima area semantica e che ribadiscono il tema in esame.

2. Commento

A partire dalle riflessioni contenute in questo articolo, argomenta il tuo punto di vista sul tema del divario economico esistente nel mondo, focalizzandolo in una certa area geografica: per esempio, l'Italia, o l'Europa, o altre aree, oppure considerando il mondo globalmente. Ipotizza le motivazioni della situazione esistente e prospetta eventualmente anche le possibili soluzioni, con ciò elaborando una tua tesi interpretativa del problema, che dovrai sostenere con argomentazioni tratte dalle conoscenze acquisite nel tuo percorso di studio, dalle tue personali riflessioni su questioni d'attualità o storiche, nonché dalle personali esperienze di vita.

Ambito sociale

Evelina Santangelo, *Accogliere*

Il testo è un breve articolo, comparso su un settimanale nell'ottobre 2018, della scrittrice Evelina Santangelo (nata a Palermo nel 1965), con le riflessioni seguite alla visione di un film-documentario sulla storia di un giovane africano rifugiato in Italia.

Oggi più che mai sento quanto avesse ragione la Bachmann[1] quando diceva: «Non date ai vostri pensieri un unico fondamento, potrebbe essere pericoloso». Bisogna dare moltissimi fondamenti ai propri pensieri per scardinare pregiudizi, visioni sclerotizzate, superare distanze dettate dall'incomprensione, e accogliere prima di tutto questo mondo in cui viviamo, dove i destini dell'umanità, le lingue e le culture si stanno intrecciando in modo inestricabile, o comunque si ritrovano a vivere una prossimità come mai forse era accaduto prima. [...]

È scomodissimo dare più fondamenti al proprio pensiero. Bisogna mettere in discussione certezze su cui si è edificata la propria vita e quella della collettività in cui siamo cresciuti. Per farlo bisogna compiere un gesto difficile: mettersi in ascolto.

È stato ascoltando un film realizzato da Itastra[2] (Scuola Italiana per Stranieri dell'università di Palermo: «Io, Souleymane Bah») che ho capito come la lingua possa diventare non solo uno strumento di inclusione, come si dice spesso, ma una forza di salvezza per chi vive tutta la vita da analfabeta (come lo erano milioni di italiani nel dopoguerra, spesso costretti a emigrare: «migranti economici», li definiremmo oggi). È la storia di Souleymane Bah, un ragazzo di un villaggio della Guinea Conakry[3], arrivato nel nostro paese nel 2016 senza possedere una lingua con cui leggere e scrivere, dopo un'infanzia e un'adolescenza trascorsa a cercare lavoro ovunque spingendosi sino in Libia. E lì, solo lavoro e fatica, «bastone e fucile», come racconta ... finché non è giunto a Itastra e lì ha imparato l'unica lingua che oggi sa leggere e scrivere o come precisa: «una lingua con cui capire meglio il mondo e me stesso».

Ecco, per me «accogliere» ha a che fare con questa urgenza di imparare anche noi una nuova lingua con cui provare a comprendere il mondo e noi stessi, per non rischiare di finire a vivere da stranieri in questo nostro tempo.

(E. Santangelo, *Accogliere*, in "L'Espresso", 7 ottobre 2018)

1. **Bachmann:** Ingeborg Bachmann (1926-1973), poetessa austriaca, autrice anche di romanzi e saggi, tra cui *Letteratura come utopia*, tradotto e pubblicato in Italia nel 1983, raccolta di lezioni sulla poetica, da cui è tratta questa citazione.
2. **Itastra:** è nata nel 2008 con l'obiettivo di promuovere attività didattiche, di formazione, di consulenza e di ricerca nel campo dell'insegnamento dell'italiano come lingua seconda e straniera; ha promosso nel 2018, nell'ambito del progetto "La forza della lingua. Percorsi di inclusione per soggetti fragili", un concorso, nella cui sezione *Human Rights* e *Short Docs* è stato proiettato il docufilm con la storia di Souleymane Bah, ventiduenne africano, che in Italia ha ottenuto la licenza media e ora vive a Palermo.
3. **Guinea Conakry:** così è denominato lo stato dell'Africa occidentale della Repubblica di Guinea per distinguerlo dalla Guinea Bissau.

TIPOLOGIA B
Analisi e produzione di un testo argomentativo

CONSEGNA

Dopo un'attenta lettura, elabora un testo di analisi e commento che non superi le cinque colonne di metà di foglio protocollo, sviluppando i seguenti punti:

1. Analisi

1.1 Riassumi il contenuto dell'articolo in un testo di circa 40-60 parole.

1.2 Parafrasa la citazione di Ingeborg Bachmann, "espandendo" le parole chiave di cui si compone e trasformandola in un breve testo espositivo che ne chiarisca il significato complessivo.

1.3 Analizza il testo di Evelina Santangelo dal punto di vista lessicale e semantico e individua le parole ricorrenti e le aree semantiche dominanti.

1.4 Qual è il tema dell'articolo? In quale o quali passaggi del testo trovi espressa la tesi dell'autrice?

1.5 Come la tesi dell'autrice entra in relazione con la citazione della Bachmann riportata nel primo paragrafo?

2. Commento

A partire dall'articolo di Evelina Santangelo, argomenta le tue opinioni sul tema dell'accoglienza nel nostro Paese, o in Europa, di persone provenienti da altre zone del mondo, portatrici di lingue e culture diverse.

PER ESERCITARTI

In vista dell'esame ti suggeriamo altri spunti di riflessione e approfondimento a partire dal testo proposto.

- Formula una tua interpretazione della frase di Ingeborg Bachmann ed esprimi tue riflessioni sul tema del "pensiero unico" (sintagma di origine francese che rappresenta, con accezione negativa, l'assenza di differenziazione nell'ambito delle concezioni e delle idee politiche, economiche e sociali).

Ambito storico e sociale

Michele Ainis, *Quanta gentilezza nella Costituzione*

Il testo che proponiamo è un articolo pubblicato a ottobre 2018 su un quotidiano italiano di vasta diffusione, scritto da Michele Ainis (1955), autorevole costituzionalista. Il tema è appunto quello della Costituzione italiana, che l'autore considera dal punto di vista linguistico, esprimendo e argomentando una sua tesi al riguardo.

Parole accoglienti, parole taglienti. Di queste ultime facciamo esperienza tutti i giorni: nell'incanaglimento della nostra vita pubblica e privata, nell'odio che trasuda dal web, negli scambi d'improperi con cui i politici duellano in tv. Quanto alle prime, ne resta forse un'eco in qualche sermone religioso, che tuttavia si rivolge all'aldilà, non all'inferno dei nostri rapporti quotidiani. C'è però un testo, laico e sacro insieme, che può confortarci in questi tempi di sconforto. La "bibbia laica" degli italiani – come la definiva il presidente Ciampi[1] – è infatti una Costituzione gentile, un modello d'accoglienza, di cordialità. E questo spirito amichevole si propaga anzitutto dal linguaggio scelto dai nostri padri fondatori.

D'altronde sta proprio qui la specifica missione dei nostri costituenti: «Creare una nazione attraverso parole», per usare l'espressione di due studiosi americani, Laurence Tribe e Michael Dorf[2]. Le parole, a loro volta possono suonare più o meno precise, categoriche, puntuali. Nelle scienze la precisione costituisce una virtù; ma nel diritto può ben essere un difetto. Diceva Carnelutti, giurista tra i più insigni del secolo passato: la pena più certa è anche la più ingiusta. Se infatti il codice penale stabilisse l'ergastolo per chiunque commetta un omicidio, non si presterebbe ad alcun dubbio interpretativo; però finirebbe per colpire nella identica misura chi uccida per legittima difesa e chi, viceversa, prema il grilletto durante una rapina. Ecco perché le pene contemplano un minimo e un massimo edittale[3], per consentire al giudice di valutare le circostanze del reato, la sua fedina penale. Ciò nonostante, le nostre Gazzette ufficiali[4] traboccano di leggi dettagliate fino al parossismo, con una regola per ogni accidente della vita. È un errore, perché la vita scorre come un fiume, sicché ciascun elemento del paesaggio umano viene sommerso dall'elemento successivo. E infatti le leggi italiane durano meno d'un fiammifero. Ma la Costituzione no, dopo settant'anni è ancora viva. Anzi: la sua durata la rende ancor più viva, giacché l'autorità di un documento costituzionale risiede nella sua vetustas[5], dunque nella capacità d'accompagnare le diverse stagioni della storia. Per riuscirci, è necessario che quest'ultima usi parole elastiche, duttili come cera. Se invece la Costituzione imponesse una camicia di gesso sul futuro, finirebbe presto in mille pezzi.

1. **presidente Ciampi:** Carlo Azeglio Ciampi (1920-2016), presidente della Repubblica Italiana dal 1999 al 2006, ha più volte definito la Costituzione come la Bibbia civile e laica degli Italiani e sua personale.
2. **Laurence Tribe e Michael Dorf:** il riferimento è al saggio *Leggere la Costituzione. Una lezione americana*, pubblicato in italiano dal Mulino di Bologna nel 2005 (in originale: L.H. Tribe, M.C. Dorf, *On reading the Constitution*, Cambridge, Harvard University Press 1991).
3. **un minimo e un massimo edittale:** sanzione minima e massima prevista dalla legge.
4. **Gazzette ufficiali:** la *Gazzetta Ufficiale della Repubblica Italiana* (*GU*) è la fonte ufficiale di conoscenza delle norme in vigore in Italia.
5. **vetustas:** termine latino, usato anche nel linguaggio giuridico romano, che significa "vetustà", "vecchiaia" e che in tale ambito indica la capacità di una norma di mantenere a lungo i suoi effetti.

Un solo esempio, fra i tanti possibili. Negli anni Sessanta emerse la questione ambientale, l'allarme per l'inquinamento del pianeta. La Carta del 1947[6], tuttavia, era orfana di qualsiasi riferimento all'ambiente, alle relazioni fra l'uomo e la natura. L'articolo 9[7] parlava – parla – del «paesaggio», riflettendo una concezione estetizzante del patrimonio naturale tipica dell'epoca, e già scolpita nella legge Bottai[8] del 1939 sulle bellezze naturali. In quell'accezione era paesaggio il belvedere, il panorama, uno scorcio delle Dolomiti o della Costiera amalfitana. Poi intervenne l'interpretazione di un giurista, Alberto Predieri. Lui disse: ma, dopotutto, qual è il significato letterale del paesaggio? Paesaggio vuol dire «forma del Paese», e quella forma è incisa dall'azione umana, è il prodotto della storia, è l'ambiente. Infine la proposta interpretativa di Predieri fu accettata dalla stessa Consulta[9], e così l'ambiente fece ingresso fra i valori costituzionali[10], pur non venendo espressamente menzionato.

La parola accogliente, insomma, è sempre alquanto vaga, ed è sempre generale. Non a caso il termine «tutti» figura per ben 21 volte nella Costituzione italiana. Se viceversa il tetto del nostro ordinamento lasciasse allo scoperto l'una o l'altra categoria sociale, se inoltre fosse costruito con tegole di ferro, con norme troppo puntuali e divisive, qualcuno vi troverebbe riparo, ma i più non riuscirebbero a sentirsi a casa propria. E quella casa, per reggere all'usura del tempo, ha bisogno di strutture esili, leggere. Troppe parole l'appesantirebbero, la farebbero crollare su se stessa.

Da qui la seconda lezione che la nostra Carta ci impartisce: un'economia nel segno, nel linguaggio. Almeno un quarto del tempo speso dai costituenti ebbe ad oggetto la "materia" costituzionale, ciò che avesse titolo per descrivere il lascito di quella generazione temprata dalla guerra alle generazioni successive. E alla fine dei lavori il testo venne sottoposto alle cure di tre letterati (Concetto Marchesi, Pietro Pancrazi e Antonio Baldini), per migliorarne la sobrietà, oltre che l'eleganza narrativa. La leggerezza è la virtù di Perseo[11], che si sostiene sui venti e sulle nuvole. È anche la prima qualità d'ogni scrittore, giacché, dopo che hai scritto, devi cancellare il sovrappiù, per alleggerire la fatica del lettore. Staremmo tutti meglio se abitassimo un mondo meno gremito di parole, e di parole puntute come frecce. La lieta novella è una lieta favella.

(M. Ainis, *Quanta gentilezza nella Costituzione*, in "la Repubblica", 9 ottobre 2018)

6. Carta del 1947: la Carta costituzionale italiana fu approvata dall'Assemblea Costituente il 22 dicembre 1947, promulgata dal capo provvisorio dello Stato Enrico De Nicola il 27 dicembre e immediatamente pubblicata sulla Gazzetta Ufficiale; entrò in vigore il 1° gennaio 1948.

7. articolo 9: l'articolo 9 della Costituzione italiana recita: «La Repubblica promuove lo sviluppo della cultura e la ricerca scientifica e tecnica. / Tutela il paesaggio e il patrimonio storico e artistico della Nazione».

8. legge Bottai: prima legge organica italiana volta a disciplinare la tutela dei beni culturali; fu emanata il 1° giugno 1939 e prende il nome da Giuseppe Bottai, ministro dell'Educazione nazionale del governo fascista.

9. Consulta: la Corte costituzionale (detta per metonimia "Consulta" dal nome del palazzo dove ha sede a Roma) è l'organo di garanzia costituzionale cui è demandato il compito di giudicare la legittimità delle leggi e la loro congruità con la Costituzione.

10. valori costituzionali: sono quelli espressi dalla Costituzione, in particolare dai "Princìpi fondamentali", sanciti nei primi dodici articoli.

11. Perseo: eroe della mitologia greca che salvò Andromeda da un mostro marino e uccise la Gorgone Medusa; celebre la statua di Benvenuto Cellini che lo effigia, esposta a Firenze.

CONSEGNA

Dopo un'attenta lettura, elabora un testo di analisi e commento che non superi le cinque colonne di metà di foglio protocollo, sviluppando i seguenti punti:

1. Analisi

1.1 Dividi l'articolo in blocchi di testo e di ciascuno identifica il tema dominante in un titolo.

1.2 Qual è la tesi dell'autore? In quale punto del testo è espressa? Quali sono i caratteri che Ainis mette in rilievo del linguaggio con cui fu scritta la Costituzione?

1.3 Per dimostrare che la vaghezza in campo giuridico è preferibile alla precisione l'autore si avvale prima di un'ipotesi riferita al Codice penale poi di un esempio che riguarda la Costituzione. Individua entrambi nel testo.

1.4 Il testo è ricco di accorgimenti linguistici e stilistici, in particolare di figure retoriche, che hanno la funzione, oltre che di rendere piacevole la lettura, di sostenere il procedimento argomentativo. Individuane alcuni esempi, distinguendone le tipologie.

2. Commento

A partire dalle tue riflessioni, argomenta se sei d'accordo con l'idea espressa dall'autore che la lingua abbia avuto e abbia tutt'ora, nel bene e nel male, un valore decisivo nella nostra realtà storico-politica. Sostieni le tue opinioni con ulteriori argomenti, anche toccando aspetti non presi in considerazione dal testo. Se intendi sostenere un'altra tesi, porta elementi a favore della tua posizione. In entrambi i casi puoi riferirti a esempi della realtà attuale avvalendoti delle tue conoscenze ed esperienze.

PER ESERCITARTI

In vista dell'esame ti suggeriamo altri spunti di riflessione e approfondimento a partire dal testo proposto.

- Esprimi la tua opinione circa la validità del concetto sintetizzato nella frase dei due studiosi americani «Creare una nazione attraverso parole» e assunto da Ainis come punto di partenza del suo ragionamento.

CAPITOLO 7

La tipologia C

Riflessione critica di carattere espositivo-argomentativo su tematiche di attualità

Caratteristiche della prova di tipologia C

La traccia di questa prova propone problematiche di **attualità** (genericamente intesa: da questioni socio-culturali, a tematiche esperienziali ed esistenziali) che possono essere collegate agli ambiti culturali comuni a tutte le tipologie di prova, su cui il candidato è chiamato a riflettere con spirito critico, mettendo in campo conoscenze acquisite nel corso degli studi e opinioni personali, in un testo di carattere espositivo-argomentativo. La traccia può essere accompagnata da un breve testo di appoggio che offra ulteriori spunti di riflessione.

La tipologia C a confronto con la precedente normativa

Rispetto alla tipologia C e D della precedente normativa (tema storico e tema d'attualità), i principali elementi di **novità** sono i seguenti:

- l'attuale tipologia C è abbastanza simile al tradizionale **tema**, ma a differenza di questo, che si basa su una traccia più o meno articolata e richiede uno svolgimento libero, la consegna della nuova prova richiede una **strutturazione** del testo scandita in modo più evidente, eventualmente con la suddivisione in paragrafi muniti ciascuno di titolo e con l'accompagnamento di un titolo generale coerente con gli argomenti trattati;
- la definizione di questa prova come "riflessione critica di carattere espositivo-argomentativo" rimanda al **tema argomentativo**, in uso nelle scuole superiori, ma con una più netta sottolineatura delle componenti critiche e argomentative;
- se nella precedente normativa il tema poteva essere storico oppure d'attualità, ora attiene a problematiche di **attualità**, in cui siano comprese questioni socio-culturali e tematiche esperienziali ed esistenziali, e fa comunque riferimento ai medesimi **ambiti culturali** indicati per tutte le tipologie di prova (artistico, letterario, storico, filosofico, scientifico, tecnologico, economico e sociale);
- c'è poi la novità del **testo d'appoggio**, che è facoltativo: novità relativa dal momento che tale breve testo può essere assimilato alla citazione usata di frequente nella formulazione del tradizionale tema scolastico.

Suggerimenti per lo svolgimento della prova

- È necessario verificare di avere ben compreso la **consegna** e, se presente, il testo d'appoggio.
- L'esposizione deve essere ben **strutturata**, ordinata e lineare.
- Lo svolgimento deve essere **pertinente** rispetto alla traccia e coerente nella formulazione degli eventuali titoli.
- Dal punto di vista contenutistico, il testo deve contenere elementi che attestino le corrette **conoscenze** del candidato relative all'argomento affrontato e testimonino la capacità di esprimere e motivare giudizi critici e valutazioni personali.
- Come di consueto, va prestata la massima attenzione alla **correttezza grammaticale** (ortografia, morfosintassi, punteggiatura, lessico).

TIPOLOGIA C

Riflessione critica di carattere espositivo-argomentativo su tematiche di attualità

CON TESTO D'APPOGGIO

PROVA GUIDATA

Ambito artistico

ARGOMENTO La tutela del patrimonio artistico

Ogni luogo d'Italia ha una sua potenzialità di significato e bellezza capace di elevare menti e cuori e di dare lavoro a chi è capace di tradurre quella potenza in atto. Ma per far ciò i giovani devono apprendere un mestiere per noi del tutto nuovo: promuovere una cultura alta per darla a tutti.

(A. Carandini, in "Quotidiano.net", 13 maggio 2018)

A partire dalla riflessione dell'archeologo Andrea Carandini (1937), presidente del FAI (Fondo Ambiente Italiano), esprimi la tua opinione, in un testo espositivo-argomentativo, sul valore del patrimonio storico, artistico e naturale come fonte di piacere estetico e intellettuale, ma anche come bene da tutelare e valorizzare e, in quanto tale, fonte di occupazione, soprattutto per i giovani.
Puoi riferirti a esperienze personali e a conoscenze apprese durante il tuo percorso di studio oppure acquisite attraverso i mezzi di informazione.

SUGGERIMENTI PER LO SVOLGIMENTO DELLA PROVA

Puoi sviluppare, in modo organico e coerente, nell'ordine che riterrai più opportuno, i seguenti spunti di riflessione.

- Riporta degli esempi di tutela e valorizzazione del patrimonio artistico, architettonico e ambientale nel tuo territorio e come il patrimonio della tua regione potrebbe essere maggiormente protetto e valorizzato.
- Spiega in che senso il patrimonio d'arte è anche una risorsa economica.
- Illustra le prospettive di lavoro che possono aprirsi a un giovane in questo campo, distinguendo tra le attività svolte presso enti pubblici e quelle svolte nell'ambito del settore privato, sia in forma individuale sia in forma associativa.
- Rifletti sull'affermazione di Andrea Carandini relativa alla necessità di «promuovere una cultura alta per darla a tutti» e commentala.
- Rifletti sul modo in cui si può incentivare la consapevolezza diffusa della necessità di fruire del patrimonio storico-culturale e ambientale dell'Italia e di rispettarne l'integrità.

PROVA GUIDATA

Ambito letterario

ARGOMENTO L'abitudine di scrivere ogni giorno

Ti proponiamo un breve passo di Italo Svevo (1861-1928), il romanziere italiano autore de *La coscienza di Zeno*, tratto dalle pagine di un suo diario e datato 2 ottobre 1899, in cui riflette sull'importanza dell'abitudine di scrivere tutti i giorni per approfondire i propri pensieri e le proprie esperienze e per imparare a esprimersi fuori dai luoghi comuni.

> Io credo, sinceramente credo, che non c'è miglior via per arrivare a scrivere sul serio che di scribacchiare giornalmente. Si deve tentar di portare a galla dall'imo del proprio essere, ogni giorno un suono, un accento, un residuo fossile o vegetale di qualche cosa che sia o non sia puro pensiero, che sia o non sia sentimento, ma bizzarria, rimpianto, un dolore, qualche cosa di sincero, anatomizzato, e tutto e non di più. Altrimenti facilmente si cade, – il giorno in cui si crede d'esser autorizzati di prender la penna – in luoghi comuni o si travia quel luogo proprio che non fu a sufficienza disaminato.

Italo Svevo, diario del 2 ottobre 1899

(I. Svevo, *Racconti, saggi, pagine sparse*, in *Opera omnia*, III, a cura di B. Maier, Dall'Oglio, Milano 1968)

Rifletti su questo tema e argomenta le tue opinioni facendo riferimento anche alla tua esperienza personale, relativa alla cerchia della tua famiglia e dei tuoi coetanei.
Organizza il testo in paragrafi ai quali darai un titolo e infine assegna al tuo elaborato un titolo generale coerente con i suoi contenuti.

SUGGERIMENTI PER LO SVOLGIMENTO DELLA PROVA

Puoi sviluppare i seguenti aspetti:

- Rifletti sulle parole di Svevo: che cosa intende con «scribacchiare giornalmente»? In che cosa consiste la differenza tra questo e lo «scrivere sul serio»? A quali scopi egli ritiene utile questa quotidiana abitudine?
- Hai anche tu l'abitudine di scrivere quotidianamente o spesso? A chi e su che cosa scrivi? A quale scopo? È lo stesso che Svevo indicava per se stesso, oppure no?
- Osservando il comportamento dei tuoi famigliari, amici, conoscenti, della tua età oppure adulti, quale rapporto con la scrittura riconosci in loro? E quale rapporto tra lo «scribacchiare» e lo «scrivere sul serio»?

TIPOLOGIA C Riflessione critica di carattere espositivo-argomentativo su tematiche di attualità

PROVA GUIDATA

Ambito letterario

ARGOMENTO L'adolescenza

In *L'arte di essere fragili. Come Leopardi può salvarti la vita* (2016), lo scrittore e insegnante Alessandro D'Avenia (1977) indirizza una serie di lettere a Giacomo Leopardi per ringraziarlo dell'ispirazione da lui ricevuta a sedici anni; egli inoltre continua a trarre dalle parole del poeta le risposte ai grandi temi dell'esistenza che intende riproporre ai propri allievi nel delicato periodo dell'adolescenza.
All'adolescenza è dedicata per l'appunto una sezione di questo immaginario epistolario, dalla quale è tratto il breve passo sotto riportato, introdotto da una citazione dello *Zibaldone*.

> La somma felicità possibile dell'uomo in questo mondo, è quando egli vive quietamente nel suo stato con una speranza riposata e certa di un avvenire molto migliore, che per esser certa, e lo stato in cui vive, buono, non lo inquieti e non lo turbi coll'impazienza di goder di questo immaginato bellissimo futuro. Questo divino stato l'ho provato io di sedici e diciassette anni per alcuni mesi ad intervalli, trovandomi quietamente *occupato* negli studi senz'altri disturbi, e colla certa e tranquilla speranza di un lietissimo avvenire.
>
> *Zibaldone*, 1819-1820 [76]

> Caro Giacomo,
>
> tu mi hai mostrato l'essenza dell'adolescenza, raccontandomi la tua. Mi hai fatto conoscere il coraggio che ci vuole per acconsentire al fatto di essere nati, per accordare consenso all'assoluto involontario di essere qui, soprattutto quando se ne vive la fragilità. Il coraggio di avere un destino e farsene carico, cioè cogliere se e per cosa valga la pena vivere. Mi hai spiegato che questo consenso non si accorda in un istante, come per il rapimento, ma richiede la pazienza delle stagioni: è arte che si impara in una vita intera.
>
> È necessario lasciarsi prendere dall'eccesso di speranza che caratterizza questa tappa, e che spesso gli adulti minimizzano e criticano.
>
> (A. D'Avenia, *L'arte di essere fragili. Come Leopardi può salvarti la vita*, Mondadori, Milano 2016)

Scrivi un testo espositivo-argomentativo sul tema dell'adolescenza, riferito sia al contenuto delle citazioni qui proposte sia alla tua personale esperienza.
Assegna un titolo generale al tuo componimento e suddividilo in paragrafi muniti ciascuno di titolo.

SUGGERIMENTI PER LO SVOLGIMENTO DELLA PROVA

Puoi sviluppare i seguenti spunti nell'ordine che ritieni più opportuno.

- Sviluppa una riflessione sull'adolescenza, traendo spunto dalle sollecitazioni ricevute da queste citazioni e ponendole a confronto con la tua personale esperienza di vita ed eventualmente con quella di tuoi amici coetanei.
- Dai una definizione di adolescenza: a quale età corrisponde? Ritieni che siano mutate nel corso del tempo la sua definizione e la sua percezione?
- Personalmente ti consideri ancora un adolescente o ritieni di aver superato quella fase della tua vita?
- Giudichi l'adolescenza un'età fragile? La giudichi un'età felice? Da che cosa dipendono la felicità o l'infelicità di tale età?
- Ritieni, concordemente con D'Avenia, che l'adolescenza sia caratterizzata da un «eccesso di speranza» che «gli adulti minimizzano e criticano»?
- Hai personalmente tratto dalla lettura di Leopardi elementi utili ad analizzare la tua situazione interiore nel periodo adolescenziale e a trarne insegnamento?

PROVA GUIDATA

Ambito letterario

ARGOMENTO **A che cosa serve la poesia?**

«La poesia crea "mondi possibili", per dirla con le parole del filosofo Nelson Goodman, mondi artificiali in cui ciascuno di noi però può vivere e cercare un senso, individuale e collettivo. Ogni snodo fondamentale della nostra storia nazionale – dalla passata alla più recente, dalla Scuola Poetica Siciliana alla neoavanguardia – è stato commentato dal contrappunto di un poeta o di una corrente letteraria che ha saputo raccontarci la sua prospettiva sul mondo, il suo mondo. Ma allora la domanda è: che ne è della poesia italiana, oggi? Chi sono i poeti italiani contemporanei? Dove vivono e cosa hanno da dire?»

(A. Massarenti, «*Qual è stato il mio tempo?*», in "Il Sole 24 Ore", 25 settembre 2016)

A partire da queste osservazioni e dalle domande che l'autore di questo breve testo, Armando Massarenti, rivolge al lettore, rispondi al quesito generale posto dal tema: "A che cosa serve la poesia?".
Assegna al tuo testo un titolo coerente con i suoi contenuti.

SUGGERIMENTI PER LO SVOLGIMENTO DELLA PROVA

Puoi sviluppare, in modo organico e coerente, nell'ordine che riterrai più opportuno, i seguenti spunti di riflessione.

- Ha per te un senso leggere testi poetici? Ti piace? Che cosa, eventualmente, ricerchi in essi?
- Ci sono poeti o poesie che pensi abbiano lasciato una traccia sulla tua vita interiore o abbiano addirittura influenzato le tue scelte?
- Credi anche tu, come afferma l'autore, che «ogni snodo fondamentale della nostra storia nazionale – dalla passata alla più recente, dalla Scuola Poetica Siciliana alla neoavanguardia – è stato commentato dal contrappunto di un poeta o di una corrente letteraria che ha saputo raccontarci la sua prospettiva sul mondo, il suo mondo»? Argomenta la tua risposta.
- Hai mai scritto poesie, magari nascostamente, senza rivelarle ad altri; oppure, invece, rendendole pubbliche? Conosci amici, compagni di scuola, famigliari, coetanei che sono "poeti"? Se sì, in che modo sono poeti? Scrivendo poesie o in qualche altro loro modo di esprimersi?

Ambito storico

ARGOMENTO Il dovere della memoria

Se comprendere è impossibile, conoscere è necessario, perché ciò che è accaduto può ritornare, le coscienze possono nuovamente essere sedotte ed oscurate: anche le nostre. Per questo, meditare su quanto è avvenuto è un dovere di tutti.

(P. Levi, *Se questo è un uomo*, Einaudi, Torino 1991)

Con queste parole Primo Levi (1919-1987), in *Se questo è un uomo* (1947), giudica la tragedia e l'orrore della shoah nei Lager nazisti, invita a conoscere e ammonisce a non dimenticare. A partire dalla riflessione dello scrittore torinese esponi le tue argomentate riflessioni sulla necessità della memoria della shoah e di tutte le tragedie della storia del Novecento.
Nella tua esposizione puoi fare riferimento alle tue conoscenze della storia del XX secolo, alle tue letture personali e alle tue esperienze scolastiche, in particolare alla partecipazione alla *Giornata della Memoria* (27 gennaio) e alla *Giornata del Ricordo* (10 febbraio).

Ambito filosofico

PROVA GUIDATA

ARGOMENTO Il lavoro e la felicità

«Se si escludono istanti prodigiosi e singoli che il destino ci può donare, l'amare il proprio lavoro (che purtroppo è privilegio di pochi) costituisce la migliore approssimazione concreta alla felicità sulla terra: ma questa è una verità che non molti conoscono».

(P. Levi, *La chiave a stella*, Einaudi, Torino 1978)

A partire da questa citazione dello scrittore Primo Levi (1919-1987), tratta dalla raccolta di racconti *La chiave a stella* (1978), elabora le tue riflessioni sull'importanza del lavoro nella realizzazione di una persona.
Esprimi la tua opinione attingendo, oltre che alle conoscenze apprese durante il tuo percorso di studi, anche alle informazioni ricevute attraverso i mezzi di comunicazione e ad esperienze vissute personalmente o nella cerchia dei tuoi coetanei, anche nell'ambito di stage e di percorsi per le competenze trasversali e per l'orientamento al mondo del lavoro organizzati dalla tua scuola.
Assegna un titolo coerente al tuo elaborato.

SUGGERIMENTI PER LO SVOLGIMENTO DELLA PROVA

Puoi sviluppare, in modo organico e coerente, nell'ordine che riterrai più opportuno, i seguenti spunti di riflessione.

- Spiega la ragione per la quale l'amare il proprio lavoro è – come afferma Primo Levi – «privilegio di pochi».
- Considera il rapporto del lavoratore con la professione che svolge, spiegando in che senso essa può essere gratificante e arricchirlo interiormente.
- Rifletti su quali possono essere le conseguenze di un lavoro insoddisfacente e non amato o della mancanza di un lavoro.
- Illustra le tue aspettative e i progetti per il tuo futuro lavorativo.

PROVA GUIDATA

Ambito filosofico

ARGOMENTO La nostra identità

Ti proponiamo un breve passo di Guido Barbujani (1955) – autorevole genetista, docente all'Università di Ferrara – sul tema della costruzione dell'identità e del suo rapporto con l'eredità biologica e le esperienze di vita.

> Possiamo ricordare che la nostra identità sta solo in piccola parte nell'eredità biologica che ci portiamo dentro e molto nelle persone che frequentiamo, nel rapporto che sappiamo stabilire con gli altri, nel modo in cui ci piace spendere il nostro tempo, nei viaggi che abbiamo fatto, nei libri che abbiamo letto, nei film che abbiamo visto e nella musica che ascoltiamo: tutte cose che hanno lasciato e lasciano in noi una impronta profonda, ma che derivano da una nostra scelta, non da una sentenza irreversibile pronunciata nel momento in cui siamo stati concepiti.
>
> (G. Barbujani, *L'invenzione delle razze*, Bompiani, Milano 2006)

Nella citazione proposta Barbujani sostiene che ciò che siamo dipende molto anche dalle nostre scelte. Rifletti su questa opinione considerando anche quali sono per te i fattori (ambientali, culturali, sociali, economici ecc.) più importanti nella costruzione dell'identità di una persona.
Argomenta le tue opinioni facendo riferimento anche alla tua esperienza personale, relativa alla cerchia della tua famiglia e dei tuoi coetanei.
Organizza il testo in paragrafi ai quali darai un titolo e infine assegna al tuo elaborato un titolo generale coerente con i suoi contenuti.

SUGGERIMENTI PER LO SVOLGIMENTO DELLA PROVA

- Rileggi con attenzione la citazione di Barbujani, individua le informazioni fornite e verifica di avere ben compreso il testo d'appoggio.
- Qual è la tesi sostenuta nel passo citato?
- Nella citazione si smentisce un'opinione che in passato è stata sostenuta da pareri autorevoli, anche in ambito scientifico. Quale?
- Considera da quale testo è tratta la citazione: questa indicazione ti fornisce elementi utili per individuare la tesi centrale dell'autore?
- Chi è l'autore della citazione? Perché è significativo che sia proprio lui a esprimere questo punto di vista?

Ambito tecnologico

ARGOMENTO Nuovi mezzi di comunicazione di massa

In un articolo di giornale, da cui è tratta la citazione proposta, lo scrittore Giuseppe Catozzella (1976) ha ripreso una riflessione del filosofo Carlo Sini (1933) riguardo ai nuovi mezzi di comunicazione e ai cambiamenti (non solo del linguaggio) che essi stanno determinando.

«I nuovi strumenti di comunicazione non sono revocabili. Sta succedendo qualcosa di forse un po' simile a quando l'alfabeto ha sostituito la memoria e la comunicazione orali: dapprima indubbiamente una grande perdita di capacità, maturate in migliaia di anni, poi un recupero su nuova scala (qualcosa si è perso definitivamente, altro si è guadagnato). L'augurio è che il nuovo mezzo comunicativo e la sua materialità possano verificare non solo un semplice abbassamento del livello espressivo e di pensiero, ma una ricerca di possibilità espressive e ragionative nuove e forse più collettive che non solo individuali».

(G. Catozzella, *Senza parole*, in "L'Espresso", 21 ottobre 2018)

A partire dalla citazione proposta e sulla base della tua esperienza personale, scrivi un testo espositivo-argomentativo in cui esprimi la tua opinione a proposito della presenza capillare dei nuovi mezzi di comunicazione nella vita di giovani e adulti, indicando gli aspetti positivi e negativi di questi mezzi e portando degli esempi delle nuove «possibilità espressive e ragionative», collettive e individuali, che essi offrono.

Ambito sociale

ARGOMENTO I beni comuni

In questo passo il giurista Stefano Rodotà (1933-2017) riflette sull'importanza di tutelare i beni comuni, ovvero quei beni di uso collettivo fruibili da parte di una comunità, come le risorse ambientali (ad esempio l'acqua e le foreste) e il patrimonio artistico (ad esempio i siti archeologici e le opere d'arte).

«[I beni comuni] appartengono a tutti e a nessuno: tutti possono accedervi, nessuno può vantare diritti esclusivi. Divengono condivisi per se stessi, e dunque devono essere gestiti in base ai principi di eguaglianza e solidarietà, rendendo effettive forme di partecipazione e controllo degli interessati e incorporando la dimensione del futuro, nella quale si riflette una solidarietà divenuta intergenerazionale, un obbligo verso le generazioni future. In questo senso tendono a costituire un vero 'patrimonio dell'umanità', la cui tutela è affidata [...] al diritto di tutti di agire perché siano effettivamente conservati, protetti, garantiti. Attraverso questa molteplice attribuzione di poteri i beni comuni promuovono una cittadinanza attiva ed eguale».

(S. Rodotà, *Il diritto di avere diritti*, Laterza, Roma-Bari 2013)

A partire dalla citazione proposta, rifletti su questo argomento sulla base delle conoscenze apprese in ambito scolastico e attraverso i mezzi di informazione, ma anche frutto di esperienze vissute personalmente; ad esempio conosci casi di messa a rischio o danneggiamento di beni comuni, episodi di violazione del diritto di accesso a questo tipo di beni oppure iniziative collettive in loro difesa? Assegna al tuo testo un titolo coerente con i suoi contenuti, che indichi in modo chiaro ed efficace il tuo punto di vista.

PROVA GUIDATA

Ambito sociale

ARGOMENTO Il valore delle regole

Durante un'intervista il noto scrittore siciliano Andrea Camilleri (1925) denuncia la tendenza a non rispettare le regole, piuttosto diffusa nella nostra vita quotidiana:

> Questo continuo spostamento dei confini tra legalità e illegalità produce un disagio altissimo, che non è solo morale. Diventa un fatto di costume sociale. È quel che io chiamo la morale del motorino, che imperversa in Italia. Con il motorino si può evitare la fila, destreggiarsi tra le auto e poi passare con il rosso. Tanto con il motorino si ha facilità di manovra, si può andare contromano, si fa lo slalom. Insomma, si fa quel che si vuole, fregandosene delle regole. Che anzi, diventano un elemento di fastidio, di disturbo.
>
> (A. Camilleri, *Ormai comandano i signori dell'illegalità*, in "L'Unità", 20 novembre 2003).

A partire dalla riflessione di Camilleri scrivi un testo espositivo-argomentativo basandoti su conoscenze apprese durante il tuo percorso di studio, su informazioni ricevute attraverso i mezzi di informazione, su esperienze personalmente vissute o conosciute nella cerchia dei tuoi coetanei.
Organizza il testo in paragrafi ai quali darai un titolo e infine assegna al tuo elaborato un titolo generale coerente con i suoi contenuti.

SUGGERIMENTI PER LO SVOLGIMENTO DELLA PROVA

Puoi sviluppare in modo organico e coerente, nell'ordine che riterrai più opportuno, i seguenti spunti di riflessione.

- Rifletti sui princìpi che reggono la vita associata e spiega perché il rispetto della legge e delle regole è ritenuto un suo elemento portante.
- Fai riferimento ad alcuni esempi della "cultura dell'illegalità" e poni in luce le loro conseguenze.
- Fai degli esempi di iniziative utili a sviluppare e diffondere la cultura della legalità.

PROVA GUIDATA

SENZA TESTO D'APPOGGIO

Ambito artistico

ARGOMENTO La capacità di stupire delle nuove forme di comunicazione

«*È del poeta il fin la meraviglia*» è un celebre verso del poeta barocco Giovan Battista Marino (1569-1625), con il quale egli intendeva affermare come la bravura e il successo di un letterato dipendessero dalla sua capacità di destare "meraviglia", cioè di suscitare nel lettore un'impressione particolarmente viva grazie all'uso di mezzi linguistici e stilistici "ad effetto".
Anche oggi possiamo riconoscere nella "meraviglia", cioè nella capacità di stupire il proprio destinatario, lo scopo non solo della letteratura e dell'arte, ma pure delle varie forme della moderna comunicazione: dalla pubblicità al giornalismo, dalla musica al cinema?
Rispondi a questa domanda scrivendo un testo espositivo-argomentativo.
Argomenta le tue opinioni facendo riferimento anche alla tua esperienza personale e a quella dei tuoi coetanei, riflettendo sul vostro modo di reagire a forme di comunicazione finalizzate a stupire.

SUGGERIMENTI PER LO SVOLGIMENTO DELLA PROVA

Puoi sviluppare i seguenti aspetti.

- Rifletti sugli ambiti di espressione artistica e comunicativa sopra elencati, scegliendo di approfondirne uno o alcuni. Ad esempio, nel linguaggio pubblicitario, con quali strumenti coloro che creano slogan, spot, immagini ecc. si prefiggono di colpire l'attenzione del consumatore cui si rivolgono? E il giornalismo, sia della carta stampata sia on line, adotta anch'esso modalità a effetto per attirare il lettore? Nella musica attuale, nei vari generi in cui si esprime, ci sono artisti che hanno per fine la "meraviglia"? E nel cinema, quali generi sono più caratterizzati in tal senso?
- Quale rapporto esiste tra il messaggio che ognuna di queste forme di comunicazione intende trasmettere e la forma adottata? Si potrebbero dire le stesse cose in modo diverso? Che cos'è secondo te il contrario di "meraviglia"?
- Prova a parafrasare i versi di Marino in italiano moderno, modificandone anche il significato in maniera coerente al tuo modo di pensare.

Ambito storico

ARGOMENTO La storia controfattuale

Un film uscito nel 2017 e un saggio storico pubblicato nel 2018 hanno richiamato l'attenzione sul dilemma proprio della cosiddetta "storia controfattuale" (o "storia virtuale"), cioè di quel tipo di ricerca storiografica che ipotizza quale sarebbe stato lo sviluppo della storia se determinati avvenimenti epocali avessero avuto un andamento o un esito diverso. Si tratta:

- del film *L'ora più buia* diretto da Joe Wright nel 2017, ambientato a Londra nel maggio 1940, quando, mentre le truppe naziste dilagavano in Europa, il Primo ministro britannico Winston Churchill (interpretato da Gary Oldman) decise di continuare la guerra per difendere la libertà della propria nazione, contro il divergente parere di altri politici del suo stesso partito conservatore (tra cui il predecessore Neville Chamberlain) che propendevano invece per negoziare un trattato di pace con Hitler: il film mostra le opposte tesi in campo, lasciando intravedere che lo svolgimento successivo della guerra sarebbe potuto essere diverso da quello che effettivamente fu;

- del saggio storico di Sergio Romano, intitolato *Il giorno in cui fallì la rivoluzione. Una controstoria della Russia rivoluzionaria dal 1917 al 1991* (Solferino, Milano 2018), in cui lo scrittore, giornalista e diplomatico italiano immagina che cosa sarebbe successo se la rivoluzione d'Ottobre fosse fallita e l'Urss non fosse mai nata.

Ragionamenti simili si possono applicare ad altri grandi eventi della storia: che cosa sarebbe successo se Annibale avesse sconfitto i Romani; se Napoleone non avesse intrapreso la campagna di Russia; se non ci fosse stato l'attentato di Sarajevo da cui scoccò la scintilla della Prima guerra mondiale ecc.? Applica questo ragionamento a un episodio cruciale della storia passata o recente, a tua scelta, e ipotizza quali conseguenze, immediate e di lungo periodo, ne sarebbero potute scaturire.
Articola la struttura della tua riflessione in paragrafi opportunamente titolati e presenta la trattazione con un titolo complessivo che ne esprima il contenuto in una sintesi coerente.

Ambito filosofico

PROVA GUIDATA

ARGOMENTO Cervello, cuore, anima

La scienza ci insegna che l'apparato cerebrale è lo strumento essenziale che ciascuno di noi utilizza per capire il mondo circostante e prendere decisioni. Ma la nostra vita interiore è fatta in primo luogo di sentimenti che ci aiutano a costruire e modificare il nostro posto nella società assieme agli altri individui. Poi c'è il rapporto con l'Altro, con l'orizzonte della trascendenza. Chi siamo dunque noi? Siamo il cervello, motore del corpo e della mente? Oppure siamo il cuore, perché nulla conta di più delle emozioni? Oppure siamo l'anima, perché nell'umano stanno gli indizi del divino?
Scrivi un testo argomentativo-espositivo in cui esponi le tue opinioni facendo riferimento alle tue conoscenze, ma soprattutto alla tua esperienza personale e al tuo modo complessivo di intendere la vita e l'umanità.

SUGGERIMENTI PER LO SVOLGIMENTO DELLA PROVA

Puoi sviluppare in modo organico e coerente, nell'ordine che riterrai più opportuno, i seguenti spunti di riflessione, decidendo di trattarli tutti e tre oppure di privilegiarne uno.

- *Noi siamo il cervello*. La frase ha senso se si osserva che il buon funzionamento di quest'organo è premessa necessaria non solo alla capacità di muoverci e di percepire il mondo che ci circonda, ma anche di tutti gli aspetti della vita mentale, dalla coscienza alla memoria, dal linguaggio al ragionamento. La sfida per gli anni a venire è nella convergenza tra la ricerca sui meccanismi di base del funzionamento neuronale e la simulazione dei processi cerebrali su computer. Saperne di più su come funziona il cervello non può che avvicinarci a una migliore comprensione di che cosa significhi essere umani.
- *Noi siamo il cuore*. Se parliamo di ciò che per convenzione attribuiamo al cuore, cioè dei sentimenti, possiamo dire che sono rivolti agli altri. A questo serve la vita interiore: amare, capire, fare compagnia, discutere a cena, ridere, commuoversi, avere comprensione. Fare del bene, e persino fare del male.
- *Noi siamo l'anima*. Per sua natura l'essere umano è un essere aperto al riconoscimento necessario e autentico di un "altro da sé"; cosciente di ricevere la propria vita da altri, fa esperienza del fatto che questa esistenza è mantenuta in vita da altri, nella speranza che da un Altro venga accolta e raccolta.

(liberamente rielaborato da *Il dibattito delle idee,* in "La Lettura", "Corriere della Sera", 8 aprile 2018; con interventi di S. Cappa, F. Piccolo, F. Balocco)

PROVA GUIDATA

Ambito scientifico

ARGOMENTO La meteorologia oggi

Oggi controlliamo il tempo anche se non dobbiamo uscire di casa; usiamo l'applicazione meteo invece di affacciarci alla finestra e possiamo sapere con una certa precisione quali saranno le condizioni atmosferiche dei prossimi giorni. Eppure non è trascorso molto tempo da quando si credeva all'origine divina degli uragani e forse c'è tuttora chi, in cuor suo, invoca un qualche Giove pluvio.

Su questa tematica scrivi un testo espositivo-argomentativo e assegna al tuo elaborato un titolo generale coerente con i suoi contenuti.

SUGGERIMENTI PER LO SVOLGIMENTO DELLA PROVA

A partire da queste osservazioni, rifletti:

- su quanto e come le informazioni meteorologiche influenzino la nostra vita, le scelte personali e le vicende collettive: dalla decisione di andare a fare una passeggiata ai programmi di volo di una compagnia aerea;
- sulla base di quali effettive conoscenze noi interpretiamo i fenomeni meteorologici e quanto di antiche suggestioni e superstizioni sopravviva, anche inconsapevolmente, nel nostro immaginario;
- sull'uso che tu personalmente fai delle previsioni meteorologiche nella tua vita quotidiana.

Ambito economico

ARGOMENTO Il consumo responsabile

Negli ultimi anni si è progressivamente diffusa una crescente attenzione verso il cosiddetto "consumo responsabile", ovvero l'adozione da parte dei consumatori di scelte, relative ad acquisti e consumi, che privilegino l'effettiva qualità dei prodotti, garantiscano il rispetto dei diritti dei lavoratori coinvolti nel processo produttivo e siano compatibili con uno sviluppo sostenibile e la tutela dell'ambiente (per esempio prodotti a km zero e di stagione, realizzati da aziende con certificazioni che ne attestino il basso impatto ambientale).

Scrivi un testo espositivo-argomentativo in cui esprimi la tua opinione sul tema del consumo responsabile: ritieni che sia un comportamento sufficientemente diffuso? Pensi che sia un atteggiamento utile per il benessere individuale e collettivo, per la società attuale e quella del futuro? Puoi fare riferimento a iniziative formative in ambito scolastico, a informazioni acquisite attraverso i mezzi di comunicazione, a interessi ed esperienze personali.

Assegna al tuo testo un titolo coerente con i suoi contenuti, che indichi in modo chiaro ed efficace il tuo punto di vista.

PROVA GUIDATA

Ambito economico

ARGOMENTO Giovani e mercato del lavoro

Il mercato del lavoro è in rapida trasformazione: secondo il World Economic Forum il 65% dei bambini che oggi vanno a scuola, una volta diplomati o laureati, svolgeranno professioni che ancora non esistono; i restanti faranno lavori attualmente esistenti ma in modo molto diverso rispetto al presente. I fattori che determineranno questo cambiamento sono in gran parte legati all'innovazione tecnologica, all'automatizzazione e all'intelligenza artificiale. Affronta il tema in un testo espositivo-argomentativo.

SUGGERIMENTI PER LO SVOLGIMENTO DELLA PROVA

Puoi sviluppare i seguenti aspetti.

- Quali sono, secondo te, le competenze più importanti che un giovane deve acquisire per avere maggiori possibilità di trovare un'occupazione? Quale valore hanno, a tuo avviso, caratteristiche come la flessibilità, l'immaginazione, la creatività, lo spirito imprenditoriale?
- Ritieni che nella scelta del proprio percorso formativo sia preferibile seguire una passione, anche se apparentemente offre meno sbocchi lavorativi, o seguire una strada che offra più possibilità professionali anche se meno vicina ai propri interessi? E tu che cosa sceglieresti?
- Alla luce di queste considerazioni, ritieni che il sistema di istruzione potrebbe o dovrebbe subire delle trasformazioni? Se sì, quali?

PROVA GUIDATA

Ambito sociale

ARGOMENTO Le *fake news*

Contro la diffusione di false notizie, le cosiddette *fake news*, il Ministero dell'istruzione ha presentato il primo progetto di educazione civica digitale destinato agli studenti delle scuole superiori di primo e secondo grado: #BastaBufale. Il progetto nasce dalla necessità di riflettere su come la circolazione di notizie non verificate possa «creare rischi per la società o diventare pericolosa per le persone». Possa «spaventare, diffamare, umiliare, istigare all'odio e alla violenza, creare angoscia inutile».
Le tre leggi fondanti della nuova educazione digitale sono: «Condividi solo le notizie che hai verificato», «Usa gli strumenti di internet per verificare le notizie» e «Chiedi le fonti e chiedi le prove». Nelle scuole è stata anche inviata la *Dichiarazione dei diritti in internet* e il Ministero dell'Istruzione ha stipulato un accordo con la Federazione nazionale della stampa italiana che mette al centro proprio la cultura dell'informazione e la correttezza delle fonti.
Scrivi un testo espositivo-argomentativo, organizzando il testo in paragrafi ai quali dovrai dare un titolo e infine assegna al tuo elaborato un titolo generale coerente con i suoi contenuti.

SUGGERIMENTI PER LO SVOLGIMENTO DELLA PROVA

Puoi sviluppare i seguenti aspetti.

- Porta alcuni esempi di notizie false o manipolate, tratti dalla cronaca recente, grazie ai quali puoi dimostrare l'effettiva necessità di un progetto come quello proposto dal MIUR.
- Rifletti su come il fenomeno delle *fake news* sia cresciuto tanto da influenzare le opinioni e le scelte di molte persone.
- Spiega la tua posizione riguardo alla possibilità, per ciascuno di noi, di diventare produttori consapevoli di informazioni corrette: quali sono le difficoltà? Quali sono gli strumenti e gli atteggiamenti da adottare?

TIPOLOGIA C

Riflessione critica di carattere espositivo-argomentativo su tematiche di attualità

PROVA GUIDATA

Ambito sociale

ARGOMENTO La reputazione

La reputazione esprime sia la stima o il favore che si concede a qualcuno, sia la stima e la considerazione in cui si è tenuti da altri. Socrate, il grande filosofo greco del V secolo a.C., riteneva che «il modo per ottenere una buona reputazione sta nell'agire per essere ciò che desideri apparire».
In quanto atto con il quale si riconosce o si nega un valore, la reputazione non riguarda solo le persone singole. Una istituzione, uno Stato, una banca, un'azienda possono godere di buona o cattiva reputazione, a seconda del parere che altri hanno di esse.
A partire da queste definizioni e osservazioni sul tema della reputazione personale e collettiva scrivi un testo espositivo-argomentativo facendo riferimento anche alla tua esperienza personale.

Assegna al testo un titolo generale coerente con i suoi contenuti.

SUGGERIMENTI PER LO SVOLGIMENTO DELLA PROVA

Puoi sviluppare in modo organico e coerente, nell'ordine che riterrai più opportuno, i seguenti spunti di riflessione.

- Può capitare – soprattutto in un'epoca come la nostra, molto segnata dall'apparire – che la reputazione personale o collettiva assuma un ruolo preponderante e che i nostri comportamenti, le scelte di vita, i progetti risultino condizionati, in misura anche molto pesante, dall'immagine che di noi viene imposta da altri. Conosci (personalmente o per sentito dire o per averne letto) casi di questo genere? Quanto la nostra maturità, il senso di responsabilità, il coraggio o l'equilibrio personali possono contrastare questo fenomeno?
- Di' se condividi questa affermazione di Charlie Chaplin, celebre attore e regista (1889-1977): «Preoccupati più della tua coscienza che della reputazione. Perché la tua coscienza è quello che tu sei, la tua reputazione è ciò che gli altri pensano di te. E quello che gli altri pensano di te è un problema loro». È un'affermazione valida, secondo te? Hai chiari i parametri sulla base dei quali intendi fondare la tua identità più profonda e a partire dalla quale desideri che si formi la reputazione che gli altri hanno di te?
- Che cosa pensi della reputazione collettiva di cui le principali istituzioni – politiche, come il Parlamento e il Governo; amministrative, come gli enti locali; culturali ed educative, come la scuola e l'università; religiose, come la Chiesa ecc. – godono (favorevolmente o sfavorevolmente)? In che modo, a tuo parere, queste istituzioni (o alcune di esse) devono agire per realizzare la propria missione?

(liberamente rielaborato da N. Galantino, *Quel che gli altri pensano di noi*, in "Il Sole 24 Ore", 21 ottobre 2018)

IL COLLOQUIO D'ESAME

La terza e ultima prova d'esame

Il **colloquio** rappresenta la terza e ultima delle prove d'esame previste dall'attuale normativa sugli esami di Stato.

:::: Contenuti e modalità del colloquio

Secondo quanto disposto in particolare dall'art. 17 del Decreto legislativo 62/2017 (commi 9 e 10), il colloquio ha lo scopo di «accertare il **conseguimento del profilo** culturale, educativo e professionale» del candidato, verificando l'acquisizione dei contenuti e dei metodi propri delle singole **discipline**, la capacità di utilizzare le conoscenze acquisite e di collegarle per argomentare in maniera **critica e personale**, anche attraverso l'**analisi di testi**, documenti, esperienze, progetti, problemi.
Tra le conoscenze e competenze richieste al candidato vi sono anche quelle maturate nell'ambito delle attività relative a "**Cittadinanza e Costituzione**". È inoltre previsto che durante il colloquio il candidato esponga, mediante una breve relazione e/o un elaborato multimediale, l'esperienza di **Alternanza scuola-lavoro** (successivamente denominata Percorsi per le competenze trasversali e l'orientamento).
Il contenuto del colloquio, dunque, rispecchia e rielabora in forma sintetica il complessivo **percorso di studi e di esperienze formative** del candidato.

Anche se non detto esplicitamente, va da sé che durante il colloquio il candidato debba mostrare adeguata padronanza del **linguaggio** nella specificità dell'**orale** rispetto allo scritto, che sia formalmente corretto, usi un lessico adeguato alle discipline ed esponga con coerenza e logica il proprio discorso.

:::: A confronto con la precedente normativa

Tra le differenze rispetto alla precedente normativa si rileva che non è più richiesta la «presentazione di esperienze di ricerca e di progetto», spesso identificata con la "tesina", con cui si apriva il colloquio, né si dice esplicitamente (ma nemmeno lo si esclude) che questo abbia inizio da argomenti proposti dal candidato.

:::: Prepararsi al colloquio

Come ogni prova, anche il colloquio va adeguatamente pianificato, non solo nella fase di **preparazione scolastica** (studiando, ripassando, ripetendo ad alta voce ecc.), ma anche in quella di **gestione**, nella quale è necessario padroneggiare gli strumenti di comunicazione, verbale e non verbale (dal tono della voce, alla postura, dall'atteggiamento nei confronti dei commissari, all'utilizzo di eventuali mezzi multimediali ecc.), al fine di ottenere il miglior risultato.

:::: Colloquio, non interrogazione

Il colloquio è qualcosa di diverso dalle interrogazioni cui ogni studente è stato abituato nel suo percorso scolastico, perché all'esame ci si presenta con un **programma ampio**, e non focalizzato su argomenti parziali, che richiede capacità di memoria, assimilazione e rielaborazione di contenuti e sintesi complessiva. Inoltre la collocazione di questa prova al termine di un esame che chiude il ciclo degli studi e immette lo studente nell'età adulta favorisce uno svolgimento del colloquio come **condivisione di informazioni e riflessioni**, non solo come scambio unidirezionale di domande e risposte.

Documenti

DOCUMENTI MINISTERIALI

Decreto legislativo n. 62 del 13 aprile 2017 - Valutazione e certificazione delle competenze nel primo ciclo ed esami di Stato (art. 17).

[…]

9. Il colloquio ha la finalità di accertare il conseguimento del profilo culturale, educativo e professionale della studentessa o dello studente. A tal fine la commissione, tenendo conto anche di quanto previsto dall'articolo 1, comma 30, della legge 13 luglio 17 2015, n. 107, propone al candidato di analizzare testi, documenti, esperienze, progetti, problemi per verificare l'acquisizione dei contenuti e dei metodi propri delle singole discipline, la capacità di utilizzare le conoscenze acquisite e di collegarle per argomentare in maniera critica e personale anche utilizzando la lingua straniera. Nell'ambito del colloquio il candidato espone, mediante una breve relazione e/o un elaborato multimediale, l'esperienza di alternanza scuola-lavoro svolta nel percorso di studi. Per i candidati esterni la relazione o l'elaborato hanno ad oggetto l'attività di cui all'articolo 14, comma 3, ultimo periodo.

10. Il colloquio accerta altresì le conoscenze e competenze maturate dal candidato nell'ambito delle attività relative a «Cittadinanza e Costituzione», fermo quanto previsto all'articolo 1 del decreto-legge 1° settembre 2008, n. 137, convertito, con modificazioni, dalla legge 30 ottobre 2008, n. 169 e recepiti nel documento del consiglio di classe di cui al comma 1.

[…]

Indice degli autori e delle opere